孩子，你能行

激发孩子的无限潜能

杨冰 ◎ 著

北京理工大学出版社
BEIJING INSTITUTE OF TECHNOLOGY PRESS

图书在版编目（CIP）数据

孩子，你能行：激发孩子的无限潜能 / 杨冰著 .—北京 : 北京理工大学出版社，2017.9

ISBN 978-7-5682-4154-0

Ⅰ.①孩… Ⅱ.①杨… Ⅲ.①家庭教育 Ⅳ.① G78

中国版本图书馆 CIP 数据核字 (2017) 第 132990 号

出版发行 / 北京理工大学出版社有限责任公司
社　　址 / 北京市海淀区中关村南大街 5 号
邮　　编 / 100081
电　　话 /（010）68914775（总编室）
　　　　　（010）82562903（教材售后服务热线）
　　　　　（010）68948351（其他图书服务热线）
网　　址 / http://www.bitpress.com.cn
经　　销 / 全国各地新华书店
印　　刷 / 保定市中画美凯印刷有限公司
开　　本 / 710 毫米 × 1000 毫米　1/16
印　　张 / 18　　　　　　　　　　　责任编辑 / 申玉琴
字　　数 / 220 千字　　　　　　　　 文案编辑 / 申玉琴
版　　次 / 2017 年 9 月第 1 版　2017 年 9 月第 1 次印刷　责任校对 / 孟祥敬
定　　价 / 38.00　　　　　　　　　　责任印刷 / 施胜娟

图书出现印装质量问题，请拨打售后热线，本社负责调换

前　言

德国著名的哲学家雅思贝尔斯在《什么是教育》中写道："教育的本质意味着一棵树动摇另一棵树，一朵云推动另一朵云，一个灵魂唤醒另一个灵魂。"

什么是好的教育？显然不是指导孩子外在的知识，而是发现、发掘、激发他们内在的潜能，让他们自己去认知世界。

戴尔·卡耐基说："多数人都拥有自己不了解的能力和机会，却有可能做到未曾梦想的事情。"我们把人类这种原本具有的、暂时没有使用的、智慧中的能力称为"潜能"。

孩子的潜能犹如一座待开发的巨大金矿，蕴藏丰富，价值连城。人类的医学研究以及心理学家的测试表明，人类的潜能是现有表现力的十倍以上，而人类这种与生俱来的潜能，如果不能被及时、尽早地开发，将导致潜能被忽视或压抑，从而使一个人最终失去走向成功的机会。发现并激发孩子的潜能、引导孩子释放出自己的潜能并应用到学习与生活的实践当中去，家长有着极其重要的作用和不可取代的位置。家庭教育是每个孩子健康成长不可或缺的条件，一个孩子从小受到的教育，决定了他未来的走向；家长自身的教育观，直接决定了孩子的成长方式。如果我们每一个家长都能用心去发现孩子的潜能、巧妙地去激发孩子的潜能、正确地去引导孩子释放潜能，那么，每一个孩子在未来能达到的智慧高度、人格高度、成功高度都是不可限量的。有这样一个小男孩，他认为自己是世界上最不幸的孩子，因为患脊髓灰质炎而留下了瘸腿和参差不齐且突出的牙齿。他很少与同学们游戏或玩耍，老师叫他回答问题时，他也总是低着头一言不发。在一个平常的春天，小男孩的父亲从邻居家讨了一些树苗，他想把它们栽在房前。他叫他的孩子们每人栽一棵。父亲对孩子们说，谁栽的树苗长得最好，就给谁买一件最喜欢的礼物。小男孩也想得到父亲的礼物。但看到兄妹们蹦蹦跳跳提水浇树的身影，不知怎么地，萌生出一种想法：希望自己栽的那棵树早点死去。因此，在浇过一两次水后，他再也没去搭理它。几天后，小男孩再去看他种的那棵树时，惊奇地发现它不仅没有枯萎，而且还长出了几片新叶子，与兄妹们种的树相比，显得更嫩绿、更有生气。父亲兑现了他的诺言，为小男孩买了一件他最喜欢的礼物，并对他说，从他栽的树来看，他长大后一定能成为一名出色的植物学家。从那以后，小男孩慢慢变得乐观起来。一天晚上，小男孩躺在床上睡不着，看着窗外那明亮皎洁的月亮，忽然想起生物老师曾说过的话：植物一般都在晚上生长，何不去看看自己种的那棵小树。当他轻手轻脚来到院子里时，却看见父亲用勺子在向自己栽种的那棵树下泼洒着什么。顿时，一切他都明白了，原来父亲一直在偷偷地为自己栽种的那棵小树施肥！他返回房间，任凭泪水肆意奔流……几十年过去了，那个瘸腿的小男孩虽然没有成为一名植物学家，但他却成为美国总统，他的名字叫富兰克林·罗斯福。

爱是生命中最好的养料，只要有它的浇灌，哪怕只是一瓢清水，也能使生命之树茁壮成长，枝繁叶茂，甚至成为参天大树。富兰克林·罗斯福的父亲，用充满了爱的教育——"鼓励式""尊重式""引导式"的教育，唤醒了孩子内心沉睡的世界，激发了孩子奋发的欲望。富兰克林·罗斯福在他以后的人生中，无论面对怎样的挫折和艰难，都选择不屈不挠、顽强地奋斗下去，最终成为美国伟大的总统。

在看似悲观的世界里，积极的人生态度尤为重要，而想让孩子能够拥有积极的人生观，就要使孩子拥有独立思考和探求真理的能力。如何才能使我们的孩子拥有独立的思考能力呢？那就需要作为家长的你们，将孩子当作一个独立的人格来引导，而不是直接想当然地给予。引导他们自信而不自满，独立而不孤立，激发孩子的一切潜能，智慧的阳光才会洒满孩子的心田。

科学家霍金小时候学习并不好，他很晚才学会阅读，上学后在班级里的成绩从来没有进过前10名，而且作业总是"很不整洁"，老师们觉得他已经"无可救药"了，同学们也把他当成了嘲笑的对象。在霍金12岁时，他班上有两个男孩子用一袋糖果打赌，说他永远不能成材，同学们还带有讽刺意味地给他起了个外号叫"爱因斯坦"。谁知，20多年后，当年毫不出众的小男孩真的成了物理界一位大师级人物。这究竟是什么原因呢？原来，随着年龄的渐长，小霍金对万事万物如何运行产生了兴趣，他经常把东西拆散以追根究底，但在把它们恢复组装回去时，他却束手无策，不过，他的父母非但没有因此而责罚他，他的父亲反而给他担任起数学和物理学"教练"。在十三四岁时，霍金发现自己对物理学方面的研究非常有兴趣，虽然中学物理特别枯燥，但他认为这是最基础的科学，有望解决人们从何处来和为何在这里的问题。从此，霍金开始了真正的科学探索。

纵观古今中外名人们的成功之路，几乎没有哪一位能离开父母正确、积极的引导。正是有着这样的引导，孩子的潜能才得到了最大程度的激发，他们的人生才放射出了夺目的光芒。

不论你是老师还是家长，抑或是将成为家长，要知道，不管你追求的事业有多成功，都不及教育好自己的子女，他们才是你一生中最宝贵的财富，胜过你手中所有的金银财宝。

就"如何发现、引导、激发孩子的潜能"这一问题，本书向家长提供了一些行之有效的方法。

我们希望：每一位父母都能对自己的孩子有一个客观的认识；每一位父母都能发现并激发孩子某一方面的潜能；每一位父母都能掌握一些激发孩子潜能的技巧和方法。我们的立足点，是让教育回归它的本质——发现并激发孩子的潜能,让他们能够自己去认知世界,引导孩子进行自我教育,这才是真正的教育!

感谢每一位认真阅读本书的朋友!

目 录
CONTENTS

第一篇　出口不凡——唤醒孩子的语言潜能

1. 给孩子创造一个良好的语言学习环境　/　2
2. 正确激发孩子说话发音　/　6
3. 引导孩子准确表达　/　10
4. 学会倾听　/　15
5. 鼓励孩子多背诵　/　18
6. 朗读是锻炼孩子口才的捷径　/　21
7. 不可忽略的外语启蒙　/　25
   相关链接　/　30
成功范本：卡尔·威特开发和唤醒孩子语言潜能的启示　/　34
　　快速测评：语言潜能发展水平测试　/　44
　　未来预测　/　50

第二篇　出类拔萃——唤醒孩子的读写潜能

1. 激发孩子读书的乐趣　/　52
2. 帮助孩子掌握读书方法　/　56
3. 用优秀的文学作品滋润孩子的心灵世界　/　60
4. 鼓励孩子把自己的想法写出来　/　65
5. 激发孩子写作的乐趣　/　68
6. 鼓励孩子写日记　/　74
7. 鼓励孩子用电脑写作　/　76
   相关链接　/　78
成功范本：少女作家张天天和父母的故事　/　79
　　快速测评：读写潜能水平发展测试　/　82
　　未来预测　/　83

1

第三篇 过目不忘——唤醒孩子的记忆潜能

    1. 从培养兴趣开始激发记忆力 / 86

    2. 要注意发展孩子有意识的记忆 / 89

    3. 要针对孩子记忆发展的特点来进行引导 / 91

    4. 大声朗读容易记住 / 94

    5. 好记性不如烂笔头 / 98

    6. 帮助孩子掌握一些特殊的记忆技巧 / 101

    相关链接 / 104

    成功范本：记忆力惊人的王充 / 110

    天才记忆韩升君 / 111

    快速测评：记忆潜能水平发展测试 / 113

    未来预测 / 115

第四篇 异想天开——唤醒孩子的思维潜能

    1. 鼓励孩子自己动脑思考问题 / 118

    2. 培养一个有创意的孩子 / 125

    3. 挖掘、锤炼孩子的创造力 / 128

    相关链接 / 133

    成功范本：著名科学家爱因斯坦 / 139

    快速测评：思维潜能水平发展测试 / 146

    未来预测 / 147

第五篇　因材施教——唤醒孩子的艺术潜能

　　1. 开发和培养孩子的文学潜能 / 150
　　2. 开发和培养孩子的美术潜能 / 153
　　3. 开发和培养孩子的音乐潜能 / 159
　　4. 开发和培养孩子的舞蹈潜能 / 165
　　5. 开发和培养孩子的操作潜能 / 172
　　　　相关链接 / 175
　　成功范本：著名作曲家莫扎特 / 180
　　快速测评：艺术潜能水平发展测试 / 187
　　　　未来预测 / 190

第六篇　大脑风暴——唤醒孩子的学习潜能

　　1. 激发孩子的学习兴趣 / 192
　　2. 引导孩子专心致志地学习 / 198
　　3. 培养孩子认真、严谨的学习态度 / 203
　　4. 鼓励孩子养成刻苦钻研的习惯 / 210
　　5. 鼓励孩子"打破砂锅问到底" / 213
　　6. 引导孩子学以致用 / 216
　　7. 提高孩子的学习效率 / 219
　　8. 引导孩子把握学习的基本要素 / 224
　　9. 发掘孩子的学习潜质 / 228
　　10. 引导孩子学好语文不难 / 231
　　11. 开发孩子的数学脑袋 / 234
　　12. 一步超前，步步领先学外语 / 238
　　　　相关链接 / 240
　　成功范本：哈佛博士陈元 / 242
　　快速测评：学习潜能水平发展测试 / 251
　　　　未来预测 / 251

第七篇　天高地阔——唤醒孩子的空间潜能

1. 有意识地激发孩子的空间潜能　/　254
2. 通过接触物体来开发孩子的空间潜能　/　258
3. 引导孩子建立空间感觉　/　261
　　相关链接　/　264
　　成功范本：著名画家毕加索　/　269
　　快速测评：空间潜能水平发展测试　/　276
　　未来预测　/　278

第一篇　出口不凡
　　　——唤醒孩子的语言潜能

> 在挖掘与培养孩子的各种潜能中，语言潜能是首要的，它代表着一个里程的重要开始。
> 　　　　　　　　——皮恩·布特
>
> 语言能力部分是先天的，是全人类共同的，它是生物遗传和进化的结果。
> 　　　　——著名语言学家乔姆斯基
>
> 一个人的智力发展和形成概念的方法，在很大程度上是取决于语言的。
> 　　　　　　　　——爱因斯坦

1. 给孩子创造一个良好的语言学习环境

语言是聪明的第一表现。

唤醒孩子的语言潜能十分重要。研究表明，孩子智力的发展是从语言的发展表现出来的，也就是说，语言发展是鉴别智力发展的重要标志。

在孩子学习过程中，语言是一个最为方便快捷的工具。孩子的喜怒哀乐以及各种需要，都是通过语言的表达来实现的。可以说，孩子早期的发展，受语言的影响最大。

智力发展的第一个因子是语言能力（主要是词语能力）。词语是语言的组成部分；语言是进行思维、反映思想、表达情感、记录思维成果的工具。孩子通过语言了解周围世界，表达感知的结果，是因为语言可以使直觉形象思维发展到抽象概括思维，认识他不能直接感知的事物，并对事物进行概括、分类、综合、判断、推理，从而表达自己对事物的认识。唤醒并开发孩子的语言潜能，实际是在帮助孩子发展思维，提高孩子认识客观世界的能力，使之具有较高的文化素质和潜能。

语言潜能是最早被人们认识并予以重点培养的潜能。人类从远古以来，就致力于建立一套符号系统来表达思想和感情。即使在信息传媒高度发达的今天，其核心仍然是语言的传递。

孩子生命成长的最初六年，是语言潜能发展的关键期。而在这期间，父母要激发、促进孩子语言潜能的发展，要给孩子提供丰富而良好的语言环境，为孩子创造运用语言的机会。在这方面，哈佛女孩刘亦婷母亲的做法，是值得我们借鉴的。

1980年，刚刚怀孕的刘卫华得到一本《早期教育与天才》，她如获至宝，从头到尾读了一遍，当时刘卫华根本没有想到，她后来也会充当"民间教育家"的角色。这本书介绍了19世纪初德国"神童"卡尔·威特的父亲。他是个很有创造力的乡村教师，当他的孩子出生后显得比正常人傻时，他仍按计划进行早期教育。结果是令人吃惊的，他的儿子在八九岁时就能自如运用6种语言，9岁考上了莱比锡大学，23岁成为优秀的法学家。大公无私的父亲把他的成功试验大力推广，但并未引起人们的重视。

刘卫华女士手里这本《早期教育与天才》是一名日本人写的，这位学者把西方人对早期教育的研究著作，也就是有关卡尔·威特及其后来几位"民间教育家"的教育理论系统、认真地写在了纸上。这本书传到中国后，有数百个父母按此方法培养出了早智儿童。

按照卡尔·威特的培养方法，在刘亦婷15天的时候，妈妈刘卫华就给女儿"输入"词汇。刚开始，小亦婷除了专注的凝视和身体的兴奋以外，并没有表现出是否记住了这些词汇，但刘卫华坚持不懈地这样做。她很清楚从15天开始引导孩子学习语言，并不是指望孩子尽早开始说话，而是为了给孩子提前输入信息，让孩子尽早积累词汇。因为人类的思维是以语言为载体的，而语言最基本的材料就是词汇。当孩子掌握的词汇达到一定数量的时候，不论他会不会发音，他的认识能力和理解能力都将出现一次飞跃。等到孩子的发音系统发育成熟，他早已懂得的那些词汇和语句会像喷泉一样冒出来，他的表达能力将远远超过这个时候才开始学习词汇的孩子。就像刘亦婷所经历过的那样。

在给刘亦婷输入词汇方面，刘卫华对她说的都是规范的语言，基本

孩子，你能行：激发孩子的无限潜能
You can inspire children's infinite potential

上不用许多大人对婴幼儿常用的那种"奶话"，比如"嘎嘎"（肉）、"汪汪"（狗）、"咕咚咕咚"（喝水）之类。因为刘卫华懂得：对孩子来说，记住"狗"和"汪汪"所花的时间是同样的；前者是迟早总要学的语言，后者则是不久就要抛弃的语言，教"奶话"很有趣，但这是代价高昂的浪费。为何不直接给孩子输入一些准确无误的词汇呢？引导孩子说规范化的语言避免了在孩子头脑里堆积废物，能有效地促进孩子理解能力的发展。刘亦婷9个月时回奶奶家过春节，妈妈试着对小亦婷发出"把这袋糖果送给奶奶"的指示，并不指出奶奶在哪儿——这是一道3岁孩子的智力测验题！小亦婷居然接过糖果袋，在学步车里转过身来，连蹬带滑地挪到几米以外的奶奶跟前，举起糖袋"哎——"地叫着要奶奶接——她听懂并执行了超过她月龄许多倍的智力测验题。

刘亦婷满1岁半那天，刘卫华试着通过唐诗进一步激发她的语言潜能。刚开始，刘卫华两个字两个字地教她，没过几天，小亦婷就可以和妈妈流利地对诵"朝辞、白帝、彩云、间……"了。虽说她并不懂诗的含义，但唱歌一样的朗诵，却能使她感悟到诗歌韵律的美妙。刘卫华深信，提前输入的所有信息，都是春天里撒下的一颗颗种子，将在人生的各个阶段陆陆续续地发芽开花。事实证明，刘卫华的心血没有白费。

由此看出，孩子语言潜能的唤醒，首先需要父母创造一个学习语言的环境。孩子学习语言，主要通过模仿和练习。父母的语言是孩子最初的模仿物，要提高孩子的语言水平，父母的语言修养是一大关键。

为孩子创造一个良好的语言环境，我们给父母的建议是：

在与孩子交往中激发孩子语言的积极性。孩子出生不久就产生了与父母交流的需要，父母满足了孩子的交流需要就会激发孩子学习语言的积极性。刚出生的孩子虽然还不会用语言进行交际，但父母可以通过非语言形式与孩子进行交流。比如，父母在与孩子的接触和抚爱中，用自己的身体接触孩子，能把爱和关心传送给孩子，孩子就能从父母的触摸、温度、气味和面部表情中，获得安全感和愉悦感。你向孩子微笑，他也用笑来回答你。这些行为，就是孩子在能说话之前与成人进行的非语言交往。这种交往越多，孩子就越想说话。所以这些非语言形式的交往对激发孩子学习语言的积极性极为重要。

注重孩子生活环境中的每一个细节。父母要善于把握生活中的每一个细节，将平淡的生活变成有趣的游戏，变成唤醒孩子语言潜能、促进孩子语言发展的"生活课堂"。父母对孩子说的每一句话，孩子视线里的每一样东西，都尽可能事先写好卡片，在家里留一片固定的空间，作为文字区，父母在和孩子说话的同时将文字指给他看。最好的方式是随玩随写，用笔写在大人或孩子手上，或写在地板或纸上。不强迫孩子去记，只当这些举动都是自然而然发生的。

通过讲故事唤醒孩子对语言的兴趣。讲故事是最古老、最生动的语言技巧之一。童话故事有着优美的语言和较强的逻辑结构，对孩子早期的语言训练极为有效。如果把孩子的大脑比作一个容器，那"故事贮存法"则是不停地向这个容器注入新鲜的东西。容器的东西越多，孩子将来向外界反馈的东西越高级。有不少家长认为，讲故事是最容易不过了，只要看一本书，再消化一下，然后讲出来就行了。其实不然，讲故事是有很多学问的。首先，故事的内容一定要适合孩子的年龄特点，可讲一些有关动物、植物等题材的，篇幅不宜太长，以20分钟内为宜，故事中的形象应生动，情节不要太复杂。其次，讲故事时，语言要生动。必要时应手舞足蹈，表情要丰富。故事活动中还有一个十分重要的方法就是让孩子复述故事，即让孩子用自己的语言，表达故事里的人物和情节，这是对孩子的语言、记忆、思维、逻辑等方面能力的最好锻炼。

父母和孩子一起做游戏，并和孩子一起谈论活动内容，如轮流敲桌子、轮流说话等。

2. 正确激发孩子说话发音

语言是人的一种特殊的需要和特征。

孩子的语言表达能力主要指口语能力，包括发音能力和表达能力。

孩子需要说话，他迫切地要知道和告诉人们：那是什么，某人在干什么，怎么样……。这既是自然的生理需要，也是社会性的精神需要。进行语言引导教育正是为了满足孩子的这种需要，为其身心健康发展准备条件。

出生两个月左右的乳儿，会发出"伊""呀"的声音。当成人出现在他面前逗他时，他的小脸会露出快乐的神情。所以人们常常把乳儿这时的发音，称为"牙牙学语"期。

有父母错误地认为，一两个月的孩子根本不懂话，跟他说话岂不是"对牛弹琴"？孩子小，也许不懂话，但他不是牛，不是静止的物体，而是有思维、正在发育长大的人。父母与孩子多交往，是发展孩子的口头语言所必需的。周围的一切事物，如父母的形象、声音，他人交谈的声音，其他发音物体的声音都可成为信息输入孩子的大脑，刺激孩子神经系统的发育，刺激越多发育越快。

"牙牙学语"时期是孩子语言发展的一个关键时期。关键期的教育，父母多花一份心血，往往可获得十倍于此的回报。下面这位母亲的做法值得借鉴。

有一个叫淼淼的女孩，两岁多才开口说话，好在家人坚信"贵人语迟"。从四个月起开始，她的父母便从口头语言到书面语言，双管齐下开发其语言能力，到她开口说话时她已认识了不少汉字。淼淼的母亲后来回忆这段经历时说：女儿从会发出声音到两岁多一点，她的所有语言就是点头、摇头、用手指着"嗯、嗯"地要东西，像个小哑巴。奇怪的是，她的母亲始终有一种直觉：女儿总有一天会开口说话的，因此在别人焦虑的目光中，在一片"带孩子去医院看看吧"的劝说中，她的母亲一如既往地和女儿说啊、笑啊、闹啊。她深信，孩子的大脑从诞生的那一天起就具有记忆功能，因此，她便在生活中寻找各种机会把对一个正常人所说的话全部说给女儿听。那时候，她可能是天下最絮絮叨叨的妈妈了。哪怕做饭的时候，她都会对她说："宝宝，这是青菜，吃了青菜，你就会像一只小白兔一样，蹦蹦跳跳真可爱。""宝宝，这是牛肉，不过现在你还不能吃，要等你将来大了才可以。""宝宝，这是鸡汤，妈妈最拿手的，你喜欢不喜欢呀！"孩子的爸爸在一边听得不耐烦了说："你累不累呀？"她母亲说："我才不累呢。"吃完饭，她坐在女儿身边，不但自己说，还开她爸爸的玩笑，一家人其乐融融。

淼淼两岁一个月时，她的母亲终于欣喜地听到了她会说的第一个字："妈"，当时的心情可以用"喜从天降"来形容。她母亲说，这以后，女儿一发而不可收，她的语言天赋好像是蕴藏了几千年的火山，终于爆发了。有一次，她突然回忆起在她两岁时母亲带她去公园时说过的几个动物的名字，当时她母亲一时还不明白，但这件事情说明孩子在不会说话时大脑就已经在储存信息了，而且这些信息在她会说话时都能不自觉地冒出来。所以孩子虽然没有开口，但其实已经能"说话"了，只不过是用眼睛在说话。

有一次，淼淼的母亲带她去表姐家玩，当时孩子已会一些简单的字句了，表姐送给她一本加彩色插图的《妈妈教我看图说话学诗》，说是帮助小淼淼看看画画、认认颜色。本来她母亲也没当回事，书拿回来后，令人惊奇的是颜色倒没引起小淼淼的兴趣，里面的诗句却让她百听不厌，几乎天天缠着妈妈给她讲，妈妈每次讲时，她都一动不动地听，而且一定要看着书上的字听。母亲认为这些字女儿不认识，听就行了。可女儿就是坚持要看着字，于是母亲从头到尾讲了七八遍。

有一天，母亲在厨房里干活，听到客厅里女儿读唐诗，她很奇怪："女儿怎么这么快就认识那么多字？莫非成了神童？"于是她怀着惊喜的心情偷偷地躲在门边，看见女儿捧着书坐在沙发上，念一页，翻一页，竟然一字不差。她忍不住冲进去抱起女儿，说："你怎么这么能干，都认识这么多字了。"女儿摇摇头说："宝宝不认识，宝宝能记得妈妈讲的字。"原来她已经把全书背了下来，然后对着字再讲出来。母亲渐渐地发现，女儿在这种先背诵，然后对着字阅读的过程中，竟然认识了很多字，而这种识字过程绝非是一个字一个字去"死认"，而是在阅读过程中先认识词，再认识字。比如，她看见"白"字，马上就会说这是小白兔的"白"，也是"白云生处有人家"的"白"字，这种阅读记忆法竟如此轻松生动！

优秀的父母，从来不放过孩子学习的任何机会，特别是这种训练、引导语音的机会。为尽早唤醒孩子的语言潜能，我们给父母的建议是：

唤醒视觉。引导孩子看一些悬挂在面前的色彩鲜艳的、能移动的玩具，设计一个漂亮的、常变化的摇篮，发展他的视觉，为以后学习语音、观察成人口形做准备。

唤醒听觉。引导孩子听从不同方向发出的各种声音，让幼小的孩子寻找发音的人或物。放多种风格的音乐磁带、CD给孩子听，为孩子的成长布置一个音乐世界，随着音乐的律动帮孩子做一些身体活动，从而激发他的辨音潜能，发展听觉和运动觉。

唤醒触觉。手是人类最重要的感觉器官之一。通过手的触觉我们能认识了解许多东西。拿一些物品放在孩子面前，让他用手摸玩，这样既能引导、唤醒他的触觉与区别事物的潜能，又可使他的视觉和运动觉协调活动，为以后能把音和物很好地结合起来做准备。

引导发音，综合感官训练。父母利用哺乳、换尿片、洗澡等一切可以利用的机会，与孩子说话，和他对口形，引逗孩子开口发音，锻炼发音器官。孩子学说话不仅需要听觉能力，而且需要视觉和运动觉的配合。所以，在引导孩子说话发音的同时，对孩子的各种感官进行综合训练是非常必要的。尤其要注意的是，父母发音一定要准确。千万不要因为出于好玩，而模仿孩子不正确的发音。

❀ 3. 引导孩子准确表达

世界各国对神童特征进行了多年的研究，发现神童的一个共同的特征，就是语言功能非常强。比如对词汇的理解运用、语法规则的掌握、语言记忆、语言思维和表达能力都远远超过同龄人。研究者还发现，他们之所以能够掌握那些同龄人不能掌握的知识，很大程度上在于他们有较强的语言表达能力。

德国杰出的诗人歌德幼年时就能理解很多歌谣，4岁就能读书，8岁左右除精通本国语言外，还能熟练运用英语、意大利语、拉丁语和希腊语。英国著名哲学家道尔顿1岁半就能认字读书……对诸多神童的研究表明，唤醒幼儿早期语言潜能是至关重要的。

孩子出生后几周即能辨别许多声音，5～6个月时就能理解人类一些语言的意思了，并能通过动作表情和牙牙的声音进行反应和交流。如果在出生的头1至3年里孩子完全没有与人类语言接触，则可能完全丧失或大部分丧失人类的语言能力，从而无法进入正常的人类社会，如人们熟知的"狼孩""猴孩""猪孩"等。

对孩子进行早期语言训练，效果非常好。有一位大学预科生的"神童"，5岁时就掌握了高中以上各科知识，并能熟练用外语和外国人对话。

她的语言能力是惊人的,她天生并不聪明,她的进步完全是父母经心引导的结果。她父亲从她一出生,在语言交流上就把她当成一个大人看待并与之交谈。这一切使得她的语言潜能迅速激发,为她尽早掌握各种知识创造了最好的语言条件。

有些孩子确实比其他孩子学起语言来要容易。那些对声音的反应更活跃的孩子,到了3岁往往词汇量比较丰富,语言能力更强。这也说明,有些孩子从一出生就具有更多的语言天赋。通常愿意与人交流的孩子语言能力发展更快。

值得注意的是,大约有4%以下的孩子在小时候会口吃。但大多数病症会在一年内自动消失,所以只有1%的成年人是口吃患者。口吃有家族遗传性。如果孩子开始口吃,可暂时忽视它,并在家庭里不给他施加任何压力,因为过分的焦急和关切会使情况更糟。如果情况不见好转,再请专家诊断。

有一位叫跃跃的孩子,已经是小学六年级的学生了。可是,跃跃却不善于口头表达,在众人面前,一说话就脸红。原因是什么呢?

跃跃的父母有一套"教育"孩子的办法。

有客人来跃跃家做客,跃跃的父母要求孩子要有礼貌,要懂事,大人们说话时,小孩子不许插嘴,最好是到别的地方去玩,让大人们清静地说话。

即使是只有一家三口的时候,跃跃的话也时常被打断。比如,当孩子兴高采烈地说着什么时,父母却要不时地打断孩子,纠正他的发音、用词,或者批评他的某个想法等,令孩子兴致扫地。

这类父母认为自己具有丰富的教育子女的知识和经验,十分自信和主观。对孩子的行为经常出面干涉,不尊重孩子的表达,对孩子的发言动辄就打断、批评或纠正。他们对孩子施行的是"不许出错"的"吹毛求疵"式的管教。这种做法对孩子显然没有好的影响。

由于自己的想法不断受到批评或纠正，孩子自然会觉得自己的发言没有什么价值，于是逐渐变成消极被动的"小老头儿"。

即使是成人，当自己的发言屡遭别人打断或反驳时，也会元气大伤，缄口不言。可见，这种做法必然会影响孩子个性的形成和潜能的开发，长此以往，多数孩子逐渐变得不愿独立思考、自主行事。这很自然，既然动脑子出主意受到批评指责，又何必自讨苦吃呢？

苏联的一位杰出教师沙塔洛夫曾做过统计：假定每个班有40位学生，每天要上6节课。这样，"全班学生在一天的课上积极回答问题的时间略多于80分钟。每个学生1天平均2分钟。"

想一想，孩子们是怎样度过这漫长的、缄默的一天教学生活的？他们多么需要有更多的自由表达的机会呀！但是，在目前的教学条件下，如果一个教师能够平均让每个学生多1分钟的时间来表达思想就已经是伟大的了。孩子自由发表意见的机会只能在与同伴的交往和与父母的交往中才会产生。而在当今社会，孩子与同年龄伙伴交往的机会也大大减少。因此，父母应当成为孩子可以平等交往的对象、伙伴。

我们认为，父母应当能够进入孩子的内心深处，理解孩子所言之由，理解孩子简单话语下的复杂思想，也应该理解孩子甚至是用错误的语法结构表达出来的各种信息。

孩子需要有可以平等进行语言交往的伙伴。可是，正如我们的例子中所说的，父母不时地打断孩子的讲话，甚至阻止孩子讲话，似乎是尽到了他们管教子女的责任。但到后来，这样的父母往往会抱怨："这孩子怎么不像别人家的小孩那么机灵？""这孩子怎么这么呆滞！""这孩子真倔，总是一意孤行，从不听大人的意见。""他一点儿主见也没有，到底该怎么办，他自己竟然不知道。""什么事儿都得大人操心，真累呀。"这能怪谁呢？

父母打断孩子的话，或阻止孩子讲话，压抑、束缚了孩子本身的语言潜能,一方面可能使有的孩子变得不善口头表达,没有主见、怯懦、退缩,另一方面可能使有的孩子变得独断、盲动,听不得别人的意见。这两种孩子都不具有积极的、健康的人格。

这样的家庭对于孩子来说,并不感到温馨。家庭建设没有他的功劳,他的意见从来不受重视。家庭对他来说只是吃饭、穿衣、睡觉都有人照顾的地方。这种照顾又太过周到,让他产生一种处处受限制的感受。

我们给父母的建议是:

鼓励孩子开口说。父母要让孩子大胆地说。不仅在于说什么,更在于怎么说,重要的是他在说,他能说。

鼓励孩子发表自己的意见。父母要把孩子作为与自己平等的人,尊重他的言谈权利,鼓励孩子在成人面前大胆地表达意见。征求孩子对家庭建设的意见,并予以考虑,最好能实施孩子的合理化建议。建立家庭民主制度,由爸爸、妈妈、孩子轮流执掌家庭事务。

学会引导和纠正孩子的语言错误。如果孩子的言谈有错误,要等到孩子说完以后,平静地说出自己的想法和建议,对孩子的错误予以纠正。

扩充孩子的词汇量。要让孩子说出日常生活中用的词汇是什么意思。比如"清洁"即是把东西洗干净或把地方打扫干净,它的反义词是"脏"。比如"勤快",说明干活又用心又利索,它的反义词是"懒"。又如"明亮"说明光线充足,不必开灯就能看清楚,反义词是"黑暗"。有些词不一定能找到合适的反义词,但能说清楚词意就行。孩子练习解释词汇,即是要引导孩子用另外的字和词去讲明词汇的意思,孩子要学会用两种说法表达同一种意义,从而丰富词汇量。还可以通过父母和孩子一起玩的方式扩充孩子的词汇量。先提出一个字作为词尾,例如"光",每个人轮流讲一个词,要求词的最后一个字是"光",可以讲出:灯光、电光、太阳光、阳光、月光、阳光、绿光、红光、眼光、星光等。如果轮到谁

讲不出来，就出一个节目，然后继续向下轮，到最后大家都讲不出来了就算结束。有兴趣的话还可以换一字，继续进行。或者点出一类事物的总称，看哪些都属于此类，例如"动物""植物""飞禽""机器"等。在游戏中，如果有人说出不符合规定的词，应罚他进行表演。

4. 学会倾听

会听是会说的基础。因此，要想唤醒孩子的语言潜能，就要做他们良好倾听能力的向导。

指引孩子学会倾听，要从出生时就开始。认真倾听孩子的说话，尊重孩子，有效地鼓励孩子表达，从而增强孩子表达的自信心，激励孩子表达的欲望，促进语言潜能的激发。下面的例子可以给父母一些启示。

豆豆是小学一年级的学生，因上课经常说话、乱动，严重影响课堂纪律，被学校开除。妈妈没有告诉豆豆她已被开除，只是说换个学校，并带着豆豆来见新学校的校长。

豆豆和妈妈一走进校长室，一位男士立即从椅子上站了起来。豆豆连忙向他鞠了一躬，兴冲冲地问道："您是校长先生，还是电车站的人呀？"那人抢先笑着回答："我是校长呀！"豆豆非常高兴地说："太好了！求求您，我想上这所学校！"校长让豆豆坐到椅子上，然后转过身对妈妈说："好，现在我来和豆豆谈谈，您可以回去了。"

校长和豆豆面对面坐下来说："随便给老师说点什么吧！把你心里想说的话全都讲出来。""心里想说的话？"豆豆立刻兴致勃勃地讲了起来：来时乘坐电车，曾向电车检票员要一张车票，但是他没给；家里有一只褐色的名叫洛克的狗，会做出"伸爪"和"对不起"的姿势，吃完饭以后还会做出"吃饱了"的样子；鼻涕流出来的时候，总爱嘶啦、嘶啦地抽鼻涕；爸爸在海里游泳游得真棒，还会跳水……校长一会儿笑，一会儿点头。因此，豆豆更高兴了，便一个劲地讲了下去。每当豆豆停下来时，校长就问："讲完了吗？"于是，豆豆就在脑海里紧张地思索着下一个话题……

最后，豆豆实在想不出什么可讲的了，她心里觉得有些难过。这时校长站了起来，用温暖的大手抚摸着豆豆的头说："好，就这样吧！你已经是这所学校的学生啦！"这时，已经到了吃饭时间，就是说，豆豆已经讲了四个小时了。

豆豆感到有生以来第一次碰上了真正和蔼可亲的人。因为她长这么大还从来没有人用这么长的时间来听自己讲话，而且一个哈欠也没打，丝毫也没有厌倦的表示。她心里感到踏实、温暖，心情也愉快了。她想："若是能和这个人永远在一起也不错呀！"而更为难得的是，校长当时也有和豆豆相同的感想。

这位校长真的是一个合格的校长。如果父母也像这位校长一样，认真倾听孩子的话，该有多好啊。耳濡目染，孩子也会积极倾听他人的谈话。

我们给父母的建议是：

引导孩子保持倾听的兴趣。要引导孩子保持倾听的兴趣，对父母讲的故事感兴趣，对儿童电视节目感兴趣，对外语和其他的方言感兴趣。如果孩子能够专注地倾听一段谈话、一个故事和一个电视节目，这说明孩子养成了倾听的习惯。

引导孩子耐心地倾听。倾听别人的谈话需要有一定的耐心，需要克服其他因素的干扰，尤其需要孩子做到自我控制，尽量不要打断别人的谈话。

寻找孩子的兴趣点。孩子说话时，无论你有多忙，一定要看着孩子，不要随意插嘴。尽量显示出你听得很有兴趣。引导孩子发表他们的观点，完整地听他讲话，如果你在某一重要原则上表示不同意他的看法，应告诉他你不赞同他的观点，并说出理由。在提出反对意见时不要过于武断，不应否定一切。即使孩子是在胡说八道，也要控制你的火气，不下定论，直到完全理解。

要与孩子进行良好的交谈。在家里，要营造一种良好的氛围——互相尊敬和关爱氛围，而不是相互责备和恼怒的氛围。交谈最好是在一种让孩子与大人有同等机会参与的轻松气氛中进行。而且谈话应自由自在，任意发挥。不要有什么仪式安排或预期达到的结果，尝试着与孩子随意交流观点和看法。

尊重孩子。父母应该尽可能地与孩子交流，并且应该尊重孩子，试着用不同方法使得孩子愿意与父母交流。作为父母，在倾听孩子说话时，理应更加耐心、更加用心。

5. 鼓励孩子多背诵

背诵在孩子的语言学习与潜能激发过程中，扮演了重要的角色。

孩子词汇的增多、理解力的增强，都得依赖这些"学来的词汇"。如果对平常所学的优良文句没有用心记忆，自然在运用时就不能得心应手。所以背诵不但不应废除，反而应予适当提倡。

美国教育家詹妮弗在她女儿艾比刚出生不久，就开始给她念书。起初，这个小宝贝总是喜欢玩弄书皮，揉搓书页。可詹妮弗一点都不在乎，她甚至让艾比抱着书睡觉。艾比长到1岁时，开始着迷于图书。她特别喜欢依偎在妈妈的怀里，静静地倾听妈妈给她反复阅读《雪人的故事》《快乐的小熊》等。待到她开始学走路的时候，她常常喜欢手里拿着一本书，佯装着给家里小狗巴比讲故事。教育学家说，像艾比这样的孩子，在阅读和学习能力方面可能要比一般孩子提前两年半。

有些父母认为，孩子的理解能力低，给他们念书似乎是浪费时间。其实不然。当孩子瞪着眼睛听你念书的时候，他们的语言和理解能力正在悄悄地发展着。美国伊诺斯大学的研究者德多金教授对205名具有较强阅读理解能力的儿童进行了调查研究。结果表明，这些儿童都在学龄前就已经具备了相对独立的阅读能力，他们的共同之处是：从很小的时候起，父母就注意他们语言潜能的开发，引导他们养成爱读书的习惯。

詹妮弗经常在睡前给她的孩子们读书。孩子们和她都特别喜欢晚上这段"黄金"时间。每当谈到一些精彩的段落时，她们都会激动不已，并一起背诵下来。面对许多语言发展落后、表达能力欠佳、作文词不达意和阅读一知半解的儿童，背诵实在是一项需要巧妙运用且必要的教育项目。

对于背诵，我们给父母的建议是：

背诵要兼顾文言文与白话文。父母鼓励孩子背诵，大多会选择古文。其实，白话文往往也极具背诵价值，只要选择适当，儿童当不以为苦。

背诵不一定要整篇文章。选择适当的段落或文句，容易使学童有成就感，并且增加继续背诵下去的兴趣。

背诵要以孩子的兴趣为主导，注意密度适当。每两段背诵文章间，应有一段恰当的休息时间。密集背诵，多半易导致儿童兴趣丧失。

重视诗歌背诵。中国是一个诗歌大国，保存、流传着大量优秀的诗歌，读诗、背诗也是中国古代幼儿学习的重要组成部分。诗的特性，使得诗在培养孩子的说话与语言潜能的开发方面具有突出效果。柴可夫斯基曾说过："母亲和婴儿说话的频率，最接近诗的节奏。"当然要选择与孩子年龄相当的作品，使其能被理解。否则，不仅效果不好，而且容易使孩子厌烦，影响以后对诗的学习兴趣。因此，我们首先要循序渐进，从最浅显的诗开始。例如，唐朝隐峦的《逢老人》"路逢一老人，两鬓如白雪。一里二里行，四回五回歇。"不但形象鲜明，而且生活化，容易被小孩读懂。随着孩子理解力的提高，可以向他介绍更多的情景交融的好诗，包括现代诗这一非常好的语言形式。我国文学源远流长，引导孩子从小多背诵一些好的作品，无疑对孩子各方面潜能的激发都有益，要选择一些适合孩子诵读的篇章，使孩子有选择地背诵。

鼓励孩子背儿歌。儿歌具有简单、有趣的性质，孩子很喜欢听。多次强化，让孩子逐渐理解儿歌的意思，学会重复其中的某些句子，再多次说给他听，让他模仿，这样两岁左右孩子就能说出简单的儿歌了。

每天坚持固定一个时间。具体什么时候读书无关紧要，重要的是每天最好坚持在同一时间读书，而且保证至少15分钟。

6. 朗读是锻炼孩子口才的捷径

朗读在唤醒孩子语言潜能的过程中至关重要。孩子读得多了，一些优美的语句、段落会在脑海中贮存下来，说话时便能出口成章、出言不凡；相反，如果不爱读书，很难想象孩子能以理服人、妙语连珠。父母应从朗读入手，为孩子说话积累素材。

让我们看看美国人是怎么做的。

美国的吉姆·特利里思一直致力于宣扬一个他认为是当今最有效的唤醒孩子潜能的秘诀：朗读。他说："大多数人初次听到时都不相信。原因有三：一，简单；二，不费一分一毫；三，小朋友喜欢。既然如此，能好到哪里去？"

这天晚上，聚集在学校礼堂里听他讲演的听众大部分是年轻父母和教师，人人都笑得很勉强。特利里思说："我知道你们心里怎么想，一天只有24小时，一点不错。可是有谁说过教导孩子是省时的工作？"特利里思继续劝告台下的听众，不管多么忙碌也要抽空给孩子朗读，因为那是除搂抱以外父母能给子女的最好东西。

他列举事实支持他的论点。有多项研究，包括美国阅读研究中心和美国英文教师协会发表的报告，都证实了读书给孩子听有助于激发孩子学习新词的欲望，并通过新词的学习，学会如何说话，进而启发想象力，延长注意力集中的时间，培养出健康的人格。朗读其实就是向孩子宣传要学习阅读。

他说，阅读已成为今日生活中最重要的社会元素。花在阅读上的时间越多，就越能激发潜能，若能够引导孩子帮助他们养成阅读习惯，则不仅造福于他，还可以惠及他的下一代。

特利里思的两个孩子伊莉莎白和杰米小时候，他与妻子苏珊给他们读了大量的书，几乎有孩子吃饭的次数那么多。他说："我小时候，家父常常读书给我听，所以我也读书给孩子听。我只是希望他们也能领略到我童年时有过的美好感觉。"

特利里思成长于20世纪40年代，那时处于经济大萧条时期。他说："我10岁时家里才有能力买辆汽车，12岁时我们才有自己的房子。但是就我记忆所及，我们家里一直订阅几份杂志和两份日报。"他记得小时候他父亲几乎没有一天不读书给他听。

特利里思从马萨诸塞大学毕业后，在附近斯普林菲尔德市一家报馆担任记者。1967年，有个小学四年级的老师请特利里思去跟她班上的学生谈谈他的工作。从这以后他每年都到当地的小学去免费演讲。

有一次他走出教室时，瞥见了一本他刚给女儿念过的小说。"谁在看这本书？"他问。3个女孩羞怯地举起了手。"你们一定很爱看，是吗？"他问。接着他就跟学生一起大谈读书之乐，讲了45分钟。

"从那时起我就总是留点时间问学生最近看过什么书，"特利里思说，"后来，我渐渐发现学生除了看老师指定的书以外，看别的书越来越少。我很想知道一点：多念书给孩子听，和孩子愿意多看书之间是否有连带关系。"

特利里思查阅了大量关于阅读的专业刊物，寻找大量研究数据支持他的猜想。他询问邻居、亲戚和同事，发现大多数人只在孩子不愿上床睡觉时才给孩子朗读故事。

特利里思说："父母给孩子读书，书中的字词能帮助孩子学习新词语。"他以洛德·达尔所写故事《巨鳄》的第一段为例子做了说明。"两条鳄鱼趴在水里，只有头部露在水面。其中一条硕大无比，另一条则没那么大。假设孩子不懂'硕大无比'的意思，以下两个方法哪一个能使他比较容易明白：是从故事情节里呢，还是从识字卡看到那四个字？你要知道，孩子如果从来没听过某个词语，他是绝不会想出来的。如果他从没听过或说过某个词语，到他见到这个词语时，他哪里读得出来？"

特利里思主张尽早开始给孩子朗读故事。"你是什么时候开始跟孩子说话的？就是他出生那天嘛。孩子如果已长大到能听明白你说的话，就应该也能听明白你读给他的东西。"有很多例子证明特利里思说得没错。

马克·汤马斯夫妇的女儿詹妮弗刚出生，夫妇俩就收到特利里思的畅销著作《朗读手册》。他们希望促进詹妮弗智力的发育有特别原因：詹妮弗天生智商有问题。"我们觉得反正那样做不会有害处，"马克的妻子玛西娅说。他们每天念故事给她听。詹妮弗出生后几个月就要接受手术，她父母把故事录在录音带上，请护士播放给她听。詹妮弗5岁时，竟然能够自己阅读了。

詹妮弗11岁时，在马萨诸塞州一家正规小学就读。她酷爱读书，识字之多被老师形容为"不可思议"。

特利里思很高兴见到如今已有人以他为榜样做推广的工作。西弗吉尼亚州的马莉·凯伊·邦德在20世纪80年代初期第一次听说有个人在推广朗读。她那时初为人母，但已经习惯了每天阅读新闻杂志给只有3个月大的婴儿听。

后来，邦德与儿子所在幼儿园的9个同学的母亲合作，根据特利里思的理论设计了一项活动，之后被命名为"西弗吉尼亚州朗读"，推广到了全州。

我们给父母的建议是：

培养孩子阅读的习惯。喜欢阅读的孩子，大多喜欢朗读。父母帮助孩子读书是给予他们最好的礼物。

先从朗读简单的儿歌开始。儿歌易记，其简单、有趣的性质，很适合儿童。

尽量为孩子读书。如果父母工作繁忙，没有时间满足孩子读书朗读的乐趣，可以调动家中的每一个人给孩子读书。

在朗读中提出问题。在朗读时，可以随口提出问题，让孩子加深印象。

将孩子的书放在较低的位置。给孩子阅读的书最好是随手可得的，如果家长们都把书束之高阁，孩子们拿不到书，也会影响他们阅读习惯的形成。

7. 不可忽略的外语启蒙

不懂外语的人在如今的信息社会，可称得上是个半文盲。地球已成为一个村落，各地联系正日益紧密、广泛，语言是我们与他人交流的必备工具。最新的文明成果都是用外语特别是用英文记载的，计算机里绝大多数是英文。

外语是如此重要。3～8岁是语言发展的关键期，过了十一二岁，学外语的难度就增加了，因此在婴幼儿期重视外语的学习也就顺理成章了。为简明起见，我用英语代替外语来举例说明。

早期开始的英汉双语教育可以开发大脑潜能，促进儿童的大脑发育。孩子处在英语和汉语两种语言环境中，两套语言信息同时输入孩子的大脑，进入短时记忆，经过反复刺激，产生生物化学变化，留下鲜明深刻的双语痕迹，转入长时记忆，形成两套神经网络。这两套神经网络分散编码在大脑神经系统的许多地方，相互对应，相互借用，相互强化，相互共振。这样，接受双语教育的孩子，从一开始就比接受单语教育的孩子动用了更多的脑细胞和脑神经，记忆能力得到更多的锻炼，负责语言信息接收、加工处理、分区储存、综合调用、语言输出的各个大脑区域或部位都得到了更好的开发利用，从而促进了孩子大脑的总体发展。

孩子，你能行：激发孩子的无限潜能
You can inspire children's infinite potential

早期开始的英汉双语教育可以使孩子英语基础打得稳固扎实。孩子能和汉语同步接受英语，至少在听力理解上避免了以汉语为中介体来接受英语。英语的语音、词汇、语法、语言使用习惯的接受有空间和时间上的充分保证，少受或不受汉语的干扰。存储在长期记忆中的英语材料就像汉语材料一样是自然获得的，易于形成牢固的神经网络系统，形成英汉两种语言的思维，英汉互译得心应手。这样能为孩子打下稳固而扎实的英语基础。

早期开始的英汉双语教育可以大大开发孩子的潜能，提高孩子的智力。英汉双语教育使孩子从小就要对同一事物接受和赋予两个甚至更多的辨认标记或代码，对同一事件要接受和赋予由两套不同语法规则制约的语言，使孩子的大脑中形成既独立分离又对应联系的两套语言操作的神经体系。这使孩子自然而然地明白，语言标记和它所指代的事物不是唯一固定不变的。因此，他的思维模式就自然而然形成这样一种习惯，即不受一种语言代码的限制，对一个问题从多方面加以考虑，这使他善于联想，理解力和接受能力增强，具有较强的认识灵活性和语言灵活性，进而大大提高了孩子的总体智力水平。

一个年仅6岁的小孩，却能讲7国的语言，你听说过吗？家住台湾新竹的李嵩声，除了中文母语外，还能讲西、英、德、俄、日、法语6种语言，虽然不是非常精通，但对一个6岁小孩而言，已是非常难得。李嵩声的父亲李念祖说："儿子有语言的天分，但绝不是天才，他只是掌握了学习的机会与方法。"6岁的小孩是如何学会7国语言的呢？这正是李念祖深感自豪的地方。

孩子一岁半时，李念祖被选派到哥斯达黎加工作，他带着妻子与孩子举家赴任。为了开发孩子的语言潜能，正确教导孩子，他在当地聘请了保姆，边陪他玩边学习西班牙语。两岁时，李嵩声就能与当地同年龄的小孩一样讲流利的西班牙语了。

李念祖与妻子则负责教中、英文。两岁半时，李嵩声被送进美籍儿童的幼稚园，3岁半再进入当地私立小学试读。此时，李嵩声的英语与西班牙语已同样流利，可随时以两种语言变换交谈。

4岁时，李念祖又帮儿子请了日文家教。4岁3个月开始学习德文。4岁6个月请了俄文家教。4岁9个月开始学法文。平均3个月，李念祖引导儿子多学一种语言，他采用渐进式的语言教学，从中激发儿子的语言潜能。

"为什么那么小就让孩子学多种语言，孩子吸收得了吗？"李念祖常被问到这一问题，他说："我们太小看孩子的潜能了。事实上，越早学习语言，越容易学会，而且三四岁的小孩玩电脑太小，做运动容易受伤害，只有学习语言最适合，只要方法对，任何小孩都可以学会多种语言。"李嵩声随着父亲在哥斯达黎加住了3年6个月，这期间他学会了英、西、德、法、日、俄6国语言，也跟各国老师相处得很融洽。在5岁生日时，李念祖帮他举行了一个生日宴会，邀请所有教过他的外籍老师为他庆祝。李嵩声发挥他的语言天分，以各种不同的语言跟不同的教师交谈，让所有的外籍教师都感到十分惊讶。

李嵩声在4岁时就已经越级就读哥斯达黎加国小一年级，而且以第一名结业。台湾的资优跳级制度，只能减少一年。李念祖觉得台湾的资优制度弹性不够，于是决定采用在哥斯达黎加的教育模式，自己教育儿子。

首先，他调动孩子学习中文的积极性、能动性，把台湾小学的教科书从一年级到六年级全部买齐，自己一科一科地教。再请两个家教，一个教电脑，一个教英语；每天花两小时复习各国的语言。

在李念祖的指引、教育下，儿子利用一年的时间，把小学六年的教科书全部学完了。当然，他不只是教，也随时测验孩子的吸收程度，他认为李嵩声现在应该有小学四年级的程度。而且李嵩声能够利用电脑跟"台湾清华大学"连线。

孩子，你能行：激发孩子的无限潜能
You can inspire children's infinite potential

李念祖准备自己教小孩到高中，然后再由孩子决定自己的将来。李念祖说："父母只能帮他准备好，最后还是要靠他自己。"在7国语言中，李嵩声最喜欢德文。他的英语与西班牙语也相当流利，并且在回到台湾一年多以后还能流利地朗读各国教科书，在转换之间，毫无障碍。

在尊重儿子的前提下，李念祖想法激发儿子的想象能力、自理能力，使得李崇声从不觉得学习这么多语言很辛苦。李崇声反而是一个很灵巧的小孩，活泼好动，做任何事之前，都会征询大人的意见。念书之余，也会帮忙做家事。

虽然他没有进小学就读，但每天功课依旧排得满满的：复习各国语言两小时，还要学电脑、弹钢琴、教4岁的小表弟讲英语，感觉比一般正常上学还紧凑。心情好的时候，他会用各国语言向父母问好。长大后的李嵩声，最希望当一名科学家或太空人，到太空绘画。

父母怎样对孩子进行双语教育呢？

坚持直观、自然的引导方法。 父母对孩子讲英语应该和他讲汉语一样，引导孩子身临其境讲英语，而不是为了教育而特意讲英语。这样容易使孩子的英语与生活中的具体事物形成概念联系，在记忆中生根，即生活英语，而不是课本英语、学校英语。孩子只可能对这种生活英语感兴趣。

循序渐进。 孩子的语言和心理能力的发展，自他出生就开始了。孩子从牙牙学语发展到发音的组合，单词句语言，最后用语言表达自己的思维，是一个循序渐进的过程，父母不应操之过急，要求过高。对孩子讲英语只能稍微超过孩子所能接受的水平。比如，当孩子还不能分辨颜色时就不必过早过多地对孩子讲有关物体的颜色；当孩子不能掌握数字时，不必过多地对他讲具体的数字。

为孩子创造一个好的英语听说环境。 父母应尽量用英语和孩子交谈。让他在自然环境中听到更多的英语单词和句子。随着孩子的年龄增长，

他的英语听力在发展，这时父母可以用英语讲叙述性的故事，讲流水账式的生活故事。故事的内容可以是当天或前一天他所经历的事。这样的故事让孩子和他的经历联系了起来，比较好懂一些。现在有许多关于少儿学英语的书籍，可作为教材，在孩子感兴趣的时候运用它。当然，只是父母对孩子讲英语，形成的英语环境还很弱，可以通过听英语广播、听英语磁带、看英语动画片等方式创造浓厚的英语环境。这些方式有利于激发并提高孩子讲英语的兴趣，他的学习劲头会比较大。由于我们面临的是铺天盖地的汉语环境，要营造一个英语环境出来需花费父母不少的精力，但绝对有超值回报。

鼓励孩子开口讲英语。汉语环境无处不在，尽管父母一直对孩子说英语，但孩子很可能会用汉语与父母对话，这就造成了英汉双语教育特有的英汉对话现象。在这种情况下，要想方设法鼓励孩子讲英语。比如孩子要吃苹果，要看电视，要去公园，可要求他用英语申述自己的请求。如果孩子不会，就自己说一遍，然后让他复述。只要孩子开口说了英语，就要及时表扬他，当他能说出一个标准的英语句子时，更要大大地表扬。孩子会说简单的英语后，要多和他做英语对话游戏，比如顾客买东西游戏，医生病人游戏，警察叔叔和问路人游戏等。总之，只要能够激发孩子开口说英语即可。

鼓励孩子多阅读一些英文读物。要巩固学习成果，最好的办法是让孩子过好阅读关。现在的外语书越来越多，从简单的读物到原版小说都不难找到。孩子学会阅读后经常有东西可读，外语就可以转化为一种生活技能，不断得到巩固和发展。如果有可能，可以给孩子报一个英语班，可鼓励孩子跟几个小伙伴一起学外语、讲外语，这样孩子的兴趣会保持得久，相互促进。

简而言之，孩子学会外语不外乎一个英语环境，多听、多说、多看，任何语言潜能的激发、引导，都是这样循序渐进的。即使由于英语环境很弱，父母英语不太好，孩子的英语水平不能达到预期目标，也无伤大雅，关键在于从小给孩子一个与汉语不同的语言的信息刺激，留下记忆，进入学校后，是可通过努力赶上来的。

相·关·链·接

什么是语言潜能

语言潜能，就是能有效运用口头语言和书面文字来表达自己的想法，并能了解他人的能力。它包括语言接受能力和语言表达能力。这项潜能包括把语法、音韵学、语义学、语言实用学结合在一起并运用自如的能力。

语言潜能突出的儿童在学习时是用语言及文字来思考的。这项能力将有助于孩子学习语言的结构、发音、意思、修辞，并进而在实际中运用。语言潜能是通过书写、口语和阅读来提高的。

语言潜能的各个方面

①热爱语言。
②表达能力强。
③词汇丰富。
④语言流畅。
⑤学习外语无困难。
⑥对学习语言有强烈的兴趣。

语言潜能的关键能力

描述和报道：善于准确、连贯地叙述事件、情感和经历，准确地描述事物，并对此感兴趣。

创意编排：喜欢和善于运用想象力和创造力，构思故事情节，刻画人物形象和心理，描述场景、人物态度和对话。

运用诗化语言：喜欢和善于运用双关语、押韵和隐喻等手法，能幽默地使用词汇。

语言发展目标

乐意与人交谈，讲话有礼；注意倾听对方讲话，能理解日常用语；能清楚地说出自己想说的事；喜欢听故事，看图书。如向家长说清自己的需要，编一个故事，和老师小朋友谈论自己去爬山的经历等。

语言潜能激发的原则

①不要规定识字量和词汇量。
②不要讲解字音、字形、字义及相互之间关系。
③不要分析、挖掘作品的内容。
④不要等孩子掌握了一篇作品的字后再进行下一篇。
⑤不要规定统一的进度。
⑥不要枯燥乏味地反复认读、机械训练。

语言潜能良好的特征

①能够倾听并对口语的声音、节奏、色彩及变化做出反应。
②能够模仿他人的声音、语言、阅读及写作。
③通过倾听、阅读、写作及讨论来学习。
④有效地倾听，能理解、释义、分析并记住别人所说的内容。
⑤有效地阅读，能理解、概括、分析或解释，并记住所阅读的内容。
⑥能够结合不同目的针对不同听众有效地"说话"，懂得随机应变，"说话"简要、有说服力或有热情。
⑦有效地"写作"，能了解并活用语法规则、拼写、标点，也能有

效地运用词汇。

⑧显示出学习其他语言的能力。

⑨运用听、说、读、写进行记忆、沟通、讨论、解释、说服、创造知识、建构意义以及对语言本身进行反思。

⑩致力于增强自己语言运用的能力。

⑪对新闻、诗歌、故事、辩论、演讲、写作或编辑等有浓厚的兴趣。

⑫创造新的语言形式，创作文学作品或口语沟通作品。

孩子语言潜能发展进程

1个月，专注于说话人的嘴。新生儿发出的声音大多与生理需要有关，如呼吸声、吸吮声，因疼痛、饥饿而发出的哭声，清醒时发出的细小柔和的喉音等。

2个月，会发 a、o、e 等元音。

3个月，能发出"咯咯"的笑声。

4个月，在安静时会牙牙自语，高兴或不满时会大声喊叫；对熟悉的声音产生良好的社会性反应；微笑，发出呱呱声，喜欢听歌，抿着嘴笑；转动头寻找声音；发出各种声音。

5个月，牙牙学语，看到熟悉的人和物时会咿咿呀呀地好像在"说话"。

6个月，叫孩子的名字会转过头。

7个月，无意识地发出 da—da，ma—ma 的声音。

8个月，模仿说话人的声音。渐渐发出更多特殊的可以表达情感的语言（也许只有妈妈们能听懂）。

9个月，会做欢迎、再见的动作。

10个月，会模仿大人发单字音。

11个月，有意识地发单字音，会用单字音表示人、物或动作。开始用声音与自己和他人交流，牙牙学语。明白用语言表达感觉，并对别人的话有所反应，如"再见""你好"。

12个月，把玩具给孩子，再要回来知道给。开始说话，可以指出我们问的东西："帽子在哪儿？""嘴呢？"

15个月，能根据大人的问话，指出眼、耳、鼻等3个以上的身体部位。

18个月，能根据大人的要求，把物品送到指定的地方；能有意识地说出3～5个字音（爸、妈除外）。用简单的词表达一句话，如"爸爸"，可能指"爸爸过来"，也可能是"爸爸呢"，或"爸爸在这儿"，有时是用音调和语调表达全部意思。

21个月，能说出由3～5个字组成的句子，能回答"这是什么"等简单问题。

24个月，能说出两句以上的儿歌，会主动问"这是什么"。喜欢儿歌、讲故事、唱歌，会说简单的句子。想知道事物的名称，经常问"这是什么""为什么"。

27个月，会说8～10个字的句子。

30个月，能说出10种图案。

33个月，能根据问话说出自己的性别。

36个月，懂得回答"冷了、饿了、累了、怎么办"等问题。愿意听别人读那些语调跌宕起伏的故事和诗歌。虽然他还有许多音发不准，但词汇量和复合句大大增多。掌握了基本的语言结构。游戏时，经常自言自语或与同伴说个不停。

42个月，会说反义词。

48个月，知道苹果一刀切开有几块。初步具备用语言表达抽象情感的能力，如喜欢、不喜欢等。说话具备一定的逻辑性和语法规则，能讲故事和续编故事。

54个月，会回答"人为什么要穿衣""眼睛有什么用"等问题。

60个月，与其他小朋友游戏时，可以彼此用语言控制活动。可以借

助语言表达抽象的意义,会回答"人为什么上班""房子为什么有窗户""苹果有什么一样的地方"等问题。能掌握2 200～2 500个词,能自由地表达感情。

72个月,能理解和使用抽象名词,清楚地描述事件,能区分明天和下一周。准确掌握年龄、地址、电话号码。以听故事和"读"故事为乐。

成·功·范·本

卡尔·威特开发和唤醒孩子语言潜能的启示

1800年7月,小卡尔·威特出生在德国哈雷近郊的洛赫村。其父叫卡尔·威特,是一个乡村牧师。

当小卡尔·威特只有八九岁的时候,就能熟练自由地运用德语、法语、意大利语、拉丁语、英语和希腊语这六种语言,并且通晓动物学、植物学、物理学、化学,尤其擅长数学。他9岁进入莱比锡大学;10岁进入哥廷根大学;13岁出版《三角术》一书。1814年4月,未满14岁的小威特被授予哲学博士学位。两年后,又获得了法学博士学位,并被任命为柏林大学的法学教授。23岁,他发表了《但丁的误解》一书,成为研究但丁的权威。

与那些过早失去后劲的神童们不一样的是,小卡尔·威特一生都在德国的著名大学里授学。1883年,他在有口皆碑的赞扬声中离开人世。

老威特教育观念的核心思想是,对于孩子,最重要的是教育,是对孩子灵魂的唤醒而不是天赋。孩子成为天才还是庸才,不是取决于天赋的多少,而是取决于出生后到五六岁时的教育。对孩子的教育必须同孩子的智力开发同步进行。

《卡尔·威特的教育》一书叙述了老卡尔·威特如何开发和培养小

卡尔·威特语言潜能的内容。

语言是早期教育孩子的关键

小卡尔·威特是卡尔·威特的第二个孩子。小威特刚生下时,先天不足,体重不过2千克,两只手和两只脚不停地抖动,哭叫声有些像中毒的小老鼠。邻居们在背后议论纷纷,说小威特肯定是个白痴。连小威特的母亲也说:"这样的孩子,就是再好的教育也是白费力的。"然而,老卡尔·威特并不这样想,他承担起了教育儿子的重任。

总的来说,生下一个健壮的孩子,这只是父母亲走出的第一步,以后的路更长,事情更琐碎,责任更重大。

老威特相信爱尔维修的那句名言:"即使是普通的孩子,只要教育得法,也会成为不平凡的人。"可是,老威特与爱尔维修有所不同,他承认孩子的禀赋是有差异的。但他坚信,在孩子成才的因素中,后天的教育更重要。

根据儿童智力的递减法则,一个人在成长过程中,是有某种智力、潜能发展最佳时期的。这个最佳期非常关键,它对人一生的智力发展都起着决定性作用,千万不要错过。事实证明,孩子在3岁以前,是语言发展的最佳期,尽早教孩子学习语言这一点非常重要。因为语言既是进行思维的工具,也是接受知识的工具。没有这个工具,我们就得不到任何知识。人类之所以优于其他动物而取得今天的进步,就是因为使用了其他动物所不具备的语言。可见,如果孩子不及早掌握语言,就不能很好地发挥其潜能。

小威特的早期教育,是从语言训练开始的。因为老威特懂得儿童智力递减原则,假设刚出生的婴儿智力为100度,如果放弃引导和教育,到5岁时就会减少到80,到10岁时就会减少到60,到15岁时就只剩下40了。所以,他认为,为了杜绝这种递减,必须不失时机地给孩子以发

孩子，你能行：激发孩子的无限潜能

展其智力的机会。做父母的只要稍加留意就会发现，婴儿从小就对人的声音和物品的响声非常敏感。这表明，早期开始激发孩子的语言潜能是可行的。那么早到什么时候呢？老卡尔·威特主张从孩子15天大就开始灌输词汇，在孩子刚会辨别事物时就教他说话。

老威特在小威特刚刚会辨认事物时，就开始教他说话了。卡尔·威特从儿子15天大时，就在他眼前伸出手指头，小威特看到后就要捉它。刚开始由于看不准，总是捉不到。最后终于捉到了，小威特非常高兴，把手指放到嘴里吃起来。这时卡尔·威特就用和蔼而又清晰的语调反复发出"手指、手指"的声音给他听。小威特停止了吮吸的动作，因为他听到了一种声音，随即小眼睛开始寻找声源，哦，是爸爸的嘴在动。于是，视觉和听觉多次结合，小威特的小嘴也试着模仿了。

孩子学习语言既离不开说，也离不开听，父母要为孩子提供听的环境，提供说的机会。父母应该尽早与孩子交谈，因为6周大的婴儿就会对谈话的声音有所反应。孩子很多时候会"自言自语"。父母应该抓住这个关键时期尽量与他交流，从而使他的听力更上一层楼。

只要小卡尔·威特醒着，卡尔·威特夫妇就会跟他说话，或者轻声给他唱歌。当他眼光停留在床上吊着的彩色纸花时，卡尔·威特会不厌其烦地重复着："红纸花、黄纸花……"如果正在做事，就会用亲切的语调对他说话，告诉他正在干什么。

小威特稍大一点儿后，父母就给他重复讲餐具、食物、身体部位、房子、草木及其他能引起孩子注意的实物名称。当小威特稍微能听得懂话时，父母就开始给他讲故事。这样，小威特到五六岁时，就拥有了三万多个词汇的存储量。

应该注意的是，父母的语言要准确、清楚、缓慢，要科学地重复。一旦孩子有所表示，比如微笑、踢脚或摇手，父母应该马上给予鼓励，及时回应。孩子一旦开口叫出"爸爸""妈妈"，父母就应该乘胜追击，让孩子保持说话的热情，全力鼓励孩子说话，为孩子制造说话的环境和材料。可以引导孩子念儿歌、讲故事。到了孩子能说双音词、短语时，父母要尽量说简短的句子，让孩子去理解体会。

培养孩子语言潜能的途径

在对小威特进行语言潜能的开发时，老卡尔·威特有一个原则，即从一开始，就教标准德语。因为小威特记住了标准读法，就能毫不费力地读懂书上写的东西。父亲从不引导小威特说"汪汪"（狗）之类的不规范的语言，只给小威特讲标准德语，而且严禁妻子、仆人说方言。

在引导教学方法上，卡尔·威特采用激励法，每当小威特发音准确时，父亲就摸着他的头表扬他说："说得好！说得好！"当小威特发音不准确时，他就有意对妻子说："你看，小威特不会说什么什么……"于是，妻子就回答说："是吗？我的小威特连那样的话都不会说？"这样一来，小威特受到激励，劲头更足。

老卡尔·威特认为，要想有清醒的头脑，必须有明确的词汇。他和妻子也以身作则，力求发音标准，语言规范，精选恰当的词汇。小威特3岁半时，父亲决定开始引导他认字。当然，第一步得唤起孩子的认字兴趣。于是，父亲给小威特买了几本有趣的画册讲给他听，并且说："如果你能认字，这些书你都会明白。"有几次，干脆不讲给他听，只是说："这个画上的故事非常有趣，可爸爸没有时间给你讲。"等到小威特识字的想法和愿望都被激发出来后，他主动提出要认字，这时，父亲才进入识字的引导阶段。父亲去打字店，买来10厘米见方的德语字母印刷体铅字、罗马字和阿拉伯数字各10套。然后把这些字都贴到10厘米见方的小板上，以游戏的形式教学，接着以"拼音游戏"的形式在玩耍中引导孩子组字。由于德语的发音比较规范，小威特虽然还未掌握读法，但很快在游戏中学会了朗读。以后，他又学会了更多的词汇，并且可以读书了。

引导孩子发纯正的语音

从小威特发出第一个"F""a"开始,卡尔·威特就不厌其烦地引导他学习"Fa—Fa—Fa""ma—ma—ma"等。当小威特发出一个声音时,比如"ka—ka—ka",卡尔·威特会立即回应,跟着他"ka—ka—ka"。而当他引导小威特发"ma—ma—ma"时,如果小威特回应了,尽管不是很清晰,卡尔·威特仍会给予充分的鼓励。不过使用这个方法必须听清楚孩子的发音,比如孩子发"mo—mo—mo",你却听成了"ma"并加以鼓励,久而久之,孩子会出现发音上的混乱。

老卡尔·威特与小威特玩语言游戏,总是在他睡醒后一小时进行。因为这时候他情绪最好,效果也更好。所以要注意选择时机。同时发音时要跟孩子充分交流,老卡尔·威特讲话时,都让孩子看着自己的脸,当然最好是看到嘴的动作。

引导孩子发出纯正的音一定要简洁明快,千万不要啰嗦。比如引导孩子发一个音"a",直接说就行了,没必要说上一大段话,那样孩子听不清楚,就容易读错。

引导孩子从身边的实物开始学习说话

我们都有这种经验,学习外国语,不多记单词是不行的。但是想要多记,却往往劳而无功,很快就忘了。有一个时期,为了使小威特以后能够学好,老卡尔·威特下决心要学好英语,他把韦伯斯特的袖珍小词典揣在怀里从头背下去,但是随记随忘,并没有多大效果。渐渐地,老卡尔·威特总结出一个道理:要多记单词,应当多读有趣的书,在阅读中记住书的单词。只是填鸭式的灌输,非但达不到目的,反而有害。

引导、教孩子说话,确实是很困难的,需要下很多功夫。老卡尔·威特通过与小威特谈论有关饭桌上的器具、室内的摆设、院子里的花草等,巧妙地引导他学习新单词的发音和词义。

几乎每天晚饭后，他们都要带孩子出去散步。从家里到村口的教堂，一路上看到什么讲什么，有意识地叫小威特注意。小威特的好奇心被激发，一出门他就指这儿看那儿，喋喋不休，说话也进步很快。

当然，在实行这一教育时，要注意循序渐进，先易后难。在开始时，引导孩子发一些容易的音和一些非常简单的话，只要每天坚持练习，持之以恒，就必有所获。

通过给孩子讲故事来增强与世界的亲和力

当小威特稍微能听懂话时，老卡尔·威特夫妇就天天给他讲故事。在他们看来，对于幼儿，没有比讲故事更为重要的了。因为孩子是这个世界的生客，他对这个世界一无所知，所以应该尽早让他知道这个世界，越早越好。培养小威特对这个世界的亲和力的最好方法是讲故事。讲故事锻炼了小威特的记忆力、想象力，扩展了知识面。

尽力丰富孩子的词汇

激发孩子语言潜能最重要一点就是丰富孩子的词汇。小威特的词汇训练一直受到老威特的重视。凡是他还不认识的事物，他们都要求女佣不用"这个、那个"的说法，只有对小威特已经记熟了的事物，才引导他用代词称呼。另外，在给小威特讲道理时，总会遇到一些他不懂的词汇。这时，他们都是立即给他解释，决不稀里糊涂地绕过去。

当然，小威特这么小，有些词汇解释了他也听不懂。然而这一行为的意义并不是让他立刻就记住或听懂，而是用解释生词的行为本身，传递给小威特学习的态度和方法。如果大人在传授知识时遇到难点就绕过去，孩子就会养成"不求甚解"的坏习惯。

德国有许多通俗易懂的童谣，老卡尔·威特当然不会视这些优秀的文化遗产而不顾。他引导儿子热爱这些童谣，并且学习它们。小威特的语言潜能在学习这些童谣的过程中慢慢被激发。小威特不到 4 岁就开始

读书了，这些书主要是以歌词形式写成的。

杜绝引导孩子学习不完整的话

老卡尔·威特反对引导孩子学习不完整的话和方言，比如"咂咂"（乳房）、"丫丫"（脚）、"汪汪"（狗）之类的。这些语言对孩子语言的发展有害无益，这一点要特别引起父母们的注意。诚然，孩子学不完整的话和方言会更容易，因此许多父母也就认为孩子的语言从这些不完整的话学起并无大碍，但是研究结果表明，孩子在两岁左右时，如能缓慢、清晰地教他说正式的语言，一般来说孩子都可以发出音来。

如果小威特本来可以学会的东西，卡尔·威特却故意不引导他，这在教育上就是极其愚蠢的了。正如雷马克所说的，一个东西如果不使用，就难以评价它的作用。同样，如果不引导孩子学习他们本来能够学会的东西，那么，他们的潜能也就得不到发展。

事实上，对幼儿来说，单会说"汪"或"丫"等词汇虽然相对要容易，但这也会给他们造成负担。对孩子的语言学习来说，完整规范的语言是他们迟早要学的，而那些半截子语言是他们不久就要抛弃的语言。让孩子学两套语言，势必给孩子造成双重负担。世上确实再没有比这更不经济的事了。孩子本来可以用那些白白浪费掉的精力去学习一些其他知识的。因此，做父母的，绝不能引导给孩子一些不完整的话，以免浪费时间。也许有人说，教给孩子说这种话非常有趣，但是否想过让孩子付出如此高昂的代价是否值得？教给孩子不规范的语言的害处还不止于此。社会上有许多孩子，因为父母教育不当，甚至到了十四五岁（甚至已长大成人），有的话还发音不清楚。

但是，社会上竟有这样的父母，以孩子发出的错音、错话为乐。他们不仅不去帮助孩子纠正，反而将错就错，随声附和，这是大错特错的。因为这样将使孩子永远无法发觉自己的毛病，以致习惯成自然，难以纠正。

能正确运用语言意味着能正确思考。如果让孩子从小就使用似是而非的语言，那么孩子的潜能就很难得到开发。

杜绝孩子说方言

老卡尔·威特严禁仆人说方言。因为小威特与仆人们的接触非常频繁，易受他们的影响。

方言在读音上与标准德语差别甚大，而且在语法上也不规范、不标准。在这种语言环境中，小孩子很容易受到不良影响，从而给学习标准的语言带来一定的障碍，这种障碍的跨越是需要时间的，而一过了学习语言的最佳年龄，有些人一辈子也实现不了这种转变。

老卡尔·威特家里有一个老仆人，忠心耿耿地服务了几十年，老卡尔·威特对他也非常尊重与信赖。也许是年龄偏大，他经常说方言。小威特出生以后，老卡尔·威特多次要求他讲标准德语，但他说了一辈子的方言，突然说标准德语很难说好，总是不伦不类。当时小威特正处在学习语言的关键时期，老卡尔·威特虽然不情愿，但还是忍痛将这位老仆劝退回家。每次想起他，老卡尔·威特都很难过。但是看到小威特在语言方面取得如此好的成绩，老卡尔·威特又觉得一切牺牲都是值得的。

引导孩子的读书兴趣

通过阅读，不仅可以把孩子引入一个神奇、美妙的图书世界，使他们的生活更加丰富多彩、乐趣无穷，还可以使孩子从书中获得人生经验。因为人生短暂，不可能事事都去亲身体验，书中的间接经验，将有效地补充个人经历的不足，增添生活的感受。通过阅读，可以收获古今中外作者的名言警句、天文地理各种知识，从而扩大孩子的眼界，丰富孩子的知识。

老威特从儿子三岁半时开始引导他认字，但这决不是强迫性的。"不

能强迫施教"，这是威特教育法的一大原则。不管学习什么，首先必须努力唤起孩子的兴趣。只有当孩子有了兴趣时，才开始引导。认字也是这样。

为了引导小威特认字，他使用了一些小孩还无法识破的"小伎俩"。如他给小威特买来非常有趣的小人书和画册讲给他听，用一些带鼓励的话语来激发他幼小的心灵。

在掌握本国语法的基础上，小威特又学习了相近的外国语。西方语言，不论是德语、英语、意大利语、法语，都有些相似。所以在小威特能用德语自由地阅读后，老威特又马上开始引导他学习法语，那时他才6岁。只用了一年的时间，小威特就可用法语自由阅读各种法文书籍了。当然，这与他非常丰富的德语知识是分不开的。

小威特学完法语后，又开始学习意大利语，只用了6个月的时间就学会了。这时老威特认为，可以引导他学习拉丁语了。

在西方国家，学习外国语一般都从拉丁语开始学起。但老威特认为从与德语最相近的法语开始学起才是合乎逻辑的，从而采取了先易后难的顺序。学拉丁语对于西方的孩子来说也是相当难的。因此，老威特做了充分的准备。在教拉丁语之前，他先把威吉尔的《艾丽绮斯》动人的故事情节、深奥的思想、漂亮的文体等讲给小威特听，以唤起他的兴趣。他还给小威特讲，要成为一个卓越的学者，就一定要学好拉丁语等。

小威特7岁时，老威特常常带他去参加莱比锡音乐会。有一次在中间休息时，小威特看着印有歌剧歌词的小册子对父亲说："爸爸，这既不是法语也不是意大利语，这是拉丁语。"这时父亲说："不错，那么你想想看，它是什么意思。"小威特从法语和意大利语类推，基本明白了大意。他说："爸爸，既然拉丁语这么容易，我很想早点学。"这时老威特觉得时机已经成熟，开始引导他学习拉丁语，只用了9个月的时间小威特就掌握了拉丁语。

然后小威特学习了英语，学完英语后又学了希腊语，前者用了3个月，后者用了6个月。这样威特到8岁时就能够读荷马、波鲁塔柯、威吉尔、西塞罗、奥夏、芬隆、弗罗里昂、裴塔斯塔济、席勒等文学家的作品了。

会六国语言，这对一般人来说是花一辈子精力的事，何况威特还是个孩子。因此老威特在教授外国语方面的经验十分值得借鉴。他没有系统地教语法，他认为即使引导孩子学习语法，孩子也不会懂的。诚然，对大人来说以语法为纲来学习外语是有效的。但是对孩子必须用威特父亲所采取的"与其背莫如练"的办法。

孩子们对于故事是百听不厌的。大人读过一遍小说，就不想再看了，而孩子们却乐意反复地听相同的故事。我们在唤醒孩子潜能时，不能以大人之心去推测儿童的心理。老威特抓住这一秘诀，在引导小威特学习外国语时，让他用各种不同的语言去读同一个故事。比如在读安徒生童话时，既鼓励他用德语读，又鼓励他用法语、意大利语、拉丁语和希腊语读。这一方法是非常有效的。

千万不要强迫孩子认字。等孩子有兴趣时，再认字也不迟。

正是老威特独特的语言培养方法，才使小威特成为一个出众的人物。

卡尔·威特的教育方法，影响了世界上许多父母。他们在学习了其教育方法后，也培养出了一个个"天才"。

——哈佛著名心理学教授塞德兹，得美国心理学之父威廉·詹姆斯推荐，精读《卡尔·威特的教育》，并按书中的方法培养自己的小威廉·詹姆斯·塞德兹。其6岁入小学；小学毕业后，无学校敢接纳，只得在家自学；到11岁进入哈佛大学，15岁便从哈佛大学毕业。

——哈佛大学斯拉夫语教授威纳博士，将《卡尔·威特的教育》的德文版翻译成英文版在美国出版，并以此书的观念教育自己的小威特罗伯特·威纳。罗伯特10岁上塔夫脱大学，14岁毕业，接着进入哈佛大学研究生院，18岁获得博士学位。

——宾州匹兹堡大学语言学教授斯特娜夫人，在威廉·詹姆斯教授的力荐下，潜心研习《卡尔·威特的教育》。她的女儿3岁会写诗歌和散文，5岁学会世界语，并开始在各地宣传和普及世界语。8岁起学习生理学、卫生学、数学等，会拉丁及其他13国语言，很小就任一些团体组织的领导。

——中国母亲刘卫华，按照《卡尔·威特的教育》这本书的教育秘诀，将女儿刘亦婷送到了哈佛。

正是老威特这本《卡尔·威特的教育》，使人们就天才是天生的还是后天培养的争论持续至今；正是他的这本书，使人们培养出了像威特、塞德兹、威纳、巴尔及维尼夫雷特等通过早期教育成才的典范；正是这本书，成全了一个东方古国的18岁女孩刘亦婷问鼎哈佛的神奇故事。

快·速·测·评

语言潜能发展水平测试

● 24～36个月孩子语言发展水平测试

（1）31～33个月的孩子，回答反义词：大、上、长、高、肥、亮、白、甜、软、深、重、远、慢、厚、粗、精，对上1对记1分。（以10分为合格）

（2）31～33个月时，回答故事的问题：谁？在何处？准备干什么？遇见了谁？事情有何变化？结果如何？说明什么问题？要记住什么教训？（每问记2分，以10分为合格）

（3）34～36个月时，拼图：将贺年卡切成2，3，4，5，6，7，8块，每拼对1套记1分。（以5分为合格）

（4）34～36个月时，答谁的鼻子长？谁的耳朵长？谁爱吃草？谁爱吃鱼？谁会生蛋？谁能挤奶？谁会看家？谁会过沙漠？谁会耕田？（每

对1问记2分，以10分为合格）

（5）看图画书，讲物名，记4分；讲5个字以上，无形容词，记8分；讲5个字以上，有形容词，记10分；讲出图的特点，加4分。（以10分为合格）

（6）34~36个月时，讲一件花毛衣，有物名、用途、颜色、特点四项齐全，记12分；不齐全，经提问后补齐，记10分；讲出3项，记8分；讲出2项，记6分。（以10分为合格）

（7）34~36个月时，能根据父母的命令，找出常用的东西：剪刀、小刀、肥皂、手纸、铅笔、手绢、故事书、皮球、帽子、袜子、妈妈的书包、爷爷的眼镜、爸爸的书、奶奶的外衣等。（每种记1分，以10分为合格）

（8）25~27个月时，说清楚气象的变化：晴天、阴天、刮风、下雨、下雪等。

A. 5项（5分）　　B. 4项（4分）

C. 3项（3项）　　D. 2项（2分）（以5分为合格）

（9）25~27个月时问："你几岁？"

A. 我两岁（9分）　B. ××（名字）两岁（6分）

C.竖起2指（4分）（以9分为合格）

（10）25~27个月时，记住家庭门牌号（电话号码）。

A. 全对（10分）　B. 错1个数（8分）

C. 错两个数（6分）（背出电话号码加5分，以10分为合格）

（11）28~30个月时，说礼貌用语"谢谢""请您""您早""您好""再见""晚安""对不起""没关系""不必客气""您走好"。

A. 8种（12分）　　B. 6种（10分）

C. 4种（8分）　　D. 2种（6分）（以10分为合格）

（12）28~30个月时，分清我的、你的、他的、大家的、××的。

A. 5项（10分）　　B. 4项（8分）

第一篇　出口不凡——唤醒孩子的语言潜能　45

C. 3项（6分）　　　D. 2项（4分）（以10分为合格）

（13）24个月时，会唱一首歌。

A. 大致会唱，可以辨认是什么歌（10分）

B. 不能辨认是什么歌（5分）

C. 不会唱（0分）（以10分为合格）

● 3～4岁孩子语言发展水平测试

（1）测查孩子掌握"sh, s""zh, z""ch, c"的情况：

柿子红、柿子黄，柿子红、柿子甜似糖。

红柿子，树上长，摘下柿子大家尝。

正确的发音个数为（柿、上、长、摘、尝）：

A. 5个（15分）　　　B. 4个（12分）

C. 3个（9分）　　　D. 1个（6分）（以12分为合格）

（2）将孩子从幼儿园接回来时，成人问孩子："你今天在幼儿园里高兴吗？""你今天学了什么儿歌？""你做了什么游戏？"之类的问题，孩子的反应是：

A. 正确回答（10分）　　　B. 不能流利表达（8分）

C. 摇头不答（0分）（以10分为佳）

（3）父母讲故事，提问，孩子回答。

如：小花猫咪咪去参加运动会，它看见猴子和兔子都跑在它前面，就拼命地追呀追，小狗汪汪也为它呐喊助威："加油，加油！"最后，小花猫咪咪终于追上了猴子和兔子！跑在了前面。

提问：

a. 小花猫去参加什么会？

b. 小花猫比赛时是跑在猴子和兔子的前面还是后面？

c. 谁为小花猫鼓劲了？

d. 最后，小花猫怎样了？

回答正确时：

A. 4个（12分）　　B. 3个（9分）　　C. 2个（6分）

D. 1个（3分）　　E. 0个（0分）（以12分为合格）

（4）成人说出几个词，让孩子说一段话，把几个词都用上。

a. 妈妈、爸爸、我　　b. 老师、小朋友、我

c. 蓝天、白云、太阳　d. 水、鱼、盆子

能正确说出的个数为：

A. 4个（12分）　　B. 3个（9分）

C. 2个（6分）　　D. 1个（3分）（以9分为合格）

（5）成人做动作，让孩子做小小解说员，用完整的话描述成人在干什么。例如：爸爸写字，妈妈看电视，爷爷看报纸，奶奶戴眼镜。孩子正确表述：

A. 4分（12分）　　B. 3个（9分）

C. 2个（6分）　　D. 1个（3分）（以12分为合格）

（6）成人交给孩子一些任务，让孩子完成，以此判断他对语言的理解能力。如：

a. 请你把杯子给我拿来。

b. 把糖和饼干分给爷爷吃。

c. 把杯子拿出来洗干净。

d. 你从门口走到厨房。

正确的个数为：

A. 3个（12分）　　B. 2个（8分）

C. 1个（4分）　　D. 0个（0分）（以12分为合格）

第一篇　出口不凡——唤醒孩子的语言潜能

4～5岁语言发展水平测试

（1）倾听别人说话时，孩子的表现是什么？

测试目的：孩子是否有良好的倾听习惯。

（2）续编故事《聪明的小兔子》。

测试目的：孩子能否用完整的句子较连贯地讲述故事，测试孩子的表达水平。

孩子能否根据作品提供的线索，进行文学想象和创造，延续作品内容，检测孩子欣赏文学作品的能力。

（3）猜谜语测试。

a. 说表不是表，没分也没秒，天冷它下降，天热它升高。（温度计）

b. 方方一块糕，不能用嘴咬，带它去洗澡，浑身冒白泡。（肥皂）

c. 小小虫，嗡嗡嗡，飞来飞去花丛中，又传花粉又采蜜，人人夸它爱劳动。（蜜蜂）

d. 叫船不像船，一飞飞上天，要把太空秘密找，星星月亮笑开颜。（宇宙飞船）

回答正确：

A. 4个（12分）　　　　B. 3个（9分）

C. 2个（6分）　　　　D. 1个（3分）（以9分为合格）

（4）父母说一句话或一首儿歌，让孩子根据对句子和儿歌的理解找出相应的物品、人物。

测试目的：判断孩子的语言理解水平。

5～6岁孩子语言发展水平测试

（1）在鼓励孩子学说普通话的过程中，您的孩子能否做到以下几点：

a. 愿意说、坚持说、喜欢说；发音清楚、发音准确。

b. 能辨别方言与普通话中字词的不同发音和不同声调，努力从方言转向普通话。

c. 能注意普通话与方言中相同意思的不同表述，能规范地表述。

d. 测试目的：测试孩子在进行一系列的语言游戏训练之后的发音、辨音以及语言表达水平。

（2）在和孩子进行个别交谈时，孩子能否做到以下几点：

a. 在别人对自己说话时，能做出积极应答（以表情、声音、姿势、词、句等不同的方式）。

b. 懂得听说轮换。

c. 能主动发起与成人或同伴进行个别交谈。

d. 能倾听对方说话，听懂对方的意思。

c. 能针对对方所说的话表述自己的意思，使对方听懂。

测试目的：测试谈话水平。

（3）在欣赏文学作品时，您的孩子能否做到以下几点：

a. 能注意聆听成人朗读多种体裁的作品。

b. 能参与成人朗诵作品中的对话。

c. 能借助动作和表情参与朗诵，表演作品的情节。

d. 能分角色用道具表演文学作品。

测试目的：文学作品是为孩子提供交际语言和文学语言的素材，培养语言敏感性的重要内容。在进行了多种欣赏文学作品的活动后，孩子的语言是否得到了发展，语言能力是否有了提高。

（以上测试题目根据《英才启蒙训练教程》和《关于孩子将来成才趋向》编写）

未·来·预·测

语言潜能被唤醒的孩子、长大后可能从事的工作包括：律师、演说家、编辑、作家、记者、广告或自由撰稿人、档案保管员、英语教师（或其他科目教师）、授权书撰写人、信息科学家（利用技术来管理或使用信息的人）、图书馆员、诗人、政治家、校对、宣传家或公关专家、电台或电视台广播员、研究人员、编剧、言语病理学家、语言学家、故事大王、翻译、网站编辑等。

第二篇　出类拔萃
——唤醒孩子的读写潜能

> 激动人心的文字要比亲吻更重要。
> ——约翰·多恩
>
> 写作一点都不难：您只要记下您的想法就可以了。记录想法非常简单，但是产生想法却非常困难。
> ——斯蒂芬·利科克

1. 激发孩子读书的乐趣

读书是人类进步的阶梯。当我们追溯天才少年的成功之路时可以发现,激发孩子读书的兴趣,引导孩子大量读书正是很多成功家庭教育的诀窍之一。初三考上中国科大少年班的沈宇、15岁上大学的冯球球、13岁出两本诗集的田晓菲……从广泛精深阅读中迸发出耀眼智慧火花的例子不胜枚举,然而他们成功的秘密却不难概括,即读书。

"秀才不出门,便知天下事",这是一句流传很久的民间俗语。"秀才"何至于有如此之大的能耐呢?其中原因既不像传奇人物诸葛亮那样占星卜卦,也不在其闭门苦思冥想,而在于读书,在于大量地阅读。通过博览群书,从而知古今、明事理、炼心智,造就犀利的眼光、敏锐的思维、开阔的心胸。

读书可以塑造人格。阅读的内容可以影响孩子的兴趣、性格、理想、世界观,阅读对个性的形成、志趣的发展都会有重要作用。而阅读能力是学习的基础,也是以后学习与事业成功的重要条件。良好的阅读习惯与浓厚的阅读兴趣,会陪伴孩子整个求学过程,乃至更加长远,会使孩子受益终生。

从古至今,大凡中外有成就者无一不是从阅读中获得了广博的知识和惊世的睿智与韬略。我国古代诗人李白读书孜孜不倦；"下笔如有神"的诗圣杜甫也是"读书破万卷"；文学巨匠鲁迅直至生命最后一刻还要读书。试想，如果他们不是从幼年即勤奋地阅读，他们的笔下会流淌出酣畅淋漓、脍炙人口的千古佳作吗？马克思称自己是书的蛀虫；拿破仑把自己在政治、军事上的胜利归因于读书；毛泽东半床是书而自己偏卧一侧成为佳话。试想，如果他们不是博览群书，他们能够产生伟大的思想吗？可见，凡是大有成就者，都是好读之人。

中国历史上，只有曹雪芹以一本《红楼梦》奠定了一个学派——红学；当代只有钱钟书以一本《围城》使得众人想建立一门"钱学"。在一个人的成长过程中，兴趣是至关重要的。钱钟书对读书的热爱，是从读小说开始的。他小时候特别喜欢看小说，看完了家里收藏的古典名著后，他还不满足，就到书摊上看小说，有时就在书摊前驻足翻看，以至于伯父不得不给他租小说看。钱钟书一读书就把一切都忘了。看完书，他会把书中的故事讲给弟弟听，甚至还能对书中的内容进行联想、比较，发掘出更深的东西。

钱钟书对外国文学特别感兴趣，早在十一二岁时，便开始广泛阅读外文译著。后来他在一所教会学校上中学，得到良好的外语训练，不仅开阔了眼界，还使他对外文的兴趣更加浓厚。

后来，钱钟书在数学只考了14分的情况下，凭借优异的语文、英语成绩被清华大学外国语言系录取，后获文学学士学位。1933年在英国牛津大学英文系毕业，获副博士学位。新中国成立后历任清华大学外文系教授、中国科学院哲学社会科学部古典文学组研究员、中国社会科学院副院长、文学所研究员。他以中西文化比较的方法研究文学，成绩卓著。主要著作有：散文集《写在人生的边上》，短篇小说集《人鬼兽》，长篇小说《围城》，论文集《谈艺录》、《管锥篇》（四卷）等。

父母可以根据自己孩子的特点，激发孩子读书兴趣，并有意识地为

孩子选书阅读。从书中读人，从书中读生活，让孩子拥有一个广阔的世界。

我们给父母的建议是：

父母首先要有阅读的习惯。这是一种潜移默化的影响，因为孩子会不断地询问："书里到底有什么有趣的故事？"如果父母不读书，却想让孩子读，他就会说："你们都不看书，凭什么要让我看？"大多数的孩子都善于模仿。如果你们家中一屋子是书，而你也是爱书人，相信孩子在此耳濡目染下，一定会很快进入状态。

激发孩子读书的兴趣。在家中摆满各种有趣的书籍，让孩子可以顺手拿来翻看与欣赏，不过不要忘了即刻给予鼓励。可以通过与孩子一起享受阅读的喜悦，激发孩子的阅读兴趣。要使阅读成为孩子生活中不可缺少的内容，使阅读成为一种享受而不是负担，这需要身教。你经常津津有味地读书看报，对待书报总是兴趣盎然，孩子便会觉得读书一定很有趣，对书籍充满着好奇。这时，你可以先选择孩子能听懂且有兴趣的内容给他讲，稍大些就可找一些童话故事念给他听，当孩子慢慢喜欢上这些美丽的故事后，就可以引导他自己去看书了。有些父母认为，孩子的理解能力差，给他们念书是浪费时间。其实不然，当孩子瞪着眼睛听你念书的时候，他们的读写能力正在悄悄地发展着。

引导孩子，和孩子一起把读书作为一项消遣活动。可在茶余饭后闲暇时间，在轻松的氛围中，安排一小段时间，与孩子一起读几分钟书。也可在外出游玩时，带上一两本书，在公园里，在郊外，在河边，在清新的空气下，鸟语花香的环境里，与孩子一起读上几段。这样，自然而然地把孩子引入图书世界，使读书成为孩子的消遣方式之一。

引导孩子带着问题读书。在孩子读书过程中，父母应先抽出时间，看看孩子要看的书，提一些问题写在纸上，引导孩子仔细阅读，然后回答问题，这样能养成他认真读书的习惯，避免囫囵吞枣。

帮助孩子选择好书。教育学家认为，儿童需要那些与他们的年龄、兴趣及能力相适宜的图书。专家建议，家长应引导儿童多接触不同方面的读物，如报纸、杂志乃至街头标语广告、商品包装等。通过这些文字读物，儿童会懂得：语言文字在我们生活中的各个方面都是非常重要的。

　　与孩子一起读书。在孩子能独立阅读以后，仍坚持同他们一起读书。专家建议，同孩子一起读书，至少要坚持到他们小学毕业。大部分孩子在12岁以前，其倾听理解能力要比阅读理解能力强，所以，父母为他们念书比他们独立阅读收益会更大。另外，父母还可以主动为他们提供一些有益的书籍，而这些书籍儿童自己是不容易发现的。

　　不要强迫孩子读什么书或什么时候读书。如果强迫孩子读书可能会使他们产生抵触情绪。倘若孩子正大声读书，千万不要打断他。

　　配合看一些名作欣赏类的书。在孩子看了一定量的名著后，可以引导孩子看一些名作欣赏作品，看看别人对名著的评价是什么。跟孩子一起聊聊：看过的书都说了些什么，有哪些特点。这样，孩子就会从读过的书中慢慢受益。

❋ 2. 帮助孩子掌握读书方法

读书，可以让孩子在有限的时间内汲取人类数千年的成就，使得孩子有可能"站到巨人肩上"，成为令人瞩目的成功者。

有人曾做过统计，发现正常人90％以上的信息来源于阅读。在信息量飞速增长的今天，阅读能力的高低已成为个人能否成才的重要条件之一。乐于阅读、善于阅读正是成功者的重要品质。然而，从小激发孩子的阅读潜能却被不少父母忽略了。

小雪是个听话的孩子。可是，最近一段时间，小雪的妈妈却对女儿很不满意。原来，小雪在确实好好读过书后，却一问三不知，好像没读过。小雪自己也挺委屈的——为了读这些书，出去玩的时间都没有了！

问题出在哪里呢？从表面上看，阅读就是用眼睛看。实际上，阅读是一个处理信息的复杂心理过程，有效的阅读不仅要用眼睛看，而且要用心"看"、用嘴"看"。对于孩子而言，"口到"更有独特作用。

在阅读中，令父母伤脑筋的问题之一就是孩子常常走神分心，不能坚持阅读。出现这种情况并不完全是孩子不听话、故意捣蛋，而是与其神经系统发育有直接关系。由于孩子神经系统不够成熟，他们对于自己的行为的调控能力有待发展，这时如果要求他们像初、高中生那样保持阅读目标、一以贯之地读下去，就有些勉为其难了。

不过，改善孩子的阅读情况，减少甚至避免分心，也并非不可能。要做到这一点，可以运用"三到"原理，以孩子的"口到"带动"眼到""心到"。也就是说，在激发孩子阅读潜能时，遵循从出声地读到无声地读这样一个不断内化的发展规律，用出声的朗读克服"眼睛串行""心神涣散"的情况。

出声的朗读促使孩子对自己读的过程不断进行反馈并积极思考，因此，"口到"在孩子开始阅读训练时极为重要。但是，朗读往往使阅读速度较慢，而且在一些场合下并不适宜，所以同时要注意引导孩子及时转化到无声阅读阶段，而且边看边思考尤为重要。在读的过程中，适时插问，或事先确立阅读要解决的问题，让孩子眼到、心到，从而保证无声阅读的效率。

眼到、心到、口到，基本上解决了孩子阅读过程中注意力集中的问题。但是要达到良好的阅读效果，还离不开"手到"：——记录要点，记下疑问、感想，会使阅读更为积极，而且会加深理解和记忆。

孩子喜欢新奇，也富于想象，更愿意有机会参与，因此引导孩子创造性地阅读无疑是有效和受欢迎的阅读训练。

孩子阅读潜能的激发如麦苗的成长，是急不得的。根据孩子心理发展规律、目前阅读水平以及阅读心理规律，训练孩子的阅读能力应当循序渐进。

张柯上小学二年级了，他爸爸决定通过阅读儿童文学作品激发他对书的喜好。于是，父子俩拟订了一个读书计划：头一个半月里，父子俩每天一起阅读儿童故事书，目的是养成读书的基本习惯，并且学会基本方法。接下来的两个月时间里，由张柯自己读儿童故事书，读完后给爸爸讲他读了什么，有些什么词或句子特别有意思等。一个学期下来，张柯读了好几本书，阅读兴趣和能力都得到了提高。

无疑，张柯的爸爸运用的"循序渐进"的读书训练，是对孩子阅读能力的成功训练。

引导孩子掌握读书方法，我们给父母的建议是：

按照"先扶后放"的办法。孩子阅读潜能的发展经历从低到高的过程，父母需要引导他们掌握基本的阅读方法，帮助他们培养良好的阅读习惯，带领他们进入阅读的"大门"。训练阅读潜能的目标是使其成为独立的高效率读者，但这并不能一蹴而就。在训练开始之际，父母应当通过示范、提醒、启发等方式"扶"他们一把；随着孩子对基本方法的掌握及阅读水平的提高，父母则应该减少帮助与干预，慢慢放手。

按照先易后难的原则。孩子只有在尝到成功的喜悦，从阅读中找到乐趣才会乐读、善读。如果一开始就让孩子啃他啃不动的"硬骨头"，那么他们只会畏惧、逃避阅读。所以，根据孩子的实际水平，选择恰当的材料，由易到难是极为重要的。一般而言，阅读材料中的生词不超过字词总数的5%。在体裁上，学龄前的孩子以童话故事、短小的诗词为主，小学生阅读材料应以记叙文为主，简单的说明文、议论文为辅，意义明了、朗朗上口的短诗、儿童诗也可以。在文体上，童话、传奇、民间小故事也是为小学生喜欢的。另外也可以引导孩子看报纸上的短新闻。

先单篇短章，后读成本书。有的父母抱怨孩子读书没有常性，一本书读了个开头就搁下了。其实，让孩子硬着头皮攻读"大部头"原本就是不恰当的。"大部头"中信息量大，其中的关系错综复杂，要求读者有较好的记忆力、连贯力，否则读到后头忘了前头，始终一团乱麻。而孩子的抽象思维能力刚刚发展，即便坚持读完"大部头"，也免不了糊里糊涂，不知所云。所以，应先引导孩子读单篇短章，再视具体情况指导孩子读简本巨著或"大部头"中的某些章节。

按照先精读后略读的方法进行。精读侧重于阅读理解、领悟与分析；

略读侧重于快速地捕捉某些信息。精读与略读都是应掌握的阅读方法。不过，由于孩子阅读能力有待发展，而且其任务侧重于获得坚实的基础，所以精读的训练在先。精读训练基本过关，才可以进行略读训练。否则容易导致孩子一味追求高速度而影响理解力的发展与知识的掌握。

不要限制孩子读闲书。"韩信点兵，多多益善。"孩子阅读潜能的激发确实需要在大量的阅读实践中完成。相当一部分父母倾向于孩子读好课本、读好老师发的阅读材料就行了，反对孩子读小说、杂志等"闲书"，认为这是不务正业。殊不知，许多"闲书"并不"闲"，它能开阔孩子视野，锻炼孩子思维，提高孩子的阅读能力。如果对孩子看"闲书"的举动一味地管、卡、压，那无异于扼杀孩子的阅读兴趣，抑制孩子的阅读能力。

3. 用优秀的文学作品滋润孩子的心灵世界

父母利用中国乃至世界宝贵的文学遗产来提升孩子的艺术素质,对孩子认识世界、感知世界、把握世界有着巨大帮助。同时也可以为孩子写作能力的提高提供最直接的资源。

中国的古典文学作品、现当代的优美散文等都具有形象可感性、直观性的特点,儿童们在文学的熏陶下能受到感染,发挥想象力。在培养孩子的文学欣赏审美素质的同时,也能激发他们表达思想的潜能,概括、抽象、美化的潜能。

王欣华原是北京大学中文系学生,现在东京大学攻读新闻学硕士学位,并领取全额奖学金。这个学位在中国地区只有四个人,其中北大就有三个,而王欣华是其中唯一的男生。他的父母在受教育方面实在没有什么值得夸耀的地方。爸爸上过八年多一点的学,而妈妈则只接受过一年的正规教育。可以说,他们的文化水平是很低的。

对于教育,他的爸爸妈妈有一个根本性的原则:父母应该有一颗平常心,不要逼孩子。他们让欣华明白,他们为当初没有得到更多受教育的机会而感到遗憾,而这种遗憾是一辈子的事情,这样他就会从心里认为自己有了机会就应该珍惜。爸爸妈妈没有给他讲什么大道理,而是用自己的亲身体验和言行来引导他。

在孩子读书的问题上，欣华的爸爸妈妈并没有给他太多的压力。欣华也不需要爸爸妈妈的督促，他已经习惯了从读书中寻找乐趣。

读书，不是负担。欣华喜欢读书，这是让父母真正感到欣慰的地方。

学校里的读书，并不像平时读书那么单纯，它与平时的读书行为最大的区别在于它会强制性地定期检验读书的效果，并且会给大家作一个评比。这就是考试，这几乎是所有孩子都害怕的。欣华也不例外。

为了得到好的成绩，欣华勤奋地学习，他希望用比别人多付出汗水和辛苦的方式，获得更多的回报。爸爸妈妈也希望欣华勤奋地学习。

他们引导欣华懂得，读书必须做到：兴趣第一，勤奋第二。

首先，是否对读书有兴趣？欣华的答案是肯定的，这一点，欣华的爸爸妈妈也是清楚地知道的。于是他们说："虽然我们都希望你可以在学校里取得好的成绩，也希望你勤奋学习，但勤奋是应该排在第二位的。兴趣，则始终要排在第一。"

欣华很小的时候，就开始接触童话和儿歌。在童话的世界中，欣华感到快乐、幸福。到了大一点的时候，他开始接触少年文学，包括科幻小说、历史故事，以及适合的少年小说，这对他的成长是很有帮助的。读科幻，使他的想象力得以拓展；历史故事，使他懂得了思考；读写同龄人的小说，使他了解了自己。

再大一点，欣华开始接触世界文学、古典诗词、科技常识、社会学和心理学的读物，以及在他理解范围之内的哲学读物了。这时，他就像鱼儿一样，自由自在地遨游着，不管以后从事什么职业，读书的乐趣都会伴随他一生。如果只接触范围很小的某一类图书，他的兴趣不会总停留在那里，当耐心到了尽头，恐怕他以后就不会再去读书了，也就彻底失去读书的兴趣了。在对欣华读书观的引导上，妈妈一直坚持水到渠成的观点，让他保持活泼、自然的读书状态。

在成长的不同阶段，通过不同的书籍引导，欣华总能接触未知领域，并认识到书籍是知识的源泉，只要愿意，总能不停地发现新的东西。欣华学会了主动寻找、探索。

在欣华能把自己的想法表达出来以后，爸爸妈妈就鼓励他表达。开始他只是发表对书中人物的看法。那时欣华还小，他仅是就童话故事中的角色表示同情、喜欢、憎恶。入学后，欣华就开始以读书笔记的形式评价书与书中人物。

爸爸妈妈并没有强迫欣华在看完书后写下他的看法。仅仅是欣华觉得有必要表达自己的感情。把自己的感情写出来，并不一定是让要别人看，仅仅是活泼的思想使然。

欣华除了接触名著外，也接触野史之类的书籍。野史能够存在并且流传下来，或者说与正史分庭抗礼，自然有它的价值和道理，我们没有理由去忽视它，并且剥夺孩子的阅读权利。要想引导孩子了解整个文化历史的面貌，野史是必要的补充。

我们给父母的建议：

形象生动、通俗易懂的童话故事、民间神话，优美的诗歌、动听的童谣，都有助于孩子吸收丰富的精神食粮，滋养他们幼小的童心。

引导孩子领略文学作品（故事、诗歌等）的语言美，感受其意境美。孩子在2～3岁阶段，随着其语言能力的发展，他们对文学作品的兴趣也明显增加。在此之前，多是大人要求孩子听故事、学儿歌，但此时则多是孩子主动要求。父母可以选择一些适合的故事、短小儿歌讲给孩子，并鼓励他们背诵，也可以对内容进行一些必要的讲解，帮助孩子理解。在4～6岁时，引导孩子讲普通话，正确发音，讲故事，背诵优美的诗句，朗诵儿歌、唐诗等，鼓励孩子讲述自己的见闻。在看电视、电影后，也可以和孩子谈节目内容，引导孩子正确表达，使孩子领略文学作品（故事、诗歌等)的语言美,感受其意境美。

中国的唐诗音韵节律易于上口,最易被儿童接受和传唱。两岁以前背儿歌的孩子,上学后综合能力较强。会背儿歌的孩子也能很快背诵唐诗。唐诗中很多意境优美、情趣盎然的短诗对于培养孩子的文学美感能力十分有用。

春眠不觉晓,

处处闻啼鸟。

夜来风雨声,

花落知多少。

孟浩然的这首小诗艺术构思和表现都很新巧,它给孩子描绘出这样一幅图景:当人从春睡中醒来,窗外天已亮了,小鸟的歌声,高一声低一声。忽然又让人记起,夜间曾听到阵阵风雨之声,不禁担心起来,这么一夜的风雨:该有多少鲜花凋落啊?这首诗十分符合孩子的心理。

一片两片三四片,

五片六片七八片,

九片十片十一片,

飞入梨花寻不见。

这是一首很多人都熟知的诗歌,看上去平淡无奇,实则意境隽永、诗意独特。儿童们数着迟到的春雪,一片两片三四片,五片六片七八片,九片十片十一片,如果就这么数下去,这样写雪花也不见意境,但一句"飞入梨花寻不见"画龙点睛,道出了春来的季节,梨花已开,柔美白嫩,稀稀落落不合时宜而又顿添诗意的白雪突然飘至,可惜一入梨花丛中,茫茫一片白花竟寻它不见,童趣十足。

引导孩子看一些优秀的卡通作品。随着物质生活水平的提高、电视机的普及、电影业的不断发展,电影、电视也逐渐走进了孩子们的视野,其直观性及对视觉的冲击力,符合孩子形象思维的特点,所以对孩子艺术美感能力的挖掘具有积极作用。对于儿童来讲,反映儿童生活的音乐

故事片、纪录片、卡通片，内容健康、生动有趣，是可以起到欣赏与培养的作用的，比如最早的米老鼠与唐老鸭，根据格林童话改编的动画片《白雪公主》，我国自己制作的动画片《大闹天宫》《黑猫警长》《大头爸爸小头儿子》《葫芦金刚》《哪吒传奇》，引进欧美的《蓝精灵》《狮子王》《变形金刚》等。优秀的卡通作品，既活泼、精彩、幽默又童趣盎然，其简洁而明快的风格符合儿童心理与思维的特点，能启迪孩子们的思想，起到寓教于乐的作用。

总之，引导孩子多阅读文学作品、观看影视作品，既可丰富孩子的知识，又可激活孩子的形象思维能力。

4. 鼓励孩子把自己的想法写出来

"语言，就像眼睛，如果不能把事情弄清楚，就会使它更模糊。"

书面语言是一种成熟的语言，它能更好地表达我们的想法。它是用深思熟虑的方式组织的表达或沟通的想法。

写作技能是孩子未来成功所需要的重要技巧之一。父母要抓住一切时机，引导孩子观察生活、捕捉作文素材，培养孩子的写作潜能。

有位父亲在阳台上发现一只蜘蛛正在结网，便抓住这个难得的机会让孩子来观察，一边看一边讲网的结构、网和纲的关系，蜘蛛是个能工巧匠……孩子听得津津有味，看得认真仔细，兴致很高，还不时提出问题。对于孩子来说，这不仅增长了知识，积累了素材，也学习了怎样观察事物。

又有一次，他的孩子买馒头回来很得意，因为这是孩子第一次独立完成的购物任务。于是，这位父亲抓住这个兴头，引导孩子回忆了买馒头过程中的某些细节，并因势利导让孩子把它记在了素材本上。

写作技能逐步得到提高，具体来说，父母应从下列几个方面入手：

注意激发孩子的兴趣。通过各种手段调动孩子写作的兴趣。当孩子写作文有求于家长时，不管是一个字、一个词或怎样开头结尾，都要满

腔热情地给予帮助，不要因自己有事或心情不快而表现得不耐烦，使孩子扫兴。当孩子作文有了进步时，哪怕是一个好词、好句或某一段写得生动具体，都要给予肯定、鼓励。

给孩子创设机会。多带孩子接触社会和大自然，使之开阔眼界、增长知识。如有的父母利用双休日带孩子参观博物馆、观看名胜古迹，引导孩子在娱乐中学到知识、提高能力、陶冶情操。要引导、指点，不要包办代替。刚开始，可多些具体帮助，逐步放手让孩子独立完成作业，切记孩子过于依赖家长，离开"拐棍"走不了路。更不要背范文，死记条条，要引导孩子逐步摸透写作的规律。

引导孩子勤于积累。积累的目的在于丰富、充实孩子的头脑，使孩子提高认识能力，为写作文提供材料。事实证明，会积累与不会积累效果大不一样。某班最近转来一名同学。开过欢迎会后，老师给他分配了座位。没想到临时给的椅子，椅背掉了一颗螺钉，坐着很不舒服。这件事儿小组长看在眼里记在心上。下课了，小组长悄悄地把自己的椅子换给了他，而中队长又把这坏椅子留给了自己。又下课了，这把椅子又到了班长位置上，后来这把椅子不知谁修好了。……过了十多天，老师让大家写一篇作文，题目是"记一件好事"。有的同学选了这个材料，写得很成功；有的同学不会选材料，认为没什么可写。父母要引导孩子多留心身边的人和事。时不分古今，地不分中外，人不分老幼，事不分正反，都可以随时积累，以便写作时选用。积累时只要简短地写上时间、地点、人物、事情的经过就可以了，最后要写上一两句感受。坚持这样做便可以解决"没的写"的困难。

鼓励孩子多做有益的事情。在学校，要正确对待学习，正确对待集体，正确对待同学和老师；在家里，正确对待家长，正确对待家务劳动，正确对待邻里；在社会上，正确对待公德，正确对待美与丑的社会现象。要教育孩子以小学生行为规范约束自己，做一个讲文明、有礼貌的好孩子，这样会使孩子生活得有意义、有乐趣。还可以引导孩子广交良师益友，虚心向别人学习，向他人求教。这样做会使孩子多方受益，充实积累。

引导孩子学习写信。虽然现在的 E-mail 是非常有诱惑力的，但是不要太依赖它。鼓励孩子给亲人写信，爷爷、奶奶、叔叔、阿姨都是非常乐意收到孩子们的信的。

鼓励孩子打电话。与写信相比，打电话既快又方便，它可以锻炼孩子的口头表达能力，促进写作能力的提高。

5. 激发孩子写作的乐趣

写作是一种重要的表达方式。父母要鼓励孩子"即兴"写下自己的想法，不必在乎语法和拼写问题。

用写作来表达自己的想法是对孩子的思想和语言背景的最终检验。如果想成为一位作者：①必须懂得并能将信息和想法综合起来；②组织出原始的陈述内容；③找到正确的语句；④将内容按顺序排列起来；⑤这些想法要在头脑中保持足够长的时间以便将它们写在纸上。孩子是否有能力完成这样复杂的练习取决于三个因素：对想法的理解、语言的表达、基本写作技巧。

孩子们最开始是写一些自己的经验，然后写一些想象中的故事、诗歌和"评注性文章"。一个孩子如果不能轻松地口述一件事，往往会在试图写下它时发生困难。学校里的教学是不可能弥补孩子成长环境中的语言缺陷的。下面是一位老师的叙述。

陶妮是一个8岁的瘦瘦的孩子，她是所有我帮助过的孩子中最令我难过的一个。她6岁以前的生活由于母亲患有严重的疾病而布满阴影，妈妈不断住院，最终逝世。她的父亲尽管非常关注这个孩子，但工作太忙，所以抚养陶妮的工作是由家里的工人来做的。尽管他们很尽职，但却很少给陶妮读书或同她讲话。

我是在一个夏天开始帮助她的，因为她的老师认为她在阅读理解和写作上有问题，她会写字、认读和拼写单词，却写不出任何自己的东西。一位精神科医生猜测，她也许在躲避过于痛苦的感情，有这种猜测一点也不奇怪。一天陶妮被我的电脑所吸引，兴奋地建议说由她来讲故事，然后我给她打印下来。

我们在键盘前坐了下来，我给她提了一个很常规的问题："你想写什么？"

没有奔涌的话语和想法，代之的是沉默，陶妮无助地盯着我。

"你想不想编一个故事？"

我催促她，她的大眼睛探寻着我的表情，"怎么编呢？"她问道。

当夏天渐渐消逝时，我痛苦地看清了陶妮学习曲线中的断层。她在学校学习各种技巧，但学习的目的、与书面语言的亲近感都没有包括在内。

那个夏天，我们做了许多努力，但我知道有一件事情是无法补救了：我永远不可能为她补上那些躺在床上听故事的时光。是不是太晚了？陶妮的爸爸和新妈妈十分关心她，并努力地弥补着，但愿陶妮能写出一个幸福的结局。

一位极有劝说力的母亲因为担心女儿所在的小学对写作不重视，便要求孩子们在外出旅游途中写日记。每天早餐过后，无论在哪里，全家都会坐下来写日记。太小的孩子可以画画。父亲在开始时很不情愿，后来他开始喜欢利用这一段时间进行一下回顾，而且很爱听家庭成员表达的不同看法。现在孩子们都已经长大成人了，仍常阅读这些旅行日记，并肯定这一活动给了他们很大帮助。

我国当代著名文学家、教育家叶圣陶有三个孩子，一个叫至善，一个叫至美，最小的叫至诚，都小有名气。叶老对孩子写作的激发与训练，对父母们很有启示。

孩子，你能行：激发孩子的无限潜能
You can inspire children's infinite potential

一天，吃罢晚饭，碗筷收拾过了，植物油灯移到了桌子中央。叶圣陶戴上老花眼镜，坐下来开始给孩子改文章。至善、至美和至诚兄妹三人，各居桌子的一边，眼睛盯住父亲手里的笔尖儿，你一句，我一句，互相指责、争辩。叶圣陶并不责怪他们，说是改文章，实际上是和孩子们商量着共同措辞，提炼思想。

叶圣陶给孩子改文章不像老师那样在文章上画画改改，而是边看边问：这儿多了些什么？少了些什么？能不能换一个比较恰当的词儿？把词儿调动一下，把句式改变一下，是不是好些？……遇到他不明白的地方，还要问孩子：原本是怎样想的，究竟想清楚了没有？为什么表达不出来？怎样才能把要说的意思说明白？有时候，被父亲指出了可笑的谬误，孩子们会尽情地笑起来。每改完一段，父亲就朗诵一遍，看语气是否顺当，孩子们也就跟着父亲默诵。

父亲对孩子写作的激发和训练是严格的，但又是生动活泼的，三个孩子不觉得枯燥、乏味，十分喜欢父亲这样的引导训练。叶圣陶从来不出题目硬逼着孩子们写。不过他有个要求，即使是练习，也应该写自己的话，表达自己的真情实感。孩子们照父亲的主张去做，觉得可写的东西确实很多，用不着胡编，也用不着硬套，写出来的东西不会雷同，还有点新意。叶圣陶看了孩子们的习作，总是很喜欢，鼓励他们继续写作。

叶圣陶教孩子写作，循循善诱；孩子们自奋其力，自然进步很快。兄妹三人很小的时候，他们的文章就得到朱自清、宋云彬的好评，出版社还出版了他们的习作《花尊》和《三叶》，宋云彬和朱自清分别为两本集子写了序。

在美国一家普通的幼儿园，刚刚入园的孩子被老师带进了图书馆，很随便地坐在地毯上，接受他们人生的第一课。图书馆的老师微笑着走过来，她的背后是满架的图书。"孩子们，我来给你们讲个故事好不好？""好！"孩子们答道。于是老师从书架上抽下一本书，讲了一个很浅显的童话。"孩子们,"老师讲完故事后说,"这个故事就写在这本书中,这本书是一个作家写的,你们长大了,也一样能写这样的书。"老师停顿了一下,接着问:"哪一位小朋友也能来给大家讲一个故事?"一位小朋友立即站起来,说:"我有一个爸爸,还有一个妈妈,还有我……"幼稚的童声在厅中回荡。然而,教师却用一张非常好的纸,认真、工整地把这个语无伦次的故事记录了下来。"下面",老师说,"哪位小朋友来给这个故事配个插图呢?"又一位小朋友站了起来,画了一个"爸爸",画了一个"妈妈",又画了一个"我",当然画得很不像样子。但老师同样很认真地把它接过来,附在那一页故事的后面,然后取出一张精美的封皮纸,把它们装订在一起。封面上,写上了作者的姓名,插图者的姓名,"出版"的年、月、日。老师把这本"书"高高地举起来,说"孩子,瞧,这是你写的第一本书。孩子们,写书并不难,你们还小,所以只能写这种小书;但是你们长大了,你们就能写大书,就能成为伟大的人物。"人生第一课结束了,在不知不觉之中,孩子受到了某种"灌输"。

父母鼓励孩子写作,要善于引导,我们给父母的建议是:

打好写作的基础。为激发孩子最初的表达潜能,当孩子稍大时,就应当要求其尽量说出完整的句子,不要任其总是说"孩子话",如把猫说成"咪咪"、把凳子说成"凳凳"。随着孩子年龄的增长,父母要适时教他更多的词汇和正确的表达。父母平时说话速度不要太快,发音、用词尽量准确、规范,因为父母的语言会对孩子产生潜移默化的影响。若父母说话经常颠三倒四,胡乱用词,词不达意,很难要求孩子不这样。语言环境对孩子学习语言有着最直接、最重要的影响。经常给孩子朗读儿童读物,并常常讲故事。然后引导孩子复述,可以丰富孩子的词汇量和锻炼其表达能力。孩子只要语言表达清楚准确,写作就有了良好的基础。对小学低年级的学生来说,能把想说的意思写下来,就是一篇不错的作文了。到三四年级以后，提高孩子的写作水平，主要在两方面下功夫：一是引导孩子多读与其水平相适应的课外书籍，熟能生巧，看多了自然而然地会提高文字表达能力；二是常带孩子走出家门，引导其能有更多的实际感受，以增加写作题材。应激发孩子对于真情实感的表达，描写要生动而有特点，不宜每天让孩子读范文及写作技巧一类的书，总是模仿别人。

帮助孩子提高写作水平要讲究方法。在讲写作主题时，要耐心启发，先引导孩子自己谈想法，父母再作些提示。讨论时要尊重孩子的意愿，不要以大人的构思习惯，去束缚孩子活跃的思维。哪怕你是一个作家，也不要这样做。在帮助孩子修改作文时，千万不要包办代替。切不可大笔一挥，又砍又添，最后不知是孩子的作文还是你的文章。

增加孩子词汇。为了增加孩子的词汇，父母应该多用心听小孩子讲话的内容，而且要多创造亲子游戏的机会，彼此互相交换心得。由于孩子很容易模仿父母的日常用语，所以大人们必须使用适当的词句。

鼓励孩子写作。当孩子新学写作时，父母能为孩子做些什么呢？不要错过鼓励、帮助孩子的机会。父母可以做许多事：定期给孩子朗读；鼓励孩子清楚地表达自己的想法；给孩子写信；创造一个有书桌、纸张、铅笔等物品的书写环境；建议孩子将自己想写的题目先对着录音机讲一遍，讲后重复放一遍，再将内容写下来；手头有一本字典；养成孩子互相讲故事的习惯，等等。

让孩子博览群书。"书籍是人类进步的阶梯！"这是一句至理名言。莎士比亚也曾形象地比喻说："生活里没有书籍，就好像地球失去了阳光；智慧里没有书籍，就好像小鸟失去了翅膀。"可见书对于人们是多么重要！如今的父母都非常重视子女的教育，但指导孩子读书并不是给孩子买几本书那么简单。要引导孩子把书读好，父母至少得做两方面的工作：首先，帮助孩子选择可读的书，帮孩子选书不仅要注意书的价值还得兼顾书的涉猎面；其次，必须教给孩子读书的方法，让孩子学会读书，有些书甚至得与孩子一起读。真正把书读好了，书中的许多事迹、人物、景物等都能成为孩子平时习作中的素材。不仅如此，读好书对提高孩子的习作技巧、丰富孩子的词汇同样大有裨益，这也许就是古人所说的"开卷有益"吧！

6. 鼓励孩子写日记

兴趣是爱好的出发点。

父母应尽量引导孩子写自己最感兴趣的事。因为最感兴趣的事物是孩子观察最细、思考最多、体验最丰富的事。孩子往往会滔滔不绝地向小伙伴讲述或议论自己最感兴趣的事,把这些讲述或议论用笔写下来,就是一篇不错的日记。

引导孩子记日记不一定有什么思想意义,但能激发孩子观察和写作的兴趣,也能让孩子有话可说。

《哈佛女孩刘亦婷》增订本里的《修"水上乐园"》,就是刘亦婷的一篇日记。刘亦婷生动地写出了小朋友泱泱的性格特点。通过泱泱怎么带她玩各种"男孩子玩的游戏"体现了泱泱擅长体育运动的个性。据刘亦婷的母亲介绍,泱泱的特点是刘亦婷在观察对比中发现的。写日记的时候,刘亦婷如实写下了观察对比的结果:泱泱异常敏捷,自己不擅攀爬,无意中使用了"对比"和"反衬"的方法。把这层窗户纸一捅破,刘亦婷以后就知道有意使用"对比"和"反衬"的写作技巧了。刘亦婷总结说:"想让平地显得高,就先挖一个坑。" 由此可见,只要引导孩子先认真观察,做到心里有"货",再坚持按"真实、具体"的原则去写,即使孩子不懂学习方法，也可能写出好日记。

　　现实生活中，父母经常有类似的抱怨："他在每周的测验上拼写得很正确，同样的词转眼在他的报告里却给拼错了。太不用心！"是不用心吗？不一定。拼写测验时，所有的注意力都集中在单词上，写作时，大脑的注意力集中在写作内容上。孩子不是有意不经心，他的拼写能力还没有达到足够的下意识程度，所以大脑还无法自如地服务于文章的内容和结构。

　　当孩子足够大时，父母可以给他写信，并要求他回信——开始时他可以画图甚至乱涂乱画，随后开始使用文字。不要急于批评，而要对回信中的内容表示欣赏。还要给孩子创造一个书写环境，准备一个"写作桌"，放上纸张、铅笔、蜡笔、订书器，可以作书皮的纸板、剪刀、废纸篓和信息板等。鼓励孩子从报纸、杂志上剪下自己感兴趣的图片或段落。对孩子写出的任何东西都表示出欣赏，因为孩子创造的欲望会在父母的鼓励下高涨。

我们给父母们的建议是：

　　如果对某些语法不清楚，购买一本语法书。父母求知的方法对孩子能产生最有效的影响。不要为自己的"无知"而惭愧，和孩子一起找出答案，这种榜样行为可以在孩子的大脑中产生长久的影响。

　　保证总有一部字典和同义词典在孩子手边。一部同义词典对丰富孩子的词汇量十分重要。孩子可以用它学新词，在写作中对语言进行修饰。家长还要养成与孩子互相讲故事的习惯，接受孩子的想法，享受与孩子的交流。一旦语言和思想的基础打好了，孩子的写作兴趣和技能自然就提升了。

7. 鼓励孩子用电脑写作

现在，电脑在家庭中已经普及。父母应该鼓励孩子即兴写作或用电脑写作。

好的作者在写出满意的作品前要做多次修改。电脑写作有助于孩子把精力放在组织自己的思想和语言表达上面。电脑中的拼写检查可以充当自动检查员，它可以促使并帮助孩子检查字词是否正确。

电脑打出的文章十分漂亮，这对书写很差的孩子是一种鼓励。孩子们会为此感到骄傲，从而激励他们进一步地纠正错误，用电脑写作可以避免每次修改都要重新抄写的劳苦。

孩子们应从什么时候开始接触键盘呢？如果是自己探索着开始的，并没有经过正确方法的指导，就会造成他们的低效输入。视觉是一个重要感官，如果每次都用眼睛去寻找键码，不但速度慢而且比用下意识的触键动作消耗更多的大脑皮层的能量。一些教育家认为6岁的孩子就可以开始学习键盘了，但对此并无一致结论。

斯特娜夫人在一次偶然的机会中，发现打字机是一种对孩子写作有帮助的最有力工具：

有一天，我正使用打字机，维尼夫雷特走进来，要学习打字。当天因没有空,许诺了第二天。第二天我外出回来时,她给我看一张纸。在那张纸上,她用打字机打上了一本儿歌书中的一页内容。当然,她还只是打了几个字,既无大号字,也没有间距。尽管如此,这也不简单啊!我当即夸奖她打得很好。

从此斯特娜夫人就开始引导女儿打字。她非常高兴,天天打各种诗歌和故事。就这样,她不知不觉地学会了拼写,后来又学会了写诗和写故事。在她用打字机打古今一些名诗和著名文章时,在不知不觉中记下了这些有名的诗篇和文章。

当然,有了现代工具,也不能将钢笔这种传统书写工具给遗弃了。当维尼夫雷特模仿妈妈用钢笔时,斯特娜夫人便抓住这一机会,引导她写字。为此,斯特娜夫人努力传授女儿使用钢笔的方法。在她看来,只要父母耐心,孩子是能很快学会的。

维尼夫雷特第一次提出要用钢笔写字时,妈妈先鼓励她好好写自己的名字,从练书写名字开始。她将名字写出后,爸爸看了大吃一惊。于是,她很受鼓舞,拼命练习。经过几天的努力,她终于漂亮地写出了自己的名字。这时她才1周岁零5个月。在维尼刚2周岁时,有一次她们全家三口入住旅馆,妈妈让小维尼自己在登记簿上签名,这使旅馆掌柜吃了一惊。

我们给父母的建议是:

鼓励孩子用电脑写作。孩子学习写作,素材是关键。而电脑可以上网,网上有大量的素材,利用搜索系统,即可轻松找到自己需要的素材,开阔视野,增长见识,帮助孩子解决作文难的问题。

充分发挥电脑的优势。电脑不仅可以打字,也可以设置各种字体,还可以进行编辑,甚至插入图画,编排精美,这些都有助于激发孩子的写作兴趣,让孩子摆脱思维羁绊,实现习作修改的方便、快捷。

阅读网上好文章。电脑接入互联网,可以搜索到很多好文章,这将

为孩子学习写作提供方便。当然，父母要引导孩子读书，帮助孩子选择可读的书，不仅要注意书的价值，还要兼顾书的涉猎面。同时，还要教给孩子一些读书的方法，让孩子学会读书。

正确引导孩子用好互联网。除了读书外，还可以引导孩子浏览一些有意义的纪录片、历史剧、人物介绍，一些新闻、动画、喜剧，以及体育、文化、科学节目等。当孩子对节目特别感兴趣时，父母还可引导他尝试着写观后感。这些对提高孩子的写作能力，提高孩子的习作水平大有帮助。

相·关·链·接

◆不同年龄段应采取不同的读书方法

●6个月～1岁的孩子，应给他们的是硬面书、儿童图画及有韵律的文字和歌曲等。给孩子读书时，最好把孩子搂在怀里，用手指着图画并面带表情来诵读。

●1～3岁的孩子，喜欢有关食品、汽车、动物的儿童书，喜欢带有图画说明文字的书。父母应反复给他们读同一本书，讲书上面的故事。

●3～6岁的孩子，喜欢故事书、识字书、算术书，喜欢介绍家庭、小朋友和上学方面的书。父母读书时，可以让孩子坐在身旁或腿上，多给孩子提故事中的问题，并鼓励孩子把故事复述出来。

◆给孩子选择读物的原则

●选择能激发孩子好奇心、想象力的读物。

●选择能刺激孩子挑战欲和提高识别力的读物。

●选择具有直观形象性和美感的读物。

●选择具有建设性的读物。

●选择形式多样的故事书。

● 选择孩子感兴趣的读物。

成·功·范·本

少女作家张天天和父母的故事

一部 20 万字的儿童幻想小说《真心英雄》正式出版后，在社会上立即引起强烈反响，两个月后这部书就因脱销而再版。此时，30 万字的《真心英雄》第二部和 20 万字的《外星明天》也相继成形……谁能相信，其书的作者竟是沈阳市二十六中的一位初二女生，15 岁的张天天。

栖云和王娟娟在《成功家教启示录》一书中，详细叙述了这位小作家的成功之路。

引导孩子真切地感受世界

张天天的父亲张修梦、母亲王辉，原先都是沈阳矿务局某中学老师。1988 年他俩先后辞职以写作为生。期间王辉还办了 4 年的幼儿园，对幼儿的心理颇有研究。张天天从记事起，就被置身在一个故事王国里。张天天两周岁时，身为辽宁民间艺术协会会员的父母就带她下乡收集民间故事。父母搜集整理的民间故事和创作的故事，成了女儿天天的精神食粮。

张天天三四岁时，在一家人外出散步时，父母总是不失时机地激发孩子的想象潜能。

"柳枝飘时像什么？"

"她盖了被子，只露了一张脸呀！"

"看，彩虹像什么？"

"像妈妈的彩色围巾，我去把它摘下来送给姥姥。"……长期的耳濡目染，极大地扩展了天天的思维空间，4 岁她就能给幼儿园的小朋友讲故事。故事结束了，小朋友们还喜欢问："后来呢，再后来呢？"天天被问得没办法，就边编边讲故事给他们听。对老师讲的《白雪公主》《小红帽》等故事，小朋友们也要追根问底，天天就主动编了既合情又合理的续集。有时候，小朋友哭了，天天会劝道："别哭了，风婆婆来了。"然后绘声绘色地描述风婆婆怎样慈眉善目、怎样说话，小朋友听了破涕为笑。母亲发现了天天善讲故事的特点，便有意给她提供讲演的机会，以充分发挥女儿的潜能。

激发孩子的兴趣

张天天的父母都爱好文学，可他们并没有刻意地去训练孩子当作家。他们说："我们从不强迫天天学什么、做什么。只是注意间接引导，挑起她的兴趣，再给她上路的'拐杖'。"

天天喜欢听故事、讲故事，父母就把唐诗编成一个个故事。故事讲完后，再给她大声地抑扬顿挫地念出来，用不了几遍，天天就能记住整首诗。父亲张修梦认为，形象和节奏对记忆很有帮助。因此，他引导天天严格按节律朗读，果然事半功倍。

张修梦夫妇家里有很多藏书。天天从小就有很强的读书欲望。4岁那年，母亲教会天天查字典，通过字典查生字，天天渐渐地学会了自己读书。6岁时，她读完了《格林童话》《鲁宾孙漂流记》等书。8岁，读了《三国演义》《西游记》《红楼梦》。9岁，读了《呼啸山庄》《简爱》等世界名著。对张天天的读书范围，父母从不限制，书柜对天天是敞开的。文学书、历史书、地理书、科技知识书，只要是孩子感兴趣的，全都让她涉猎。有的书天天一时看不懂，父母建议她多读几篇。《呼啸山庄》天天就读了7遍。一次她对母亲说："《呼啸山庄》总给人一种神秘阴森的感觉，看了让人害怕。"她对作者的写作技巧充满了敬佩之情。不到10岁，张天天就饱读群书，基本上完成了一个青年作家所需要的知识的"原始积累"。

让孩子插上腾飞的翅膀

书给张天天插上了腾飞的翅膀，她在汲取书中营养的同时，走上了创作的道路。9岁那年，天天看了中央电视台播放的科技片《奥秘》有关飞碟的报道，引起了极大兴趣。那天晚上，她做了一个神奇的梦，梦见一个穿银衣银裤手拿一本书的人，从飞碟上走下来，与她同行的还有4个同样打扮的小伙伴……第二天早上醒来，天天立即把梦里的故事情节原原本本地记录了下来。这4个小伙伴后来便成了《真心英雄》中的4个小英雄。自从做了那个神奇的梦以后，天天便每天续写这个故事，一写就是几千甚至上万字，随着情节的深入，这部儿童幻想小说《真心英雄》也日臻成形。经过5年的艰苦创作，终于在1998年初完成了《真心英雄》这部约50万字的作品，父母看了女儿的作品，发现她的语言和想象都不同凡响，便和出版社联系，帮助出版了这部少女之作。在1998年10月全国第9届书市上，《真心英雄》第一部样书的展销，引起了轰动，成为书市十大畅销书之一。同年12月，辽宁省作家协会为张天天举办了"作品研究会"，并破格接收其为省作家协会会员。

在成功和荣誉面前，张天天没有陶醉，仍一如既往地读书、创作。她和父母无话不谈，父母也总是以朋友的角色与她平等相待。天天向父母吐露了成名的烦恼，他们一起分析了当名人的利弊得失。天天对父母说，她准备再读些理论书籍，提高自己的理论素养，以后还要念大学，继续学习。在创作上她要写一些儿童卡通故事片，她说："为什么泱泱五千年历史的中国，孩子们一打开电视，看的动画片不是美国的就是日本的。我要写出中国一流的童话作品，拍成能与美国、日本动画片相媲美的动画片……"父母望着逐渐成熟的女儿会心地笑了。

张天天成为少女作家并非偶然，这与她父母重视激发她的潜能和科

学的早期教育密切相关。其感人和可贵之处主要有：

其一，父母是早期教育的"有心人"。从孩子"记事起"就让孩子"置身于一个故事的王国""带她下乡收集民间故事"，常常和孩子"一起出去散步"，感受大自然，并提出问题，"启发孩子想象"；引导孩子讲故事并给故事编结尾……丰富了孩子的感性认识和思维空间，激发了孩子的读写潜能、语言表达潜能——形成了少女作家必备的"认知结构"。

其二，父母并不刻意"早期定向"，而是挑起兴趣，悉心引导。比如，从小就教会孩子查字典，引导孩子读书，广泛涉猎，博览群书，形成了少女作家合理的"知识结构"。父母的高明之处在于教给孩子上路的"拐杖"，即引导孩子"学会求知"，让孩子掌握获取知识的钥匙。这些看似"简单""平凡"的方法，并不是所有家长都能做到的。

快·速·测·评

读写潜能水平发展测试

具有读写潜能的孩子，一般具备下列特点：

（1）喜欢听童话故事。

（2）对读书感兴趣，并能主动阅读图书。

（3）能用完整的语言表达自己的想法。

（4）能自己编故事。

（5）喜欢改编他人的话或文学作品。

（6）喜欢模仿他人的声音或语言。

（7）喜欢文字游戏（猜谜语、造词句等）。

（8）喜欢看公路上、公共设施上的标志符号。

（9）别人说话时能安静地倾听。

（10）喜欢记日记。

未·来·预·测

　　读写潜能出众的孩子，长大可以成为作家、记者、主持人、文案策划、秘书及研究人员等。

第三篇　过目不忘
——唤醒孩子的记忆潜能

> 我思考问题时不使用语言，而是靠生动有形的形象去进行。当这些形象依靠记忆形成一个整体时，我的努力就会变得轻松。
> ——爱因斯坦
>
> 一切智慧的根源都在于记忆。
> ——谢切诺夫
>
> 哪里没有兴趣，哪里就没有记忆。
> ——歌德

1. 从培养兴趣开始激发记忆力

兴趣是记忆的催化剂。

人们对于自己所关心的事物，往往能够毫无困难地记住。小学生能够将上学途中所见到的玩具店名记得一清二楚，除了因为儿童的脑部活动比较活跃外，更重要的是他们对玩具充满了好奇心。相反，一个每天赶公共汽车上下班的人，对于窗外的街景却没有丝毫印象，这是因为他没有抱着有兴趣的心情去欣赏。因此，记忆的先决条件就在于引起兴趣。

美国有一种开放式的小学，把教室的墙壁改装成能够自由移动的装置。有些地方，甚至连课桌也不用，完全鼓励儿童依照自己的想法去计划、去读书、去选课。实行这种方法的结果是，儿童在理解和记忆方面的能力提高了很多。

曾经有一位小学生的父亲发现了这样一件怪事：自己的孩子平时总是背不出课文，棋却下得很好，他甚至能同时和两个人下两盘棋，而且获全胜。对于这两盘棋的每一步他都记得很清楚，能在棋局结束后把两盘棋恢复起来重走一遍。他虽然背书很慢，可是对象棋棋谱、围棋定式，似乎有"过目不忘"的本事，记得很快、很多、很准。原来这个学生对下棋很有兴趣，他像着了迷一样，甚至在放学路上见到别人下棋，也要在旁边站上半天，以至于忘记了回家。

这位父亲从下棋的事情上发现这个孩子一点也不笨，只不过是学习兴趣不足而已。经过启发教育，激发了他的学习兴趣，果然他在背课文、记单词方面同样显露出很好的记忆才能。原来，孩子记不住课文和他对学习不感兴趣大有关系。所以说，找到孩子自身的兴趣点尤为重要。

当代许多教育心理学家都重视激发学生的学习兴趣，他们认为，当一个学生对于所要学习和记忆的内容有浓厚兴趣的时候，大脑皮层会产生兴奋优势中心，学习和记忆就会更加主动积极，不但不会感到是一种负担，而且饶有兴趣，效率很高。兴趣是学习的挚友，是发展记忆力、观察力、创造力等的动力。因此，有意识地激发孩子的学习兴趣，对提高记忆效果有很大的帮助。

如何找到孩子的记忆兴趣并进行启发呢？

要有钻进去的决心。居里夫人说："科学的探讨和研究，其本身就含有至美，其本身给人的愉快就是报酬，所以我在我的工作中寻得了快乐。"可见，越是认真深入地学习某一门课程，越是热爱和了解它所特有的结构和联系，以及它的历史、现状和将来可能的发展，就越能激发对这门学科的热爱和兴趣。因此激发和保持孩子的学习兴趣，一定要使他有钻进去的决心。

让记忆变成快乐的事情。除了在知识内部去发掘和寻找对各门功课的兴趣外，我们还可以在学习方法上想一些主意，利用兴趣对记忆的推动作用来加强记忆效果。比如学外语，家长与孩子之间，或者同学之间可以结成对子，经常用外语对话，即使由于生疏闹出笑话来也没有关系。有意识地鼓励孩子运用学过的句型和单词，既可以提高兴趣，又可以巩固记忆。当他发现自己所学过的外语知识居然能够派上用场的时候，学习热情就会更加高涨。学习数学，可以通过速算竞赛、智力测验来巩固已有知识。玩扑克"二十四码",紧张而有趣,这不但可以无形中加深对乘法口诀的记忆,而且可熟悉对四则运算的种种变化。在游戏中记忆这些内容丝毫不费力。除了以上所举的例子之外,还有一些幽默的语句、俏皮话、打油诗等,都可以加强对记忆对象的兴趣,使记忆任务变得轻松起来。

及时奖赏孩子的记忆成果。任何体育活动,优胜者总要得到奖励,似乎已是天经地义的事。运动员得到奖励,必然会受到鼓励,不断进取;同样,孩子的记忆效率得到改进时,也应及时奖赏他,这必然会刺激他的记忆能力的提高。即使不太愿意做的事,一旦有报酬,总会产生或多或少想做的意愿。

引发对学习科目的兴趣。如果在孩子的兴趣刚刚萌芽时就把它无情地毁灭掉,不利于孩子思维潜能的激发和解决问题能力的培养,将遏制孩子智能的正常发展。木村久一说:"如果孩子的兴趣和热情得以顺利发展,就会成为天才。"这话是有道理的。兴趣固然是记忆的源泉,但是,要激发一个孩子对他所讨厌的科目发生兴趣,也不是一件容易的事。遇到这种情形,可以请担任该科目的老师,或该科目成绩特别优异的学生和您的孩子谈谈,因为他们对该科目有着很浓厚的兴趣。从彼此的交谈中,很可能会发现他对于该科目疏忽的地方,甚至可引发他对该科目的兴趣。虽然这仅是一点点的兴趣,但是它就像滚雪球一般,能使他的求知欲不断增强,进而帮助他大量吸收知识,提高记忆力。

2. 要注意发展孩子有意识的记忆

随着孩子年龄的增长，特别是当孩子掌握了语言这一工具后，他的有意识记忆能力也在逐步发展。若想发掘孩子的记忆潜能，就得重视发展孩子的有意识记忆，这一点很重要。

年龄越小，记忆的直觉形象性就越明显，这是由幼儿思维的具体形象性所决定的。对于这些具体的、可以看、可以摸，甚至可以听到、嗅到的东西，孩子往往很容易记住。这一时期，形象记忆明显优于语词记忆。目前人们普遍使用的看图识字教学法，根据也就在于此，并已收到了较为满意的效果。

孩子由于年龄小，缺乏必要的知识和经验，所以在他的记忆中，机械记忆所占的比重往往较大。孩子往往喜欢重复，对故事百听不厌，也喜欢背诵。这对于提高孩子的记忆力、积累知识大有益处。但并不能否认此时幼儿已开始了有意记忆。

歌德小时候，母亲每天给他讲一个故事，但总保留故事的结尾。第二天，小歌德向母亲复述故事，还被要求编一个故事结尾，这样他才能从母亲那儿再听到一个新的故事。在歌德复述故事的过程中，已不可能是逐字逐句地机械背诵，这里已加上了他的理解和想象，有所发挥，有

所创造了。也许正是童年时期的这种游戏，孕育了一代文豪。

在整个幼儿期，孩子的记忆是无意识记忆占优势的，因而，应充分利用孩子的无意识记忆，来挖掘孩子的有意识、有目的的识记潜能。在这一点上，家庭教育占有很大的优势。因为父母是孩子的第一任老师，而在整个的童年时期，孩子和父母接触的时间最多，这就为父母实施早期教育提供了良好的条件。

比如早年学习的知识或技能，长期不运用也不复习，时间久了就会被遗忘。由于外界的强烈刺激，或者人本身的紧张情绪，也会产生遗忘，这就是有些学生在考场上容易怯场而影响考试成绩的原因。再者，由于疲劳，大脑神经细胞的活动能力会降低甚至丧失，这也是大脑神经细胞的一种自我保护能力。因此父母在引发孩子兴趣和热情的同时，切不可不切实际、不科学地强迫孩子做事。

我们给父母的建议是：

激发孩子记忆的自信心。诸多事实表明，自信心是孩子成长进步的第一要素，而父母的激励和赞美则是孩子成长的营养剂。和其他方面的潜能培养一样，母亲要当好发展儿童记忆力的第一任教师，给孩子创造一个宽松、良好的环境，为孩子提供必要的学习条件，用正确、科学的方法训练和提升孩子的记忆力。母亲相信孩子——母亲的暗示作用，是孩子潜力被激发的重要前提。

寓记忆于兴趣之中。有兴趣的事情容易记忆，兴趣越强烈，就越容易记得牢。父母可将记忆的内容加以改造，使之有趣。比如，父母可以和孩子一起把需要记忆的内容编成故事。因为故事一般都有情节，有趣味，生动形象，所以容易记住。

3. 要针对孩子记忆发展的特点来进行引导

俄国著名的生理学家巴甫洛夫指出：记忆是大脑皮层暂时神经联系的建立，而这种暂时的神经联系由于没有得到强化，随着时间的流逝，也跟着消失了。

婴幼儿记忆的特点是：记得快，忘得也快；记忆的内容和效果很大程度上依赖于事物外部的特点，如对鲜明的、形象生动的、新奇的、他们喜欢的事物，都能无意中记住，且记得很牢。不过婴幼儿时的记忆不精确，只是片断的、不完整的，记不住主要的、本质的内容。

幼儿的机械记忆比较好，他们能对不理解的东西产生记忆，并用自己的理解来解释它们，因此常常记错，曲解词义。更高级的理解记忆和逻辑记忆才能记忆大量的信息，因此在引导幼儿背诵比较深奥的古诗时，要记住幼儿的记忆特点，仔细分辨他的发音，听听他们对一些生疏的词的理解，如果不懂，要向他们解释清楚，要在理解的基础上记忆，不要只满足于孩子会背。适当的训练有助于孩子记忆力的提高。挖掘孩子的记忆力潜能，要针对孩子记忆发展的特点来进行。

古今中外，智力出众、记忆力不凡的人在相关专业成才的例子不胜枚举。

比如，我国宋代大诗人黄庭坚幼年时博闻强记，读书几遍后就能口诵，五岁就熟读了诗、书、易、礼、乐。有一天，他问老师："人人都说有六经，为什么只让我读其中的五经。"老师说："《春秋》不值得一读。"黄庭坚却说："既然称作经书，怎能不读呢？"于是，自己找来《春秋》阅读，十日成诵，无一字遗漏！

我们给父母的建议是：

一定要合理地安排孩子的作息时间。特别是不能在孩子已经疲劳的情况下还迫使他学习，否则会欲速而不达，甚至可能引起孩子的厌学心理，破坏他们的脑力。

要充分利用最佳时间。儿童时期，孩子的大脑发育尚不完善，比起成人来，容易疲劳。他们记忆力好，但不宜进行过长时间的学习。一天最佳的学习时间，是在上午9：00～11：00，下午3：30～5：30，但在中午应鼓励孩子午休。晚上做作业、复习功课，不宜时间过长，否则会影响孩子睡眠。

挖掘记忆潜能的具体方法：

图像记忆。引导孩子看一张画有数种动物的图片，限定在一定时间内看完，开始时间可长些，以后慢慢减少时间，将图片拿走后，鼓励孩子说出图片上都有哪些动物。如果他记住得不多，可以将动物分类记，如兽类有几种，鸟类有几种，鱼类各有几种，这样就能记得快些。

实物记忆。观察商店的橱窗，背诵陈列的商品；观察文具盒里的物品，背诵盒中的文具；观察公园里的花坛，背诵有几种颜色的花……

数字记忆。从两位数开始，任意说一些数字，如"12""15""19""28"，每个数字之间保持一秒钟的间隔，鼓励孩子跟着说，如能跟上，则将数字增至三位，依此类推，增至四位、五位……看孩子能记住哪些数字，记住几位数字。还可以鼓励孩子记忆门牌号、电话号码、历史年代等数字材料。

字词记忆。引导孩子重复读故事，看能够记住多少字词；在一定时间内说出一些儿童熟悉的词汇，如交通工具、生活用品、动植物方面的词，看他能记住多少……

4. 大声朗读容易记住

大部分人读书时，都是以默读的方式来进行的，因为默读的速度较快，并且默读也不会给其他人增添麻烦。然而，小说、评论之类的文章暂且不谈，辞典、英文、诗、词等，最好能大声朗诵。尤其在头脑不是很清楚，模模糊糊的时候，大声朗读，能引起神经及头脑的紧张，抑制散乱的思绪，使注意力集中，为记忆做好准备。

发掘特洛伊城遗迹的德国人希泊来，是一位语言学天才，他在短短的时间内便学会了许多国家的语言，用的便是朗读的方法。即使阅读相同的文章，他也会一遍遍地大声朗读，一直念到深夜。听说，希泊来数度被房东赶出门就是这个原因。学会一种外语，他仅用三到六个月的时间。也许因为欧洲各国的语言，都是由拉丁文衍生、发展而成的，所以才能学得如此迅速。但无论如何，能在这么短的时间内，学会这么多国的语言，也实在令人佩服。

著有《苏州园林》《园林谈丛》《说园》《书带集》《春苔集》《帘青集》《随宜集》的陈从周，是我国著名的建筑学家。他早年攻读文学，后来从事建筑教学和研究。

他的学习方法是博览、背诵。他五岁时便读私塾，《千家诗》《古文观止》《幼学琼林》等书，他都能熟读成诵。

陈从周说："少年时期的博闻强记，是增强记忆、丰富知识的最好方法。我记得那时旧式人家都有门联、厅堂联、书房联、字屏和匾额，写的都是名句、格言等。经常面对，天长日久自然成诵。至今我还能把老家的许多联屏，背得一字不落。"

陈从周在读中学时，熟读了唐宋八大家的诗文和明清时的小说、诗词。回忆起这段读书生活时，他说："我有现在的成就，很多是得益于中学语文教师的严格训练和教育。他们不但讲解得深入透彻，而且还要求把课文背熟。所以有些文章的精彩片段全留在我的肚中了。考试时如果没有背的功夫，也不可能考出高分。"

他认为：学习语文不读、不背、不理解是不行的，这也是中小学生写好作文的关键所在。他说："白话文不等于白话，口语代替不了文章，学语法不是学作文的唯一方法。熟读《描写辞典》，写出来的文章也不一定能行。工具书固然重要，但它不是唯一的书籍。"陈从周认为即使是电脑时代，也不能放松背诵这一重要环节。

我们给父母的建议是：

朗诵可以帮助孩子发展语言能力。朗诵不仅能让孩子渐渐地领悟到语言中所蕴涵的逻辑性、语句结构、语言气势、格调以及词意的神韵，扩大词汇量，提升言语表达能力及洞察力，增加对艺术语言的敏感性，而且可以感受母语的魅力，丰富自己的情感和心理世界，为今后主动学习阅读打下坚实的基础。

用朗诵来陪伴孩子成长。朗诵是把文字语言变成有声语言的一次艺术再创作的过程，属于听觉艺术。既然是听觉的艺术，要让朗诵为孩子所接受、所喜爱，第一个要求就得好听。如今，电视上有《见字如面》《朗读者》等栏目，建议父母与孩子一起观看。《朗读者》给人最深的启发是，朗读是爱的表达、传递，用朗读来陪伴孩子成长，可以给孩子最好的滋养。而《见字如面》节目中，无论是哪一个朗读者的念诵，都已经完全沉浸到角色中，使书信愈发感动人。同样，让孩子融入情境中，在情境扮演中，在语言抑扬顿挫中，朗读将更有滋味，将更易理解内容。

朗诵要富有感染力。没有真正的大声读文章，就不会有什么真正的语感。从朗读中培养孩子的语感，读比背更高效。在朗诵时，切忌平板的语调，要以普通话为依托，语音要清晰、响亮、优美、规范，字正腔圆。为加深理解，要根据文学作品的特点，通过停顿、重音、语气、语调、语速和节奏的变化以及情绪、手势等的调动，声情并茂地朗诵，把作品的音乐美、图画美、内容美、文字美和丰富的情感透过声音有效地传达出来。

朗诵时一定要注意节奏，声情并茂且抑扬顿挫。有了节奏，朗诵才会好听。刚开始，可以用稍慢的节奏教孩子朗诵儿歌、古诗、散文，方法是把某些字音拉长，每句之间的停顿加大，一定要一句句朗诵，不要滑句，一股脑儿读完，该加重语气时就要加重语气，该放慢速度时就放慢速度。朗诵时语速、节奏掌握不好，过慢、拖沓，或是过快，发音不到位，无停顿，混着读，都是不可取的。

成为朗读者，孩子会深深爱上阅读、学会阅读。北大教授、国际安徒生奖得主曹文轩说："朗读，将他们从文字世界渡到声音世界。"朗读，是学好语文最简单、最有效的方式，将无声的书面语言转换为有声语言的过程，是眼、口、耳、脑协同作用的创造性阅读活动。

朗读有利于提高写作能力。孩子大声地朗读他人的作品，也是一个学习的过程，大声读自己的作品实质是修改完善的过程。建议父母督促孩子每天朗诵20分钟，日积月累，必定大有裨益。

日本有一位心理学家叫高木重朗，他曾说过："一般来说，尤其是头脑不清醒的时候，更应该清楚地读出声来，这是因为朗读会给大脑以刺激，思想容易集中到一点，整个身心好像进入了'临战'状态。"在朗读过程中，同样能够激发孩子对读书的兴趣，家长应适时地引导孩子去有节奏地朗读，读出节奏和深意。

5. 好记性不如烂笔头

俗话说：好记性不如烂笔头。也就是用抄写的方法启迪思维，加强记忆。

记忆的方法很多，抄写是一种传统的且效果显著的方法。抄写、摘录既可将要记忆的东西在头脑中加强，又可以把知识整理在笔记本中，作为资料保存或多次复习使用。如果在我们记忆某种东西的时候，仅仅是猛灌，效果并不好。相反，动手去写，则会在脑海中留下清晰而深刻的印象。

可以说，要牢记某种知识，边写边记才是最确实可靠且行之有效的方法。

左思是我国西晋著名的文学家，主要作品有《三都赋》《咏史》等。他的记忆方法就是诵读—抄写—记忆。

左思小时候学习成绩不好，父亲觉得这孩子没有什么出息。一次，父亲与朋友们说起了左思："此子智商低下，不及我们。"左思听到父亲的话很不服气，决心发奋读书。从此左思便勤奋努力，刻苦攻读。经过几年的拼搏，左思在学业上果然大有长进。在他撰写《三都赋》一书时，也有一些准备写同题作品的文人，对左思冷嘲热讽。左思不以为意，以顽强的毅力坚持创作。

　　左思巧妙地把读书、抄录、思考、写作有机地结合起来，在阅读中勤于思考，勤于动笔，摘抄了书中许多好的思想内容和美文佳句。为了方便记忆，他把许多的纸条贴在室内的门、窗、墙壁和厕所里。通过长期的学习积累，他的知识增加了，写作技巧也提高了。

　　经过十年的精心策划、无数次的整理改写，左思的《三都赋》终于完成了。消息传出后，轰动了整个洛阳城，人们争相传抄这部作品，由于抄写用的纸太多，洛阳城的纸张都涨价了。"洛阳纸贵"的典故就此流传下来。那些曾嘲笑过左思的文人，在读过《三都赋》之后，对左思的才能非常佩服，并打消了写同题作品的念头。

　　左思的抄录思考学习法给我们的启示是：在抄录当中，把思考问题当作一个重要环节，做到在阅读中思考，在写作中思考，在记忆中思考。只要把读、思、抄、记四个步骤很好地结合起来，笨人也能成功。

我们给父母的建议是：

　　增加记忆至少要写3次。写字，可以达到以眼观事、以耳听事的效果，从而增加记忆。写的动作，不是由手控制的，而是由大脑控制的，大脑越训练越灵活。所以平时自认为记忆力不佳的人，可以养成"多写写"的习惯，假以时日，定会为自己记忆力的进步而大吃一惊。父母应督促孩子增加记忆的次数，按照规律进行，日积月累，便会形成良好的记忆习惯。

　　随身准备小册子和铅笔。"好记性不如烂笔头。"养成用笔来记忆的习惯，会在很大程度上提升记忆力。

　　看着写、背着写。俗话说得好，"眼过千遍，不如手过一遍。"古代的人对此法深信不疑，他们经常抄书以求记忆。"写"是记忆方法之一。它的第一个阶段就是"看着写"。只是"看"不足以补足要点，而"看着写"

就可以捕捉到未曾注意的细节，可以将模糊的记忆与正确的事实进行比较。第二个阶段是"背着写"。为了达到这个目的，你必须对需要记忆的事项做彻底的了解。因此，当你无法进行第二阶段时，就不得不返回到第一阶段，把必须记忆的事项重新背好，再进入第二阶段。如此多次反复，再难的内容也能记牢。如果孩子不断重复这些练习，他就会发现其中有许多乐趣，因而越做越起劲。

在笔记本上做阅读的重点记录。背英文的时候，可以采用先抄写全文然后默写的方式，但是，在学习其他学科的时候，少不了要记忆重点，因此就少不了辅助性的笔记本。写在辅助性笔记本上的内容，必须简明扼要，条理清晰，便于记忆。比如，可以把笔记本上的内容恰当地分块，将重要事项写得简明扼要。又如，与其完全用文字写得密密麻麻，不如多用些图表、记号之类简单明了的东西。阅读时，随手把重点记录在阅读笔记本上，就可以随时掌握书的主要内容。经常做阅读笔记，对阅读能力的提高是十分显著的。用不了多久，孩子的阅读能力就会大幅提高。

❀6. 帮助孩子掌握一些特殊的记忆技巧

人脑的记忆潜能是巨大的,充分发挥这种潜能的关键在于掌握一套科学的记忆方法。

某报曾介绍了一位"记忆超人"——湖南省宁远县冷水乡党委书记周本瑞。他记忆力惊人,一篇三千多字的社论,只要连看三遍就能一字不差地背下来。据心理学家研究表明,他记忆力之所以好,主要是因为他无论在何种条件下,注意力都能高度集中,使记忆能力超水平发挥。

另外,生理学的研究还表明,当人的注意力高度集中时,有利于乙酰胆碱的大量释放。乙酰胆碱是一种大脑神经物质,能促进人的记忆。

孩子注意力较差,是由许多原因造成的。父母要给孩子树立一个观念,即要想记忆力好,就必须注意力集中,不能一边学习一边想别的事情。有了这个观念,父母教给孩子一些特殊的记忆方法,就能有效发展孩子的记忆力。

一般孩子主要靠机械的死记硬背去记忆,比如鼓励他背诵一段文字,他马上一遍一遍地重复要记的材料。这种方法的效果肯定较差。

记忆力较强的孩子,能自觉或不自觉地用一些新颖、奇特的方法去帮助记忆。比如,识字方面,有的孩子把"1"形象地记为一根筷子;把"2"

形象地记为一只鸭子；把"3"形象地记为耳朵……有的孩子在识记文字时，能把某字当偏旁的一串字联在一起记忆，如与木联系在一起的松、柏、杨、柳、桃、树、橘、李……

有位学者调查过，机械式的死记方法，其记忆效果到 10 岁左右即达到了顶点，以后即便保持这个顶点也不会再有任何长进。所以，小学大多用机械方法记忆。到了中学时代，机械方法就不行了，因此就需要改变。

特殊的记忆方法有：

重复记忆法。大多数记忆都是一个不断重复的过程。一般来讲，一个人至少需要在大脑中对某一信息再现 7 次，才能保证长久的记忆并在以后回忆出来。学习一组材料时，基本来讲，要不断识记、重复、再现，只有反复多次后才能记住。这种方法更适用于年幼的孩子，父母完全不必担心孩子会对此产生厌恶情绪，因为孩子本来就喜欢重复。同一个故事他可以百听不厌。当然你在重复时，可以采取一些变化的手段，比如边讲故事边做些手势，或者在叙述故事时向孩子提几个问题，甚至可以鼓励孩子接着讲，以提高孩子的兴趣，提高记忆的效果。反复感知的事物，就会在孩子的大脑皮层中留下深刻印象。

联想记忆法。联想是促进记忆的有效方法之一，因此要重视激发孩子的联想能力。曾获国际"菲利亚"奖章的小诗人刘倩倩的诗歌《请你别问我为什么》，就是由《卖火柴的女孩》的形象联想而写成的。科学上的许多发明也是由联想引起的：牛顿由苹果落地而发现万有引力定律，瓦特由开水冲击壶盖而发明蒸汽机等。

直观形象记忆法。根据幼儿记忆的直观形象性特点，充分利用直观教具，帮助孩子记忆。实验证明：直观形象记忆法是帮助孩子提高记忆力的有效方法之一。日常生活中常常可以听到孩子模仿电视广告或卡通片中人物的语言，而且惟妙惟肖。另外直观形象记忆法常常可以与游戏结合起来，鼓励孩子在玩的过程中接受新知识。

归类记忆法。如果把记忆喻为知识的仓库，那么只有把知识归类，仓库才能最大限度地发挥储存能力。有人曾用归类法来教孩子识字，效果不错。这是利用了汉字的特点，用基本词来带形声词，如井、阱；青、请、清、情、晴、精。这样认字不是零敲碎打，而是一串一串的，便于孩子记忆。有人还利用这种方法归类了英语单词速记窍门。

口诀记忆法。一般有节奏感的材料，便于记忆。如果能充分利用孩子的机械记忆，鼓励他们从小背一些儿歌、诗歌(要注意选择孩子容易理解的)，对于开拓孩子的知识面、开发智力大有益处。另外也可以把某些知识用孩子喜爱的歌谣方式传授，一定能取得较好的效果。口诀是指根据事物内容的要点，编成的便于记诵的语句。这是人们在多年社会实践中摸索出的一种记忆方法和经验。如果将这种方法运用到孩子的学习中，会对某些知识的记忆有很大帮助。系统的知识互有联系，有时记起来容易些，但一些零散的知识，如果不加整理，便难以记住。这时可编成口诀，记忆起来就轻松多了。

数字记忆法。数字和我们日常生活密不可分。身份证号、学号、电话号码，以及各种学科里的数字、年代等，都显示出数字记忆的重要性。记数字，有很多方法。这里试举几例：

编码数字记忆法，就是将抽象的信息转化成形象的信息。

联想数字记忆法，就是将信息用想象的方式进行联结，这个过程也是训练想象力的过程，如27(耳机)、73(纸扇)就是此类记忆法。

串联数字记忆法，就是将信息通过联结的方式，一个串一个全部联结在一起。需要注意的是：联结的时候一个联结一个，不能够从后面的信息又跳到前面的信息，联结时尽量要紧密。例如：257389635354，可以记忆为：25 二胡 73 纸扇 89 排球 63 硫酸 53 火山 54 武士。

趣味数字记忆法。比如，记忆圆周率到小数点后第50位，也就是

3.1415926535897932384626433832795028841971697979715058，可用打油诗"山巅一寺一壶酒(3.14159)，尔乐吾杀吾(26535)，把酒吃(897)，酒杀尔(932)，杀不死(384)乐尔乐(626)。此山山花杀尔去(4338327)，酒壶令尔白白死(9502884)，要求吃药(1971)，老朽吃酒吃一壶(6979715)，冷(0)，我怕(58)。"

此外，还有编故事数字记忆法（又称导演记忆法）、连锁数字记忆法、定桩数字法、口诀数字记忆法、首字母数字记忆法、归纳数字记忆法等。

多种感官参与记忆法。利用多种感觉器官（耳、眼、口、手）来参与记忆活动，能提高记忆的效果。

有人曾做过这样一个试验：用三种方法启发三组被试者记忆10张画。

第一组：只告诉画了些什么。

第二组：给被试者看这10张画。

第三组：给被试者看这10张画的同时告诉被试者画中画了些什么。

过一定时间后，测试被试者的记忆结果，结果为：第一组记住了60％，第二组记住了70％，第三组则记住了86％。可见利用多种感觉器官参与记忆活动，能大大提高记忆效果。

总之，父母可以在日常生活中有意给孩子安排一些有利于增强记忆的刺激，提升记忆的能力。

相·关·链·接

◆ **认识记忆潜能**

记忆力是学习中一种十分重要的能力，它可以通过不断的练习来提高。现代心理学对记忆是这样定义的："从现代信息论观点看，记忆是一个对输入的信息进行编码（组织）、储存，并在一定条件下提取（检索）的过程。记忆不仅是人的心理发展的基础，而且是人类社会进行正常活动的必要前提。依靠记忆，人得以有效地适应并改造自然和社会环境。"

◆ **记忆类型**

记忆类型包括视觉型、听觉型、运动型、混合型等。

(1) 视觉型。

这是借助视觉来记忆事物的类型。在同样的视觉记忆中，有的人对形状的印象深，有的人对颜色的印象深。在对许多红的正方形和蓝的圆形的记忆测试中，有人借助红和蓝的颜色来记，有人则通过正方形和圆形来记，方式各不相同。一般说来，人的记忆以视觉型居多。据称人类的记忆信息中有70%~80%是视觉型的。画家、设计师和技术设计人员，他们的视觉记忆能力特别强。

(2) 听觉型。

这是借助听觉来记忆事物的类型。有些人的音乐感非常强，对节奏和旋律敏感，对于这些内容有较强的记忆力。例如，常有这样的人，英语很不好，却能随爵士音乐的节奏记住英语歌词。当然，盲人具有非常发达的听觉系统。听觉记忆能力可以通过训练加强。例如，电话接线员能分清不同人的声音，机械工人通过锤子敲打机器的声音能判断机器有无故障。这些能力都不是天生的。

(3) 运动型。

这是通过动作来记忆事物的类型。有些人能马上记住做过的各种体育动作。运动型记忆的特点在于：它是通过整个身体的运动来记忆的，一旦记住就很难忘记。像游泳、滑雪、骑自行车等动作，一旦记住便终身难忘。

(4) 混合型。

混合型是指视觉型、听觉型、运动型这三种类型的混合体。但是，这一类型是不平衡的，大都偏向于某一种类型。即使是视觉型强的人，也不仅要用眼看，还要用嘴读，用耳听，用手写，以构成立体的印象。

为什么英语单词本身比它的意义容易忘记呢？原因之一就是在学习单词时，大都只使用一种感觉——视觉。如果能通过多种感觉来进行记忆，也许能记得更好。

◆ 记忆的技巧

记忆技巧有许多方面，下面是一些孩子需要尽早掌握，又是孩子能够很快掌握的记忆技巧。

第一，具有明确的记忆目的，是指在记忆过程中，要重点识记，并尽可能保持在大脑中，以便能够再认或再识。对于成人来说，明确记忆目的一般是不成问题的，因为成人都知道自己需要记忆哪些内容，而对于孩子而言，却是一个重要的问题。

第二，识记时注意力高度集中。注意力是记忆的门户，没有注意力，就谈不上记忆。如果注意力不集中，信息就不容易进入人的大脑，并且即使进入了，也会因为印象不深而很快被遗忘。

第三，怀着愉快的心情记忆。识记专家们曾做过以下实验：准备三段文字，字数都在120个左右。第一段文字是表扬孩子的内容；第二段文字是与孩子无关的事件描述；第三段文字是批评孩子的内容。然后，在六天里，每天给孩子念一次。结果发现，表扬孩子的内容，孩子记住了80%以上；批评孩子的内容，孩子记住了50%左右；而与孩子无关的内容，孩子只记住了22%左右。由此我们可以看出，使孩子愉快的内容，孩子易于记忆（成人也同此理）。后来为了探讨识记时的心情对孩子识记的影响，专家们又做了一个实验，鼓励孩子在以下三种心态下识记。

（1）心情愉快状态下识记；

（2）心情烦躁、伤心状态下识记；

（3）心情淡然、无所事事状态下识记。

结果发现在心情愉快状态下，孩子记忆成绩在70%左右；心情烦躁、伤心状态下，孩子记忆成绩在20%左右；心情淡然、无所事事状态下，孩子记忆成绩在40%左右。因此，鼓励孩子在识记时保持愉快的心情对于提高记忆极为有利。

接下来的问题是，怎样才能使孩子在心情愉快的情况下进行识记呢？

（1）在识记前，父母要尽量表扬孩子，指出孩子以前的优秀表现。如"上次要你记忆的内容，你记忆得真快，记忆力太好了，这次也能记得更好。"表扬不仅使孩子心情愉快，而且能提高其自信心。

（2）在孩子整个识记过程中，父母要始终表现出关心和对孩子的充分信任。表情应是惊喜的和赞美的，这样会给孩子信心和勇气，使他们感受到父母的关心和爱护。

（3）当孩子识记完后，无论孩子完成的成绩怎样，只要孩子努力了了，父母都应诚心诚意地表扬他们。尤其是成绩不理想时，更不要恶语批评，一定要鼓励孩子感受到努力后的喜悦。这样会增强孩子记忆的信心，给孩子留下愉快的记忆。

第四，充分理解材料的内容。在孩子的记忆活动中，材料记忆占主要地位。许多知识是被孩子机械记忆的，但是，孩子并不理解其含义，仅是能复述而已，更谈不上应用这些知识了。机械识记在儿童期是很正常的，但是，需要尽早过渡到意义识记，否则，不但影响记忆力的发展，而且影响思维能力的发展。例如，许多孩子因为在儿童期没有得到必要的指导，在小学甚至到了高中仍旧是以机械识记为主，对数理化的一些原理仅是记住其内容，并不理解其含义，结果毫无用处。

因此，当父母指导孩子记忆一些有意义的材料时，要尽可能地引导孩子理解其内容，如引导孩子背诵诗词时，要向孩子讲解诗词的含义。对于孩子尚不能理解的，可以暂时不教。理解材料的内容，不但有利于记忆，更重要的是，能够发展孩子的思维能力，使孩子的理解能力与分析能力得到发展。

第五，多感官同时识记。人类可以利用各种感觉器官进行记忆，并且每种感官的记忆能力都是不同的。研究发现，利用单独的感官进行识记，记忆效果远不如利用多种感官记忆效果好。例如，要求孩子背诵一首七律诗，采用三种方式记忆，结果相差很大。

（1）父母把诗一句句念给孩子听，孩子跟着念，结果用48分钟能够把诗背诵出来。

（2）鼓励孩子一边看一边读，结果用34分钟孩子就可以背诵出来。

（3）鼓励孩子一边看一边读，同时用笔写，结果不到20分钟孩子就记下来了。

多感官同时记忆，不但能加深对材料的印象，有利于理解材料，更重要的是易于引导孩子集中注意力。因此，父母要指导孩子在识记时尽量多种感官同时运用，引导孩子养成好的记忆习惯。

第六，适时进行复习。人们大脑中保持的各种永久性的知识，绝大多数都是在复习中记住的。也就是说，多数知识人们不可能仅仅通过一次记忆就牢记不忘，而只有进行必要的复习才能被长久地记住。因此，许多心理学家把复习称为"记忆之母"。德国心理学家艾宾浩斯最早研究了遗忘的规律，发现人们在识记后一小时左右就遗忘了56％，八小时后遗忘了64％，一天后遗忘了66％，一个月后遗忘了79％。要克服遗忘，提高记忆效率，适时安排复习是必要的。

第七，选择最佳的记忆时间。在不同时间里，人的记忆能力也不一样。这是由人体的生物钟所决定的，同时人在每天的不同时间里的各种活动，也会影响人的记忆。

心理学上有这样两个原则。(1)前摄抑制原则：前面识记的材料对后面的识记会产生抑制作用，称为前摄抑制。例如，在孩子学习一首诗之前，父母却先鼓励孩子学习数学。那么，学习数学就会对孩子学习诗产生不利的影响，阻碍记忆。(2)后摄抑制原则：后面识记的材料对前面学习的材料会产生抑制作用，称为后摄抑制。如上例，当孩子学完诗后，就会影响到对前面学习数学的回忆。

为了减弱前摄抑制和后摄抑制的作用，最佳的时间安排是：在孩子睡前一个半小时左右，协助孩子识记一些内容，然后在睡到床上后鼓励孩子再复习一遍。这样在复习后让孩子马上进入睡眠，可以减少后摄抑制的影响。第二天早上孩子醒来后，在未起床之前，父母可引导孩子把昨天学习的内容回忆一下，如果孩子的记忆是不完整的，父母可以马上给孩子补充。这样做可减少前摄抑制的影响。当然，早上要求孩子回忆的时间不可太长，以10分钟左右为宜。养成习惯后，会收到意想不到的效果。

◆记忆能力发展进程

（1）3岁的孩子，可以再认相隔几十天或几个月的事物，还可以重现几个星期以前的事物。重现是与语言相联系的，是凭借语言来恢复过去的印象的。

（2）3~4岁的孩子，由于活动的复杂化和第二信号系统的发展，其记忆的范围进一步扩大，不但能记住一些直接的经验和直观的材料，而且还能记住一些间接的经验和复杂的材料，如儿歌等。其记忆力的发展主要表现在：

无意识记。这个阶段的孩子还跟以前一样，记忆带有很大的无意性。凡是他感兴趣的、印象鲜明的事物就容易记住。单纯以记忆作为一个专门的、有目的活动对于这个年龄段的孩子来说，是非常困难的。

机械识记。这时孩子的记忆还带有很大的直观和形象的性质，对语言的逻辑识记能力还很差。因此孩子常常只能记住事物的一些外部特性。例如，常常有些成人没有觉察到的小事情，孩子却能长久地记住。

识记的持久性有了进一步的发展。3岁孩子可以再认几个月以前感

知过的事物（如以前生活过的地方），可以重现几个星期以前的事情；4岁孩子可以再认一年以前感知过的事物，再现几个月以前的事情。

（3）4~5岁的孩子，有意识记和追忆能力开始逐步发展。有意识记和追忆能力的发展，是与第二信号系统的发展分不开的，是跟成人经常向儿童提出而又为儿童所能理解的词的指示或要求分不开的。例如，要求孩子复述故事内容，要求孩子回想星期天是如何过的等等，就能锻炼孩子有意识记的能力。

（4）5~6岁的孩子，不但能为了专门的任务而去识记，而且也能运用一些识记的方法。例如，在接受任务之后，自言自语地重复与任务有关的事情，用有意义联系的办法来记住这些事情，在忘掉了某一细节时再度向成人请求指示等。学前期孩子是以机械识记为主的。随着孩子年龄的增长，意义逻辑识记能力逐步发展起来。例如，孩子复述自己所熟悉的故事，他绝不会是一字一句地照背，而是有或多或少的逻辑加工，如改一些词，省略某些情节或加进某些情节，等等。

成·功·范·本

记忆力惊人的王充

王充，字仲任，东汉上虞人，祖籍魏郡元城（今河北大名县）。先世因军功受封会稽阳亭，后失爵，以农桑为业。祖汎，因避仇举家南迁，留在钱塘，以贾贩为生。父诵，因与豪家结怨，迁居上虞。

王充自幼记忆力强，酷爱学习。6岁时就跟着父亲读书识字，读过的东西，他差不多能过目不忘。

8岁时，有一天父亲朗读晁错的《论贵粟疏》，小王充一旁默默地听着，等父亲读完，王充几乎一字不漏地把全文背了出来，父亲又惊又喜，把他正式送到学馆去念书。在学馆中，老师讲的上千字的文章，王充很快就能背下来。渐渐地，老师讲课不能满足小王充的求知欲望了，小王充就自学《论语》《尚书》，一边读一边抄写，差不多每天都能抄一千字，背熟一千字。到了15岁时，王充通过读书积累了渊博的知识，成为一位才华出众的少年。

这时，父母想方设法、节衣缩食把他送到东汉王朝的首都洛阳，鼓励他深造。

到了洛阳以后，他不仅读诸子百家的经典著作，还广泛涉猎其他学科的书，还有当时被视为"非圣无法"的书，如桓谭的《新论》，掌握了不少自然科学的知识。

智力超凡的王充凭着惊人的记忆力熟读背诵了大量著作，涉及自然科学及其诸子百家的各种文章。到32岁时，王充就开始撰写其巨著《论衡》，他坚持不懈地写了30多年，直到去世才完成。这部30多万字的论著是我国哲学发展史上的一块里程碑，无论在学术上，还是在思想上，至今仍有很大的参考价值。谢夷吾在向光武帝刘秀推荐王充时，说他是少有的天才，甚至连孟子、司马迁都不能超过他。

天才记忆韩升君

据2001年《金陵晚报》报道，一本收有一万多个汉字的《新华字典》，有人仅用100个小时就能熟练背诵。这不是神话，创造这一奇迹的，是济南市一位年仅30岁的青年，他叫韩升君。

在中央电视台第四套节目播出的王牌栏目《欢聚一堂》中，韩升君被请上台。主持人手拿一本字典，随便说出一个字，韩升君当即就能准确地答出字在哪一页，并且还能说出这一页的全部内容。电视屏幕前，许多观众惊叹他为"天才""奇人"。

奇迹是怎样产生的？"天才"果真像人们猜测的那样神秘吗？记者近日在泉城济南独家采访了刚从北京归来的韩升君。

孩子，你能行：激发孩子的无限潜能

1988年，18岁的韩升君从济南市第四职业中专毕业，被分到市图书馆工作。图书馆工作的便利条件为他开启了一扇智慧之门，在这里，他阅读了大量有关自然科学、哲学、实用记忆等方面的书籍。这些书籍阅读，为他以后研究、开发人类大脑潜能打下了基础。

1990年，保加利亚籍著名心理学教授罗扎诺夫所著的《超级记忆法》一书，对韩升君产生了巨大的影响，使他对大脑潜能的认识有了一个质的飞跃。古代一些治学大师提出做学问要在思想上"复归于婴儿"，通俗地说就是发挥"灵性"，开发人类大脑（主要是指右脑）潜在而很难充分利用的能量。有时，人们分析推理判断很久得出的结论却不及灵光闪现的"第六感觉"来得直接和准确，这正是大脑的潜能在帮忙！意识到这一点后，韩升君茅塞顿开。人的大脑分为左脑和右脑，左脑是自身脑，又叫后天脑，主管逻辑推理、判断、语言等，右脑称祖先脑，又叫先天脑，负责处理图像、情感、节奏、音乐等创造性活动。左脑只承载人有生以来的资讯和信息，而右脑却拥有自有人类以来历代祖先500万年的资讯和信息，不过却以DNA的形式继承并潜藏起来，所以科学家们认为右脑能量是左脑的10万倍。随着年龄的增长，左脑不断地接受限制性的信念、程式化的思维模式、僵化的思想观念，而右脑却长期处于"待业"状态。只有整合左、右脑的优势，它们才能"各司其职""各尽其责"，有效地合作，达到完美的"全脑运作"状态。这样每个人都会使自己的"学习力"倍增，并身心快乐！

这个观点成熟后，韩升君精神为之一振。他决心总结前人的经验，创造一种与众不同的学习方法。从此，他开始投入对大脑潜能的研究之中……

从1990年开始，经过10年漫长的摸索、实践，韩升君逐渐探索出了一套提高记忆的方法（为尊重知识产权，本文对此不过多涉及）。利用这套方法，一篇一千字左右的文章他看两遍就能背诵，并且标点符号都一个不差地写下来。

掌握了这套方法后,韩升君决心试试自己的"能力"究竟有多大,他要做一件常人不敢想的事,"啃最硬的骨头"——背诵《新华字典》!

他每天拿出两个小时的时间,完全沉浸在1998年出版的《新华字典》之中。这本字典共收有一万多个汉字,仅正文就有666页,拿在手里,足有半块砖头重。在普通人看来,字典是一堆枯燥汉字的组合、繁杂的字义解释,但在他的意识里,666个页码就是666幅画面,画面里蕴藏着666个奇妙的故事。大脑所要做的,是像摄像机一样拍摄并储存下这些画面和故事,在需要的时候复制出来。50多天后,韩升君自信地放下了字典。此时,字典里的所有内容,都完整地"存"入了他的大脑。

消息传出,几乎所有听到的人都大吃一惊。不相信的朋友要"考"他,专门拣出生僻字发问。结果,他不但马上报出字在哪一页,还能说出这一页码上的所有文字。

韩升君说:"'超级全脑潜能学习法'就是研究探索如何'科学'和'艺术'地用脑,如何'过目不忘',如何'快乐地学习和工作',如何'化痛苦为快乐''化烦恼为智慧',并且能够速成、实效、做得到,我本来也是凡夫俗子、肉体凡胎,今天发生在我身上的事情明天就会发生在您的身上,只要您激发心灵的潜能唤醒心中的'巨人'!"

快·速·测·评

记忆潜能水平发展测试

一、图形再认测验

列出10个不同的图形,如三角形、长方形、椭圆形、圆形等。

对于3~6岁学龄前儿童,把10张"看图识字"卡片的图画以每秒钟看一张的速度逐张给孩子看,即给孩子看第1张图片1秒钟,然后收起来,马上看第2张……看前要求孩子记住看过的图形。全部图片看完

后，施测者把这10张图片混在另外准备的10张没有看过的图片(也是"看图识字"的图片)中，并把这20张图片的顺序打乱，同时放在孩子面前，要求孩子把前一次看过的10张图片拿出来。时间限制为三分钟。

记分方法：(对的－错的)×1/2

参考标准：

年　龄(岁)：　3　4　5　6

分　数：　　　3　4　5　6

评定原则：高于参考标准分数的，表明具有好的记忆敏捷性、准确性，高出的分数越悬殊其效果越明显；等于参考标准分数的，表明具有较为正常的记忆敏捷性、正确性；低于参考标准分数的，表明记忆敏捷性较差，易出差错。

二、数字记忆测验

请记忆下列20个数字(连同其顺序号)，记忆时间规定为40秒，然后逐行默写。

1. 43　　6. 72　　11. 37　　16. 6
2. 57　　7. 15　　12. 18　　17. 78
3. 12　　8. 44　　13. 86　　18. 61
4. 33　　9. 96　　14. 56　　19. 83
5. 18　　10. 7　　15. 57　　20. 73

记忆效率 = 默写正确的数字数 ÷20×100%

三、词汇记忆

成人给孩子朗读一些词语，引导孩子记忆并复述。

可以是毫无联系的词，如桌子、高山、汽车、书、皮球、苹果、衣服、飞机，鼓励他听完后马上复述。

可以是有一定意义联系的词，如医生、药水、针管、娃娃、哭、糖果、笑，鼓励他听完后马上复述。

结果分析：能回忆5~8个词的为记忆力较好；能回忆3~4个词的为中等；回忆0~2个词的为较差。对于有一定意义联系的词，还可以考查孩子是否使用了一些记忆方法，如"娃娃吃糖果"等。

这主要测孩子的短时记忆力。研究表明，一般成年人的短时记忆，能记住5~9个互相联系的信息单位，而3~4岁的孩子能记住4~5个信息单位(如一个词、一个词组、一句话等)，4~5岁的孩子能记住5~6个，6岁时就接近成人水平了。

四、儿歌、古诗、故事记忆

将儿歌、古诗呈现给孩子，可以在孩子记住后一星期，再鼓励孩子复述。若能正确复述，则表明孩子记忆保持时间长、准确率高。

未·来·预·测

记忆力较强的孩子，具有较大的发展潜能，特别是在那些需要强记忆的学科中，更易创造辉煌。长大后可能成为：历史学家、地理学家、地质学家、民俗家、生物学家、政治家、艺术家、评论家、演员、主持人等。

第四篇 异想天开
——唤醒孩子的思维潜能

> 人的思维在大自然中不过是一株芦苇，但这是有思维能力之苇。
> ——帕斯卡
>
> 思考会变成一种激发智力的刺激。
> ——苏霍姆林斯基
>
> 我没有什么特别的才能，不过喜欢寻根刨底的研究问题罢了。
> ——爱因斯坦

1. 鼓励孩子自己动脑思考问题

伟大的物理学家爱因斯坦说:"学会独立思考和独立判断比获得知识更重要。"他还说:"不下决心养成思考习惯的人,便失去了生活的最大乐趣。"有的父母把一切事物都安排得十分妥帖周到,从来就没有什么事需要孩子自己去考虑、去想办法、去解决、去处理,长此以往,不利于孩子思维潜能的激发和解决问题能力的培养。

父母要引导孩子养成独立思考的习惯,给孩子创造一个思考的空间。孩子的头脑变聪明的关键是给孩子思考的机会,启发孩子自主动脑思考问题。

那么如何做才能启发孩子动脑筋想问题呢?

如果今天以与昨天相同的方法顺利度过,那么我们就不需要动脑思考什么,只要以与昨天相同的方法就可以处理今天的事情。

但我们的大脑之所以开始活跃,是因为今天遇到了用昨天的方法解决不了的事情。美国心理学家布鲁姆对幼儿到成人的智力发育情况做了追踪研究,结果表明,0~4岁儿童的智力发育程度完全可以决定18岁以前的智力最高值,即0~4岁智力直线上升的孩子,其以后也会保持这个速度，到了18岁高峰期时达到最高水平。相反，智力缓慢上升的孩子，到了18岁高峰期时，也完全处于低水平。决定智力上升程度的绝大部分因素在于孩子周围有多大的刺激。

比如，某小学在带学生到百货店买东西时，要求每位学生只能带50元钱，尽量用这些钱多买有用的东西。最初，他们感到不知所措，但两个小时之后，他们都独立完成了任务。这个例子恰恰可以发现孩子头脑的灵活性。因此，当孩子遇到困难时，切勿代替孩子做出"结论"，对于孩子来说，遇到困难时恰好是思考的最佳机会。

那么这个时候父母是否做旁观者呢？从旁边做适当的指教是必要的，但却有不同的处理方式。比如，当孩子在马路上摔倒时，美国的母亲只说几句鼓励的话，然后看着孩子直到他站起来为止；日本的母亲大多数会马上跑过去把孩子扶起来；有的非洲民族则是模仿孩子，反复与孩子一起摔倒，但也不去扶他。

美国人以鼓励的语言引导孩子自己站起来，非洲人以父母摔倒后自己站起来的无声的实际行动教育孩子，从侧面帮助孩子自己站起来。他们都不会像日本人那样亲自动手帮孩子解决困难。因为孩子具有自我思考的能力，所以大人只要唤醒孩子的思维潜能，引导其做好思考的准备就可以了，切勿代替孩子做出"结论"。

我们来看一看张肇牧的故事。

肇牧十分喜欢做实验性游戏。当听到爸妈说，要做有趣的实验游戏时，肇牧都非常高兴。这次与往常一样，由爸爸说，他动手。

"肇牧，从你的玩具中，找出两个同样大的杯子，一个比杯子大的碗或者是锅。"

肇牧将三样东西拿来了。"爸爸，你看行吗？"爸爸满意地说："行。你用锅装些水来，并且将水分别倒进两个杯子，两个杯子的水要一样多。"肇牧按示意进行。然后爸爸问肇牧："你看这两个杯子的水，是不是一样多呀？"肇牧左看看右瞧瞧，说："啊，是一样多。""你将一个杯子的水倒进锅里，你再看看，是锅里的水多呀，还是杯子的水多？"谁知肇牧不假思索地给了爸爸满意的答复："一样多。""为什么？你看锅里的水这么少，杯子的水那么多，怎么是一样多呢？"肇牧从容地说："爸爸你看，这是两个同样大的杯子，我倒进的是同样多的水，然后再把这个杯子装的同样多的水倒进了锅里，因为锅比杯子大，所以看起来锅里的水像是少些，其实它们一样多。"

这是一个年仅4岁10个月的孩子，他回答得如此肯定，而且思维清晰，语言表达准确、完整！

当普通人拘泥于一种思维方式而没有任何创新时，优秀人物往往表现出一种独特的思维方式，但正是这种独特的思维方式给他们带来了无数的成功机遇。正如牛顿看到苹果落地会感到惊讶一样，这种思维能力将人的思考引向深处。而这种思维上的潜能应该在童年时代加以引导和鼓励，因为孩子总是喜欢做出不同凡响的事来吸引大人的注意，要利用孩子这种心理来引导他们。

有一类问题，它的正确答案往往是唯一的。还有一类问题，可能有多种答案——有时问题在开始时并不十分明确。其实日常生活中遇到的大量问题都属于这种类型。解决这类问题，除了要努力明确问题外，还要打破平时习惯想法的束缚，将自己的思想从不同途径、不同角度扩散开去考虑，这叫"发散思维"；而问题的答案，往往是很多个创造性的设想，并且不能绝对地说哪个设想最好。

小学二年级学习数学的时候，学生们都能按照老师的要求，从低位向高位顺序运算，唯独肇牧别出心裁，从高位到低位进行运算，经老师指出后，他仍一意孤行。

爸爸妈妈问他时，肇牧振振有词："左边算到右边是爸妈想出来的窍门。"

听这么一说，爸妈意识到，肇牧虽然违背规律进行运算，却透露出一种萌芽状态的独创精神。于是爸妈在对他的"找窍门"给予充分肯定之后，循循善诱地引导他，对自己周围的事物要多方位地观察，对思维结果还需验证，验证的标准就是它的实际效果。然后，爸妈与他一起分析此种运算的弊端。最后，他心服口服地忍痛割"爱"了。

孩子总是要长大的。父母要充分尊重孩子的主体地位，让孩子从小树立主体意识，从各方面给予他"参与"的机会，唤醒他思维的潜能。小学三年级一次数学考试中，肇牧对其中一道题有异议，爸妈马上去见数学老师，父母和老师一起鼓励孩子要有勇气，大胆叙说，据理力争。当确定孩子的异议是正确的时候，爸妈就告诉他，即使书本也有不正确的地方。他们并不认为"听话"是好孩子的唯一标准，他们要求他对父母和老师不要一味地服从和依赖。在父母的精心培养下，他的思维、判断和推理能力也得到了提升。

父母该如何鼓励孩子自己思考，唤醒孩子思维的潜能呢？我们给父母的建议是：

引导孩子认识思考的意义。为了让孩子养成经常用自己的头脑去思考问题的习惯，在说"好好想想""努力"之前，首先要引导孩子自己认识到思考的意义。与父母强迫孩子在学校获得好成绩相比，为了阅读电视节目表而认字，对于孩子来说实际得多。只有孩子自己能够确定这些实际目标，才能产生热情。由父母一方施加的目标，很有可能使孩子忘掉思考的重要性。

创造一种思考的氛围。这对孩子形成独特的个性、创新意识很重要。父母不能因为孩子小，需要成人照顾而把他看成是成人的附属品。孩子也是一个完整、独立的个体，应该允许他有自己的世界、有自己的空间。有句话说："什么样的父母，就有什么样的子女。"可见，父母对于孩子潜能的激发具有非常重要的作用。因此，在父母努力启发孩子自己思考时，不要忘了同时也要提高自己的思维能力。不必在孩子与孩子间制造竞争压力，也不必为了激发孩子的思维潜能，而将家庭生活弄得紧张、沉重，更不必一改常态，变成严肃又过分认真的父母。真正成功的思维能力的缔造者，是能与孩子一起学习、一起成长，像个挚友般地倾听孩子的心，了解孩子的举止，知道何时给他掌声、何时扶持他一把，从来不嘲笑、从来不气馁，没有命令、没有压制的人。

给孩子一个独立思考的机会。孔子说过："学而不思则罔。"这句话说明了学习与思考的关系，它强调了思考的重要性。当孩子有疑问时，他们便开始一连串地问"为什么"，父母如果正确引导，不压抑他的好奇心，孩子的求知欲必定会越来越旺，因为孩子的好奇正是探究新奇事物的开始。翻开历史，我们可以发现几乎所有的科学人才都有超出常人的强烈好奇心，如居里夫人、爱迪生、达尔文等，他们都是从幼年时期即有相当强烈的好奇心。常常听到父母抱怨自己的孩子不爱动脑筋，懒得思考。不知道各位父母有没有问过自己，在孩子成长的过程中，你给他思考的机会，去唤醒他的思维潜能了吗？如果不能确定，那就从下面这些方面检查一下自己吧：

经常对孩子说："你想想看吧！"

多给孩子出难题。

当孩子遇到困难时，不要立即给他最后的帮助。

当孩子解决难题时，要承认并夸奖他做对的部分，而不要指出他的错误。

不让孩子做过多的检测题。

当孩子自言自语时，别干扰他。

不用高压手段来说服孩子。

孩子所画的画，不管画得多糟，一定要问他画的是什么。

买玩具要鼓励孩子自己选择。

一次鼓励孩子做两件以上的事。

当物品缺乏时，让孩子想想有无代用品。

尽量不用答案是"是"或"不是"的问题来对孩子提问。

不管孩子问的问题如何荒唐，你都要认真地回答。

对孩子所提的问题，即使你全盘了解，也不要给他百分之百的答案。

用"如果"来反问孩子所提出的问题。

孩子想说而说不出时，你不要帮他说出来。

注意引导孩子使用连接词。

对孩子的奇想要进行评价。

不要打扰孩子正热衷或专心做的事，即使到了该睡觉的时间。

对孩子的"新发现"，要率直地表示惊奇。

引导孩子做事时，要一边用语言解说一边引导。

和孩子玩"后来呢"的游戏。

鼓励孩子尽情表达。当孩子做出某项决定时，你可以问他："除此之外，还有没有别的方法？"

如果您有哪些方面还做得不够，那就赶快从现在开始，多给孩子一些思考的机会吧！

启发孩子的思考可以从以下方面努力：

鼓励孩子养成打破砂锅问到底的习惯，激励孩子凡事常问个"为什么"。对孩子的提问，父母要努力表现出兴趣，与孩子一起去思考，去寻求未知的答案，这样孩子提问题的欲望就会不断增强。

不阻止孩子探索性的行为活动。如孩子为了看个究竟，拆卸了玩具和物品，大人不要生气、谴责。

倾听孩子有意义的"瞎说"，允许孩子有"稀奇古怪"的想法。如遇到交通堵塞时，孩子向你描述他要造一种带翅膀的汽车，如何在天上

飞过去时，父母也可在旁边添油加醋。

欣赏孩子的自由绘画，多给孩子一些启发式的指导。如孩子画汽车，可以问他：汽车是开在田野里还是大城市里？车上有几个人？司机是男的还是女的？

要让孩子有单独玩耍的时间和空间。当孩子在自己房间专心地玩时，不要随意打断他。

2. 培养一个有创意的孩子

人的思维有惯性。人一旦采用某种思维方式获得成功后，就会形成一个定式，碰到什么问题，都要用老经验去试一试，按固定的模式去验证。

15 世纪末，伟大的航海家哥伦布远航发现了美洲大陆，有人把他看作英雄，有人则不服气。在庆功会上，有一个人站起来说："这没什么了不起的，只要驾着帆船一直向西航行，就能发现这块大陆。"哥伦布听后并不生气，他从容地站起来，从桌上拿起一个鸡蛋，对在场的人说道："这是一个普通的鸡蛋，你们能不能把它竖起来？"

人们左右摆弄鸡蛋，可怎么也竖不起来。

这时，哥伦布拿起鸡蛋在桌上轻轻一磕，蛋头上碎了一点壳，鸡蛋便稳当地竖了起来。哥伦布说道："这是件很容易的事情，但你们都没能做到，现在我做到了，你们也能做到了。但在第一个人做到以前，别人就一直做不到。"

曾看过一则广告，画面上有四盏灯，从左到右依次排列着。第二盏灯对第一盏明灯说："我有一个想法，想去做。"第一盏灯回答说："可以做到吗？"第二盏灯变得略暗；第三盏灯对第二盏灯说："我试试看。"第二盏灯回话说："很难吧！"第三盏灯变得更加昏暗了。第四盏灯对第

三盏灯说:"周围的人都不同意我去做。"第三盏灯回话说:"那就算了吧!"第四盏灯最终熄灭了。

成功的父母都有一个共同的特点:他们在教育上有一种核心能力,并且会持之以恒地做下去。有两个北大的博士生谈起他们童年的故事,其中有两件事给我留下了深刻的印象。一位说,他在上小学时,每个周末别的孩子都在上各种各样的兴趣班,而他的父母则带他去郊外玩耍,一天下来兴致勃勃。在回家的路上,他会随意地摘下一些花花草草,到家后用这些花草又是建房子又是做花园,再配上几句小诗,忙得不亦乐乎!这大大地开发了他的想象空间。

而另一位博士生的父母注意到他对广告片特别着迷,因此就有意识地鼓励他设计广告词、广告画。一次,爸爸鼓励他设计了一个鸡翅的广告:一个卖鸡翅的车子被推着在全国各地到处跑的图画旁有一句广告词"吃了一口,满齿留香"。

有创意的父母才能养育出有创意的孩子。

有时孩子在回答问题时往往"人云亦云",不能提出自己的看法,这说明孩子缺乏独立性思维。如果孩子缺乏独立性思维,父母必须引起重视。

培养一个有创意的孩子,我们给父母的建议是:

鼓励孩子做动手、动脑的游戏。

孩子看书时,鼓励他多提问题。

有空带孩子去博物馆、图书馆等地方,丰富其知识。

定期接触或参与科学讲座,适应氛围。

鼓励孩子融会贯通地学知识,而不是读死书。

对孩子提的问题,自己解答不了的,实事求是地说,然后与他一起查资料找答案。

孩子有了异想天开的猜想时，鼓励他，并与他一起分析，而不是打击他。

鼓励孩子养成良好的思维习惯，遇到困难不退缩，坚定信心。

给孩子思考的空间。父母在与孩子的相处与交谈中，要经常以商量的口气进行讨论式的协商，留给孩子自己思考的余地，要给孩子提出自己想法的机会。父母可根据交谈内容经常发问，如"这两者有什么关系？""你觉得怎么做会更好？""你的想法有什么根据？"等，以引起孩子的思考，唤醒孩子的思维潜能。对于已上学的孩子，可采用启发式提问，诱导孩子逐步展开思考。当孩子在想问题时，父母不要太热心、太性急，而应该留给孩子足够的思考时间。尤其不要直接把答案告诉他们；孩子答错了，可用提高性的问题来帮助他们思考，启发他们自己去发现和纠正错误。

❀ 3. 挖掘、锤炼孩子的创造力

美国教育家德波诺指出：高智商并不一定伴随着全面的思维技能。高智商常常只限于做学问的狭小范围内。聪明与智慧的区别：聪明属于高智商，而智慧则属于思维的技能。

教育就是教人知识与思维。知识并不能代替思维，如同思维不能代替知识。在实际生活中，知识从来就是不完全的（因为我们处理的事情往往涉及将来），所以我们需要思维。

创造力是一种思维能力，并不是漫无边际、天马行空式的创意，而是能提出问题、解决问题、创造新事物的能力。历史上有很多有成就的人，本身智商不是很高，书也不是读得呱呱叫，但因为他们点子多、心思巧，遇到问题决不放弃，所以成就反而比一般人高出许多。

在一项"创造力发展调查"中，在近5 000份问卷中，有三成的人认为自己"没有创造力"或"很没有创造力"。尤其是女性，认为自己没有创造力的比例远高于男性。年龄超过60岁的受访者，认为自己"非常没有创造力"的比例更是高得惊人。同时，也有三成的人，认为自己的爸爸没有创造力，有三成的人，认为自己的妈妈没有创造力。

1994年，澳大利亚、新西兰、印度、中国等国家和地区参加了"未来家庭娱乐产品概念设计大赛"。中国共有20所学校1300多名选手参赛，真可谓阵容强大，气势磅礴。然而，比赛结果却令人寒心，两个组的冠军、亚军、季军，中国孩子连边也没沾上，最后只获得一个带有鼓励性质的纪念奖。在闪耀着想象大胆、构思独特的作品面前，中国孩子的作品显得那样苍白，那样缺乏独创性，这怎能不令中国的父母感到震惊？

世所周知，中华民族是一个富有智慧的民族，中国孩子智商高，在各类知识性考试中往往是出类拔萃的，但中国孩子的创造力为什么不如人家呢？一个重要原因就是缺乏思考的大脑，家长缺少唤醒孩子思维潜能的意识。

挖掘、锤炼孩子的创造力，我们给父母的建议是：

要善于对待孩子的提问。问题是思维的起点，发问对于启发孩子是很重要的。要想激发孩子的潜能及创造力，父母必须掌握向孩子发问的形式和技巧。要善用发问的技巧，也要学会听孩子发问。因为这既有助于增进亲子关系，更可激发孩子的思考潜能，同时可提升其表达能力。

发问时，不要只问对或错的封闭式问题，最好依据孩子的能力，问一些开放性问题，如茶杯有哪些用途，多少加多少等于10？等。

台湾学者陈龙安总结的发问"十字诀"为假、例、比、替、除、可、想、组、六、类。

"假"：以"假如……"的方式和孩子玩问答游戏。

"例"：多举例。

"比"：比较东西和东西间的异同。

"替"：鼓励孩子多想些有什么是可以替代的。

"除"：启发孩子思考"除了……还有……"

"可"：可能会怎样。

"想"：鼓励孩子想象各种情况。

"组"：把不同的东西组合在一起会如何。

"六"：就是"六何"检讨策略，即为何、何人、何时、何事、何处、如何。举例来说，孩子要去郊游，就可和孩子讨论请谁一起去，何时去，为何要去，到哪里去，带什么去等问题。问题越多元化，孩子所受到的思考刺激就越多。

"类"：多和孩子类推各种可能。

鼓励孩子养成发散思维的习惯。我们经常碰到以下两类问题。一类问题，就像课本上的习题——提出的问题很明确，要求我们运用已经学过的某些知识作答，且正确答案往往是唯一的。这就像"1＋1"只能等于2，等于别的就意味着错误。另一类问题，就是可能有多种答案的问题。其实我们日常生活中遇到的大量问题都属于这种类型。解决这类问题，就要打破平时思维习惯的束缚，从不同途径、不同角度扩散开去考虑问题，这叫"发散思维"；而这个问题的答案，往往是很多个创造性的设想，并不能绝对地说哪个设想最好，只能根据实际情况，评定某个设想更为合适。

比如"回形针有什么用？"这样一个问题，有兴趣的话，您可以先考考自己的小孩。发散性思维要求一题多解，如回形针除了可以用来"别住纸张"外，还有以下的用途：别住"服务员"或"小队长"等标志；代替发夹，夹住散乱的头发；代替领带夹子；假如有很多回形针的话，可以把它们联结起来，成为链条；可以把回形针的一头拉开，代替牙签，剔除牙缝中的食物残渣（当然最好不要这么做）；可用它剔除地板、桌子缝和指甲缝的脏东西等；必要时，可以把整个回形针拉直，当作鞋带使用——把它穿过鞋带孔扭结起来；把回形针缝在窗帘布上端，代替窗帘圈；将它别在纸模型飞机的头部，做重锤用；将许多回形针串联起来，还能做项链……

提高孩子的理解能力。思维活动常常是在理解的基础上进行的，但由于幼儿的大脑发育尚未完善，他理解认识事物往往需要以语言和动作为媒介来进行。因此，我们要注意用语言和动作相结合的方式来训练孩子的理解能力，进而唤醒和发展孩子的思维潜能。

在日常生活中，成人可以用缓慢而清晰的语言教小孩认识事物。如告诉小孩子"这是灯""这是小猫……"，并找人或物鼓励孩子自主复习、巩固。若再次问小孩"灯在哪里"，小孩不懂时，成人可用手指给他看，帮助他理解作答。孩子长大一些后，可以通过引导他"做事"，让他理解一些动词的含义。在讲解"走""跳""躺下"等动词时，可做相应的动作帮助孩子理解，也可引导孩子借助动作来表示对话语的理解，如点头表示"同意"，摆头表示"不要"，招手表示"再见"等。

另外，还可引导、训练幼儿理解事物的特点，通过成人的语言、声调、表情和手势，帮助孩子理解什么可行、什么不可行。父母还要注意观察、理解孩子自创的语言。

提升孩子比较认识事物的能力。在日常生活中父母可引导孩子比较大小、粗细、长短、高低、深浅、多少、冷热等。通过比较事物的异同，可发展孩子的认识能力。

（1）比较大小。找一些可比较大小的实物，如玩具、建筑物、生活用品等，引导孩子进行比较。孩子通过自己的思维活动，指出哪个最大、哪个最小，哪个比较大，等等。

（2）比较粗细。给孩子提供一些可比较粗细的实物或在纸片上画出粗细不同的物品，鼓励孩子从中比较、辨别粗细。

此外，父母还可采用类似的方法，提供给孩子一些长短不一、高低不等、深浅不均、多少不同、冷热有别的实物材料让孩子去比较，在比较过程中唤醒、发展思维潜能。

提高孩子的归纳概括能力。给孩子提供大量的实物或图片，鼓励孩子按照事物的性质、特征、用途等进行分类。

实物训练法。可以将玩具、食品和生活用品混合在一起，引导孩子把玩的、吃的、用的东西分开；可找一些具有相同之处的物品，如颜色相同的物质、形状相似的物品、用途相同的物体，启发孩子观察、思考，概括出它们的共同特征；可以鼓励孩子按某一标准，把各种不同的、符合某一要求的事物归类，比如引导孩子把家中绿色的物体指出来等等；还可以指导孩子根据需要整理自己的玩具、衣物等用品。

图片训练法。给孩子买一些有彩色图画的卡片，或从废旧杂志、画刊上剪下一些食品、动物、生活用品的图案，将它们贴在硬纸上制成卡片，引导孩子做些游戏。例如，父母找出几张卡片，将它们放在一起，使其中的一张与其他几张呈现两种不同的类别，鼓励孩子把这张卡片挑出来；或是向孩子出示一张卡片，启发孩子在若干张卡片中找出它的同类；也可以先告诉孩子某一类事物的概念，然后引导孩子把属于这一概念的事物归类。另外，还可给孩子若干张卡片，要求孩子根据事物的某一特点，把几种不同的事物归成一类，并引导孩子说出这样做的理由等。

挖掘孩子的分析判断潜能及推理潜能。父母可说出某些事物或人物的基本特征，鼓励孩子说出它们的名称；或者说出一些谜面帮助孩子分析猜出谜底。在日常生活中，父母可鼓励孩子观察相反的事物，如引导孩子观察两个人，一个讲礼貌，另一个不讲礼貌，提高孩子判断是非的能力；或者是父母自行构思设计后讲给孩子听，指点孩子思考判断。父母还可在生活中有意造成一些明显的错误，如把纽扣扣错、筷子拿倒、衣服穿反等，让孩子发现问题，并鼓励孩子用完整的话说出错误，激励孩子纠正错误，启发性地引导孩子分析产生这些错误的原因；或者是故意说错一句话，如"小狗飞起来真好看""这是我明天买回来的布娃娃"，或者故意画一幅有错误的画，如"老山羊和大灰狼在一个笼子里关着""烈日下的小姑娘穿着雨衣雨鞋"等，鼓励孩子判断对错，引导孩子分析错误的原因。

激发孩子的逻辑思维能力。父母可以给孩子两个不相关的事物，鼓励孩子说出一句话，或者编出一个小故事，把二者联系起来，比如引导孩子用一句话把水和火联系起来；也可给出一件事物，激励孩子说出与它有联系的事物，如孩子需要说出与飞有关的动物名称；或者给孩子提供两组相互关联的事物，孩子能够画线把它们连在一起。父母还可给孩子讲故事，但不要说出最后结局，鼓励孩子推断、预言故事的结果。

训练孩子思维的独立性和创造性。经常向孩子提出一些与其生活、学习、娱乐有关的问题，这样孩子就可以通过独立思考后做出回答。鼓励孩子大胆创新，放开思路去想。例如，孩子的小皮球滚进地洞里去了，你要鼓励孩子自己动脑筋想办法把球取出来。若孩子想出了一种办法，可激励或提示他想想看还有没有别的办法。

相·关·链·接

◆认识思维

思维是借助言语、表象、动作等形式，形成对客观世界的概括和间接的认识，并在问题的解决中加以运用的过程。

思维所把握的，是客观事物感知特征背后的一般属性，是经过抽象、概括达到的；思维不是信息的直接输入或恢复，而是在当前刺激和已有知识的基础上，进行分析、判断、推论等复杂的认知活动而产生新的信息，这在各类问题解决的过程中有直接的表现。

思维是人的高级认识活动，通过思维，人们可以认识感知所不能直接反映的事物，透过现象看本质，掌握事物之间的联系，并可以借助眼前事物了解其他事物，间接地预见和推知事物的发展。

在人们的实践活动中，思维的作用无法估量。思维为人们提供了客观世界的本质和运动规律，人们运用这些规律推动了科学技术的发展；

科学技术的进步，又向人类的思维提出更高的要求。这种周而复始的循环式的推进，使人类的思维经历了一个从低级到高级、从简单到复杂、从具体到概括的发展历程。

思维的概括反映，为人们抓住事物的本质提供了科学的方法。例如，人们通过眼、手感觉到了各种钢笔、铅笔、毛笔的存在，感官所得到的是这些笔的颜色、构造；而经过思维以后则可以舍弃笔的外形、颜色、制作材料这些特征，概括出"笔"是书写工具这一本质特征。

思维的间接反映，就是以其他事物为媒介，借助大脑已有的知识信息、经验来反映客观事物。例如，虽然没有看见风吹坏门窗玻璃的实际场面，但刮大风时人们会立即关好门窗。

科学家、思想家、文学家等所做出的杰出贡献都是思维的产物。因此，引导儿童的思维能力的发展是提高智商过程中既复杂又重要的工作。

思维是一种看不见、摸不着的大脑高级神经活动，它不像其他事物那样可以明显地表露出来，有时能借助动作（双手捧头）、视觉凝神等表现方式显现出来，但大多数思维过程是外人无法觉察的。

◆ 高思维潜力孩子的思维活动表现特征

1. 思维范围比较广阔

思维能力较强的孩子在考虑问题时，能够全面地看问题，不是只看问题的某一侧面，而是能考虑到各种有关的因素，不仅看到某个单独的因素，还能够着眼于事物之间的联系，从多方面去分析、综合、比较，从而找出事物的本质，而不会被外部的表面现象所迷惑。

2. 思维过程善于独立进行

独立思考是思维能力较强的孩子的标志之一。遇到难题，不是马上去问老师、问父母，而是要自己先苦苦思索一番。这类孩子在问题的思考上，不肯盲从他人，他们不容易接受别人的暗示或影响，也不轻易动摇自己的观点。比如，思维能力较差的孩子遇到数学难题，一般都急于想完成它，不去苦苦思索，而是求父母代做。思维能力较强的孩子却宁愿思考三两天，直到自己把问题解决出来才满意。

3. 思维速度敏捷，思维方式灵活

思维敏捷的特点在于，这些孩子能够很快地抓住问题的本质、找到问题的关键，从而迅速地提出解决问题的方法。思维灵活的表现在于，这些孩子不墨守成规、因循守旧，而是善于打破常规，因地制宜地按照不同的条件、时间、材料、对象等去灵活地改变思维方式。

一般孩子面对问题时，常常自觉或不自觉地墨守成规，依然用以前用过的方法去解决它。一旦成功，就沾沾自喜；一旦失败，则束手无策！这些孩子的思路比较狭窄，方法比较单一。

鉴别这两类思维的最好办法是观察孩子的解题过程。思维敏捷而又灵活的孩子，看到一道题后，先看题目的已知要求，然后去理解题目的内容。经过这些准备后，他会选择合适方法去解题，一旦发现此种方法不行，则立即放弃而去寻找别的方法。而一般孩子则见题就"套"住了，进而弄得他满头大汗、晕头转向，很长时间还是解不出来。发现孩子属于前一类型，应该鼓励他，使他加快向这方面发展；发现孩子属于后一类型，则应鼓励他向前一类型发展，摒弃因循守旧的毛病。

4. 思维程式逻辑性较强

有些孩子说起话来语无伦次、词不达意，老是"东一榔头西一杠子"地让人摸不着头脑。而思维较强的孩子则能准确无误、层次清楚地叙述问题。这说明思维能力较强孩子的标志之一是思维具有一定的逻辑性，他们具有一定的逻辑推理能力。

思维具有逻辑性，是指在思考问题时能遵循逻辑规律而进行有理有据的判断和推理，即能从已知事实中推出新知识，得出一个结论的能力。

◆思维发展状况

1. 1～3岁幼儿的思维

这个时期的幼儿基本属于动作思维。他们不能先想好了再去行动，而是在行动中去思考。例如，只有当坐在长板凳上时才想到骑马或抱起娃娃时才想到做妈妈，一旦离开了板凳和娃娃，骑马和做妈妈的思维也就停止了。

2. 3～4岁幼儿的思维

3～4岁时，幼儿的思维有了新发展，即孩子的具体形象思维发展起来了。这种思维是依靠对具体事物形象的联想而进行的。例如，幼儿在听故事时，是依靠头脑中出现的故事人物及言行的具体形象来理解故事的。幼儿所理解的"好孩子"不是抽象的，而是现实生活中具体的小朋友。由于幼儿是依据事物的外部联系来思维的，对事物的认识通常只停留在表面、片面、不深刻的层次上。例如，孩子印象中的老师是指幼儿园的阿姨，而当他看到父母把一位白发苍苍的老爷爷也叫老师时，就会感到奇怪："他怎么也是老师啊？"

3. 5岁幼儿的思维

5岁的幼儿常常把皮衣领子或鸡毛掸子叫"猫"，把驴、马、骡、鹿都叫"马"，把汽车、火车、电车都叫"嘀嘀"。可见，此年龄段的儿童已能根据客观事物的外部特征，进行一定的总结，这是最早的、最简单的思维，即直觉行动思维。这时的思维只有在直接感知具体事物或在行动中才能进行。比如，父母问一个4岁的孩子："怎样才能拿到桌上的勺子？"他并不回答，而是跑过去拿，这边拿不到就转到那边，左手够不着就用右手去抓，实在拿不到了就回头看着爸爸妈妈。他不是先想怎样拿再跑去拿，而是边拿边想。

4. 6岁幼儿的思维

随着知识、经验的不断丰富，语言的进一步发展，孩子的思维逐渐向概括、抽象的方向发展。在 6～7 岁的幼儿经验所及的范围内，他们能够根据事物内部的特点概括事物，从而出现高级思维形式——抽象逻辑思维。例如，一个幼儿园中班的孩子对妈妈说："妈妈，今天老师表扬我了，因为我当值日生，把桌子擦得很干净，把大苹果分给大家，小的留给我自己了。"

6 岁幼儿期的思维基本属于形象思维，幼儿不能脱离直接的事物形象或记忆中的表象去单独思考问题。尽管他们知道几加几等于几，但绝不是对抽象数字的运算，而是凭借摆在面前的数个苹果或脑中数块糖果等的实物表象进行计算的结果。从幼儿末期到少年期以后，抽象思维逐渐发展为主要的思维类型。

◆ **在游戏中发展孩子的思维能力**

• **找相同点**：通过观察，训练孩子的分析、综合能力。

父母将梨和橘子放在一起，对孩子说："梨和橘子有许多相同的地方，究竟有哪些地方相似呢？"父母可以和孩子相互说或引导孩子自己单独说"能吃""好吃""都有颜色""树上结的"等。另外，还可举出孩子所熟悉的动物、植物等，鼓励他找出相同点。也可以鼓励孩子说说家庭成员之间的相同点。在找相同点时，不必局限于固定的观念，可让孩子从更广泛的范围上去考虑。在这个游戏中，如果孩子觉得太难，经启发仍不能找出相同点，这个游戏可改为找不同点。

• **拼图游戏**：训练孩子由局部推断整体的思维能力。

父母平常多收集一些图片，从中选出孩子熟悉的事物图片，用硬纸贴在底面使图片加厚。把图中主要的人物或物品的重要部位切开，大概分成 2 片、3 片或 4 片不等。先取分成两片的图片指导孩子试着拼，如果孩子拼不到一起，可先示范一次，然后再鼓励孩子学着拼，等熟练以后，孩子就能够自己试着拼分成 3 片、4 片的图卡。最后将所有的碎片完全

混杂在一起，孩子就可以独立地将每一种图卡拼好。

所选的图片，应是孩子所熟悉的，如兔子的图片。选择图片时，应注意最好一图一物。其内容以动物、人物、水果最佳，房屋、植物次之。风景画最好不要用。

• **来找一家"人"**：训练孩子的分析、归纳能力，促进孩子思维能力的发展。

父母为孩子准备废旧画报若干张、剪刀。引导孩子从废旧画报中找相同或相近的图归类。找到相同或相近的图画，就将其从画报上剪下来放在一起，一边做一边说，"这是汽车，汽车和汽车是一家""这是树，树和树是一家""这是花，花和花是一家""这是房子，房子和房子是一家"，等等。最后数一数，看谁家的"人"多。

在游戏中，孩子剪图形时，不必沿着图形边沿剪，只要将图形完整地剪下来即可。游戏结束，数哪家的"人"多的时候，如果孩子不能数清，父母可在一旁帮忙数。

• **摆盒子**：发展孩子的大小概念，促进孩子思维能力的发展。

父母帮助孩子准备一些大小不同的盒子，问孩子："这是什么？"孩子回答以后，父母接着说："对，这是盒子。哪个盒子最大？哪个盒子最小？"等孩子指出来以后，再鼓励孩子把这些盒子从小到大排起来。

在刚开始玩游戏时，父母先提供给孩子三四个盒子，激发他的兴趣；等孩子熟练以后，再增加盒子的数目。

• **掂一掂、猜一猜**：训练孩子推测事物性质的能力。

父母准备一小块木头、一小块铁、一小块泡沫塑料和几块手绢，等孩子看过后，再用手绢分别把木头、铁、泡沫塑料包起来。然后鼓励孩子掂一掂，说出是什么。如果孩子猜不出来，父母可以继续启发，问："哪块重？哪块轻？什么东西重呀？"只要孩子说出哪块重或轻以及重或轻的东西是什么，父母就可以表扬孩子。最后把东西放在桌上，打开手绢，看看里面到底是什么，以证实猜测，加深印象。

感知事物的一两个特征，推测事物性质的能力是思维的过程，孩子需要想象、记忆和猜测。

● **找"镜子"**：训练、发展孩子的求异思维能力。

父母用盆装一盆清水引导孩子往里面看，问："你看见盆里有什么？"孩子可能会说："我的脸。"父母可继续启发孩子："你在做什么？"孩子可能会说："在照镜子。"父母要肯定孩子的答案，并问："用水可以当镜子照，那么你能不能想出，还有什么东西可以像镜子一样照出人来呢？"如果孩子想不出来，父母鼓励他："找一找，看什么东西能照出你来？"父母可有意把孩子领到厨房，当孩子在不锈钢锅上看到自己时，他会很高兴。父母继续鼓励他揭开盖子往里边看，看还能不能看见自己，再用盖子也照一照。

家里还有很多东西可以像镜子一样照出人影，如不锈钢汤匙、玻璃板等。在游戏进行时，父母可多给孩子一些思考的时间，不要急于告诉孩子答案，以充分发展孩子的思维力。

● **接力算**：活跃思维，训练孩子思维的敏捷性和反应能力。

准备一些纸以及10以内加减计算题。请一位小朋友和孩子一起来玩。给两个孩子发相同的题，让孩子们快速依次地计算问题，算得对且快的孩子为胜。

父母应根据孩子自身的特点和水平出题。游戏进行时，所用的题应由易到难。

成·功·范·本

著名科学家爱因斯坦

爱因斯坦（1879—1955），美国物理学家，生于德国的乌尔姆。他少年时代就具有敏锐的观察力。中学毕业时，爱因斯坦的数学就已达到了大学水平。他自修物理，16岁时写出了第一篇题为"关于磁场中的以太的研究现状"的论文。1901年爱因斯坦取得瑞士国籍，1933年因纳粹政权迫害而迁居美国，加入美国籍，此后一直在普林斯顿高级研究院从事物理研究工作。爱因斯坦在物理学领域中有重大贡献，其中最重要的是创立了相对论。相对论的建立是人类对于自然界认识过程中的一次飞跃，它加深了人们对物质和运动的认识，具有划时代的意义。1905年，爱因斯坦因发现"光电效应定律"而荣获诺贝尔物理学奖。

在一次盛大的宴会上，一位满头银发的老人身旁坐着一位十几岁的女学生。少女漫不经心地问老人："你是干什么工作的？"

"我在学习物理学。"老人十分谦虚地回答。

"这么大年纪还学物理干嘛？我在一年前就学完了！"少女大惑不解，把双眼瞪得圆圆的。

旁边的人听完哈哈大笑起来。

这位老人就是名扬四海、为物理学做出了巨大贡献的爱因斯坦。

3岁前不会说话的孩子

1879年3月14日，在德国的乌尔姆市的一个犹太人家庭里降生了一个男孩，他是头生，又是男孩，家里人很重视他。因此，全家人十分高兴。第二天，父亲便到市登记局报了户口，在居民登记簿上为儿子填了一个好听的名字：阿尔伯特·爱因斯坦。但随着爱因斯坦的长大，全家人的高兴被担忧所代替。

首先，这个小家伙长得有点怪，大大的脑袋几乎让他的身子站不起来，母亲因此怀疑自己生了个丑八怪。他的祖母则认为这孩子太胖了，她说几岁的孩子不该长这么多肉。小家伙对外界的反应较迟钝，不爱讲话，性格孤僻，他很少和别的孩子在一起玩耍，总是独自躲在不起眼的地方。最令人担心的是他不会说话。比他后出生两年的妹妹都开始牙牙学语了，但他还只能吃力地吐出几个简单的字。

爱因斯坦3岁时还不会说话,父母都为他着急,他们带他去医院检查,可医生并没发现爱因斯坦有什么疾病,一切发育正常。

就在父母忧心忡忡之时,爱因斯坦突然说话了。

一个爱提问的孩子

6岁的那一年,父亲给爱因斯坦买了一个罗盘,他一下子对这个东西发生了兴趣。他拿着罗盘左右晃动,针也跟着他的晃动左右摇摆,但当一切都停止下来的时候,针还是指向原来的方向。

"爸爸,这个针为什么老是指向那个方向呢?"

"那是磁力吸引的原因,因为磁力的吸引它老是指着北方。"

"什么是磁力呢?"

"磁力就是……"

父亲被爱因斯坦的问题给问住了。到了上学的年龄,父母把他送进了附近的一家学校。但他碰到了一个很死板的老师。老师经常要求他们背诵课文,背不下就要挨罚,爱因斯坦因为拒绝背课文而经常受到惩罚。

爱因斯坦就读的中学,纪律更加严格,要求学生绝对服从学校和老师的管教,爱因斯坦更加感到压抑。他渴望得到一点轻松的东西。有一天,他与叔叔雅哥布聊天,谈到了代数。

"究竟什么叫代数呀?"爱因斯坦询问叔叔。

叔叔解释道:"代数这个东西,就是懒鬼算术,凡是不知道的东西,都把它叫作x,然后我们一步步地来找x,一直找到x为止,只有找到了x,我们的题目才算解出来。"

从此以后,爱因斯坦常常听叔叔讲趣味数学题,他对这种藏有x的数学越来越着迷,一放学就一个人在自己的桌子上算啊,找啊!

一把小提琴的力量

爱因斯坦的母亲有很高的文化修养。她懂文学,爱音乐,会弹钢琴,

小提琴拉得极好。闲暇时，她习惯坐在钢琴前，弹奏心爱的名曲，优美动人的琴声在幽静的宅院中飘荡。

有一次，她在弹贝多芬的奏鸣曲时深深地沉浸在贝多芬这位不幸的作曲家对人生、自然的独特理解中。忽然，她觉得身后好像有人，回头一看，是儿子爱因斯坦，看样子他在这儿已经站了很久。他歪着大脑袋，棕色的眼睛闪着智慧的光芒。从那变化的眼神和表情中，她发现孩子似乎被音乐所陶醉。他抓住了乐曲中抽象的音乐形象吗？他听懂了吗？可他还是个孩子啊！

母亲停止了弹奏，把儿子抱到怀中。"你听懂了，我的孩子，看你那神情像音乐家似的！告诉我，你喜欢音乐吗？你怎么一言不发……来，你来演奏。"她把儿子放到琴凳上，但儿子的小手够不着琴键。

她意识到自己有了重大的发现：尽管爱因斯坦显得不太机灵，但他并不傻，音乐可以开启他智慧的大门。她从儿子忽闪忽闪的眼光中看到了希望。

为了使孩子有一天能自己演奏，她开始经常拉小提琴，让小提琴的音符敲打他的心扉，启迪他的心智。

在母亲的琴声中，小爱因斯坦的想象力迅速发展，个性也变得开朗起来。

6岁时，母亲为他请了小提琴教师。从此，他就和小提琴结下了不解之缘。童年阶段，他在小提琴的乐曲中展开了想象的翅膀。读大学时，他多次以第一小提琴手的资格参加演出，博得无数掌声；优美的琴声还使他成为最受欢迎的房客；在后来的研究工作中，每当疲劳和心情不佳时，他总要取下墙上的小提琴。晚年他给自己创作的自画像的头就是一把小提琴。有一位著名的心理学家宣称，如果不是爱因斯坦的母亲发现他对音乐的天分和用音乐启迪他的心智，爱因斯坦的人生可能会是另一番景象；如果不是小提琴改变他的个性、改善他的人际关系和调节他的生活，爱因斯坦可能难以取得举世皆惊的成就。

一个指南针的冲击

小爱因斯坦对音乐的早慧使父亲很受鼓舞，父亲决定进一步挖掘他的潜能。当时的心理学已经证明玩具能帮助儿童发展潜能。但买什么玩具好呢？父亲认为科技方面的玩具对儿子智力发展的帮助最大。于是，他就给孩子买了一个指南针。

这个小玩意儿可把小阿尔伯特迷住了。吃饭时，他把这小玩意儿放在面前，睡觉时他把它捏在手中，简直爱不释手。他把这小圆盘转过来调过去，可那个带小红点的细针总是指着北方。

是不是自己调转方向的速度太慢了呢？他紧握着小圆盘，面对南方，屏足气后忽然猛地转身转向北方。但仔细一看，小红点仍然指着北方。他转动着一双大眼睛，百思不得其解。为什么会这样呢？小圆盘里有什么东西牵着细针吗？不会。那么，一定是小圆盘的外面有什么神奇的力量在吸引着这根针。

这种惊奇是一种巨大的力量，它不仅使小爱因斯坦想弄清指南针蕴含的秘密，更重要的是诱发了他对周围事物进行细心观察的兴趣和对许多事情刨根问底的爱好，而这兴趣和爱好正是他后来取得巨大成功的起点。

晚年时，爱因斯坦经常向别人谈起这件事，他常常用幽默的语言描述那个指南针给他的"冲击"。

勾股定理带来的自信

爱因斯坦进入中学时，正是普鲁士军国主义在德国泛滥的时期，学校也受到军国主义的影响。但他对这一切十分反感。每当他看到有些学生在音乐的伴奏下得意洋洋地操练步伐时，他便在心里暗暗地骂这些人头脑简单。更令他头痛的是那种呆板、强制的教育模式。除对数学、物理等课程感兴趣外，其他功课都使他厌烦透顶。

爱因斯坦的叔叔住在离他家不远的地方，每次来串门时，都要过问他的学习情况。他发现爱因斯坦对数学很有兴趣，就经常给他讲解代数和几何方面的问题。叔叔是一个十分幽默的人，他的讲解形象生动，爱因斯坦总是听得津津有味，那些由阿拉伯数字组成的题目，还有一些奇妙的定理，令他惊奇不已。然而，叔叔每次留下的那些习题又使他望而生畏，他有时甚至怀疑自己不是学数学的料。叔叔发现了他的困难，也看出了他的心思，经过仔细考虑，他给爱因斯坦出了一道有趣的数学题。叔叔说："AB+BC=AC，这是一道很有趣的几何题目，也是一个著名的定理。两千年前，一个有名的科学家证明了，你试试看，——如果你能证明，那就说明你是一个数学天才。"

叔叔的话具有很强的挑逗性和鼓动性。他想，小爱因斯坦即使解不出这道题，这道题也会进一步激发他对数学的兴趣。

爱因斯坦果然跃跃欲试了。

他待在小房里，一坐就是半天，双手支在桌上，反复思考。他翻看他能看懂的数学书，寻找解题的方法。每天一放学他就跑着回家，一回家就关进小房里。

三周过去了，他终于证明了这道题目。他高兴得在院子里飞跑。叔叔又来了，当他把证明结果给叔叔看时，叔叔惊呆了，——十几岁的孩子能证明这道题，实在不易。

成功地证明了这道题，坚定了爱因斯坦学好数学的信心，而叔叔的鼓励更使他信心倍增。

就在这一年，他如痴如醉地读完了欧几里德的平面几何学。

当他的同班同学还在全等三角形的浅水里练习"狗刨式"时，他已经在微积分的大海里畅游了。

爱因斯坦在16岁时开始主攻物理学，扎实的数学基础为他后来进行复杂而艰深的物理计算创造了良好的条件。

爱因斯坦的父母与叔叔从不同的角度启迪了小爱因斯坦的心智，激发了他对知识与科学的好奇心。可以说，是他们使一只丑小鸭变成了白天鹅。

爱因斯坦成功的道路，给了我们很多启示：

一是善于提问。孩子积极思考，主动提出问题，这对孩子思维的发展极其重要。在爱因斯坦的大脑里，有无数个疑问，这无数个疑问就是思考的产物。或许有些父母会问，如何才能引导孩子想问、会问，孩子怎样能够想问题并提出问题，一个重要的做法，是安排一个情境，以激发孩子想问的兴趣。安排"情境"，有某些技巧可依循。首先，让孩子感到好奇。如故事说一半，让孩子好奇地探寻结果；玩猜谜游戏，给一些暗示，等等。其次，鼓励孩子积极思考，主动提出问题。在孩子的天性中，有一种求知的欲望，他们心中原本有着无数个"为什么"，想了解这个奇妙世界的本来面目。因此，父母如果能够有意识地引导孩子，保护好孩子的好奇心，鼓励孩子积极思考，对孩子的提问努力表现出兴趣，与孩子一起去思考，去寻求未知的答案，孩子提出问题的欲望就会不断增强。

二是顺其自然地引导孩子思考。爱因斯坦是幸运的。因为他在思考的时候，得到了父亲和叔叔的引导。早在19世纪哲学家、教育家爱德华·谢根博士就提出了顺其自然引导孩子提高思考能力的方法。比如，把铅笔、圆珠笔和毛笔拿给孩子看，第一阶段首先拿出铅笔，指着铅笔对孩子说："这是铅笔。"第二阶段是并排拿着3支笔问："哪支是铅笔呢？"鼓励孩子自己选择。第三阶段是拿着铅笔问："这是什么？"这样以"这个""哪个""什么"询问孩子，让孩子回答的方法即为"谢根三阶段"。这样反复做可锻炼孩子的思考能力。

三是激发孩子的思考兴趣。常常有人问多湖辉："从几岁开始引导孩子学认字和算术比较合适？邻居家4岁的孩子已经会写字了，而我家

同年龄的孩子连自己的名字还不会写,是否是智力低呢?"听到这样的询问,多湖辉深切地感到自以为对孩子什么都了解的父母,实际上什么都不了解。孩子的智力发育速度因个体而异,在我们周围,既有 1 岁半就能像大人一样说话的孩子,也有过了 5 岁什么话都不会说的孩子,这不是智力和能力的差别。虽然爱因斯坦说话比较晚,语言发育较慢,但其父亲和叔叔能在适当时机激发他的思考兴趣,最终使他善于思考,成为一代大科学家。因此,父母必须懂得引导孩子学什么不是时期的问题,而应该看孩子现在对什么感兴趣。孩子开始产生兴趣的时候就是其学习思考的时机,对此没有过早过晚之说。

快·速·测·评

思维潜能水平发展测试

积木砌高楼

A10 块(10 分)B8 块(8 分)C6 块(6 分)D4 块(4 分)

模仿砌门楼(加 4 分)

模仿砌炮楼(加 6 分)

以 10 分为合格

孩子如果会砌 6 块的高楼,那么就合格了。通过练习可以再向上砌高楼和炮台。孩子因为地基不稳无法完成任务这是砌积木的基本功没做好,只有练好基本功才能往上搭。砌门和砌炮台要懂得留空隙的大小,要让空隙之间既能放得下搭桥的积木,又能在两边放稳门楼的饰物。在这个活动中,判断该留空隙的大小就是一种思维活动。

未·来·预·测

思维敏捷的孩子，可从事与科学研究相关的工作，长大后可能在数学、哲学、绘画、工程设计、工艺美术、推销公关等领域有所造诣。

第五篇　因材施教
——唤醒孩子的艺术潜能

孩子是天生艺术家。

——（英）汤姆林逊

没有油画、雕塑、音乐、诗歌以及各种自然美所引起的情感，人生乐趣会失掉一半。

——斯宾基

让孩子学琴，绝大部分不是为了造就小提琴家，而是造就人。

——盛中国

艺术就是要表现最道德、最健康、最美好的事物，这就是舞蹈家的生命。

——邓肯

图画不单是文字的说明，且开拓儿童的想象，培养儿童的美感。

——叶圣陶

1. 开发和培养孩子的文学潜能

文学作品包括诗歌、小说、散文等，它们用生动精辟的语言，形象化地反映自然、社会和人们的心态，并创造典型的人物和事件。孩子阅读这些作品可以获得丰富的知识，受到美的熏陶，并提高自己的思想境界。

1805年，在丹麦欧登塞市的一间简陋的小屋里，住着一家三口。男主人是一个鞋匠，才华横溢，具有丰富的想象力。

他就是安徒生的父亲。他渴望进入当地的一所小学学拉丁文，但始终没有机会。有一次，那所小学的一个学生到安徒生家做一双新靴子，在量尺寸时他把自己的书给安徒生父子看，并告诉他们自己在学些什么。就在此时，安徒生注意到父亲眼里噙满了泪水。

那个学生走了以后，鞋匠心神不宁地在屋子里来回踱步。有好几次，他拿起该干的活，但随即又生气地把它扔回工作台上。

"汉斯·克里斯蒂安，你听着，"他走到儿子跟前说，"你长大以后，要有毅力，有志气，要排除万难，直奔一个目标：念书！我自己没有这个机会，你就在这条路上向前奔吧。"

"人念了书又有什么用呢？"儿子兴致勃勃地问。

"人念了书就可以过好日子！"父亲满怀信心地答道，"你想想，有学问的人能赚多少钱！有了钱，你可以买好多好多有趣的书，每天晚上去看戏，然后到远方旅行，周游列国。"

"好了，别给孩子灌输这些没用的东西了！"母亲走过来干涉，"就好像没学问就过不成好日子似的！学会一门手艺，有吃有穿，走遍天下都不怕，还想怎样？"

"你说的都是实情，玛丽亚，"鞋匠若有所思，"但是，仅仅满足于吃饱穿暖的人是不多的，人还有精神要求啊。"说完，他耸耸肩，默默地抓起了锤子。

鞋匠成天坐在小凳上工作，身边堆放着各种材料和工具。一有空闲，他就拿起心爱的书读。他的工作台上面挂着个小书架，上面有《阿拉伯故事集》，有丹麦诗人、喜剧作家荷尔堡的剧本以及译成丹麦文的莎士比亚剧本，另外还有歌本。安徒生从懂事起，父亲就读书给他听，也只有在这样的时刻，才能看出鞋匠真正感到高兴。有时候孩子在外面玩，受了欺负，他就推开手边的活，对儿子说："好，我来讲个故事吧。"于是，遥远地方的国王啦，大沙漠里的探宝人啦，奇异的名胜风光啦，一个接着一个，慢慢地在孩子的头脑里形成一幅幅瑰丽的图画。小安徒生手托下巴，睁大眼睛，静静地听着，显得那么入迷。

更令安徒生高兴的是父亲来了兴致时，会把他带到树林里去。那儿遍地长着雪白的白头翁，蝴蝶跳舞，蜜蜂唱歌，小安徒生叫着笑着，十分快活。父亲看见长腿的鹤鸟，就打开了话匣子，说鹤鸟是从老远的埃及来的，那儿有高大的金字塔，有炎热的太阳。

"干嘛到埃及那么远的地方去呢？就在咱们这儿过好了。我给它们做窝，给它们弄吃的，就在咱们家的顶楼上面！"

听了儿子认真而又稚气的话，鞋匠笑了："那你要学会讲埃及话，不然怎么邀请它们来呢？"

受到父亲的影响，安徒生从小浮想联翩，对演戏、唱歌入迷。父亲去世后，他立志当演员。带着少年的七彩幻想，14岁的安徒生只身闯荡哥本哈根，开始投入文艺女神的怀抱。23岁那年，他考入哥本哈根大学，开始了文学创作生涯。1835年起，他开始创作童话故事，每年贡献一部童话作品，最终摘取了"童话国王"的桂冠。1955年，他被世界和平理事会列为"世界文化名人"。

开发和培养孩子的文学潜能，我们给父母的建议是：

满足孩子阅读的需要，帮助其选择好的文学作品，唤醒孩子的文学潜能。每个孩子都有一定的文学鉴赏能力。孩子对文学作品的需要是十分强烈的，但由于年龄小，往往拿到什么就看什么，这样不一定能起到好的作用，甚至有可能读坏书，误入歧途。父母应帮助孩子选择通俗易懂、体裁活泼、思想健康的书刊。

父母可以引导孩子读诗词或童话，体会意境。任何文学作品，都应该是一个完整的世界，一个充满生机和活力的世界。孩子的心智随着年龄的增长在不断变化着，他们对于诗词或童话中的意境有着自己独特的体会。孩子的心灵很纯洁，他们对于这些文学作品的体会可能和我们大人不同，有着独特的见解，所以父母要引导孩子读诗词或童话，体会其中的意境。这样作品在小孩子的心中更能闪耀出美丽的光辉。

鼓励孩子朗诵和背诵作品，启发孩子领悟到作品的美。多数文学作品，单纯靠"看"是无法体会到其中的美妙的。父母要鼓励子女有声有色地朗读作品，这样才能引导孩子感悟文学中的美。

激励孩子从阅读报刊中提高文学修养。对于小学高年级的孩子，父母可以鼓励他读寓言、儿童小说、儿童报告文学、科学幻想小说、探险与冒险故事等。这样可以引导孩子在这些文学作品中提高文学修养。

2. 开发和培养孩子的美术潜能

美术潜能是一种较早就显示出的特殊潜能，许多杰出的画家在幼年时就表现出了绘画天赋。

例如，广西的小画童阿西5岁时就能画出很有韵味的作品，他画的猫形态逼真，在国内外画展上多次获奖。

广西另一个小画童李刚，5岁学画，一个月内就能画出颇显才华的墨竹。不仅如此，他还有书法才能，他不仅左右手都能写字，而且能双手同时写字、绘画。其书法如老树枯藤般苍劲有力。他的艺术作品多次在海内外展出并获奖。

河南的一个小画家，从小就显示出绘画才能，2岁时便能无目的地画画，3岁时就能画出直线、波形线、螺旋线等，6岁时画的蜘蛛便非常有韵味。

历史上许多天才画家也是在年幼就表现出绘画潜能的。

潜能，蕴藏在人的身体深处，是肉眼无法看到的一种巨大的力量。潜能一旦被激发，就会产生意想不到的作用。因此，父母要善于发现孩子的潜能。

毕加索能成为著名的画家，与他的父亲有着绝对关系。

毕加索是西班牙画家、雕塑家，是现代艺术的创始人，西方现代派

绘画的主要代表，在20世纪的艺术史上具有重要的里程碑式的意义，他是美术史上浓墨重彩的一笔。

毕加索的父亲堂·何塞是个美术教师，又曾在美术学院接受过比较严格的绘画训练，具有坚实的造型能力。

1881年10月25日，毕加索出生于西班牙南部的马拉加。他刚生下来时，接生婆以为是个死胎，差点把他扔掉。幸亏他的叔叔是位高明的医生，深深地吸了一口雪茄烟，对准婴儿的小鼻孔吹了进去，婴儿的手脚才蹬动起来，"哇"的一声发出了"像公牛一样的怒吼"。

毕加索很小的时候就表现出艺术的天分。在毕加索尚未学会说话时，堂·何塞惊喜地发现，儿子已经学会用绘画来表达自己的意愿了。

3岁时，有一次，他哭着要大人给他一样东西，在大人们还听不懂他的意思时，他抓了父亲的铅笔，在纸上画了个螺旋形的东西，那就是热甜饼。他父亲翻来覆去地看着儿子画的图形，感到儿子很可能具有绘画天赋，决心让儿子继承自己的绘画事业。

毕加索稍大一点，何塞就给他布置了一间小房，房子四壁贴满了何塞给儿子特意画的儿童画。这些画线条简单，构图稚嫩，多是一些寻常之物，但又经过合理的变形，能够充分地诱发儿子的想象力、空间变形能力。何塞经常带儿子到小房里细细观摩，配合生动形象的语言，给儿子指指点点。

从毕加索4岁起，何塞就开始教他剪纸。随着剪刀的一开一合，幼小的毕如索完全被迷住了，明明是一张张平展展的纸，在父亲那双巧手的剪裁下，一会儿变戏法似地成了玛蒂尔达姑妈带来的那只公鸡，一会儿又变成邻居家的那头蠢驴……耳濡目染，毕加索的天赋被放大了、强化了，就像偶露峥嵘的冰山，完全浮出了海面。

5岁左右，毕加索那天生的形象把握力开始显现出来，他在父亲手把手的教导下，已能独立地剪出形象逼真的花草、动物，更为可贵的是，他能根据自然形象的特点独创性地加以组合、变异,剪出谁也未曾见过的奇异之物。小剪刀被小毕加索用得那么娴熟,几乎是随心所欲了。

在何塞的刻意引导下,绘画成为毕加索展示神通、创造世界的手段。1890年11月,他创作了《手握大棒的赫克勒斯》。这时他还不到6岁,但画布上大力神的英姿和他手中的大棒,是那么形象非凡、令人叫绝。这丝毫没有孩子气的画使人们大为惊叹,人们再一次领教了"天才"的神奇。

应该说,是何塞处心积虑地为儿子创造了一个得天独厚的环境,小毕加索整天就生活在这样一个艺术世界中,被这种氛围所感染。

毕加索13岁时的油画作品已显示出很强的写实能力,但他继续不断地创新和改变自己的画风。未满14岁,他就举办了个人画展。15岁时,他进入巴塞罗那学校,一年后转入马德里圣尔·南多美术学院,正式开始了艺术生涯。他的作品不断改变着风格。他的绘画发展阶段可分为"蓝色时期""粉红色时期""黑色时期""立体主义时期""超现实主义时期"。特别是"立体主义"及以后的创作,几乎可以说是由他一人完成了现代绘画的视觉革命。

毕加索的作品总计近3万多件,包括:油画1 885幅,素描7 089幅,版画20 000幅,平版画6 121幅。可以说,他一生辉煌之至,是有史以来第一个活着亲眼看到自己的作品被收藏进卢浮宫的画家。在法国一家报纸进行的民意调查中,他以40%的高票当选为20世纪最伟大的十位画家之首。对于作品,毕加索说:"我的每一幅画中都装有我的血,这就是我的画的含义。"全世界前10名最高拍卖价的画作里面,毕加索的作品就占4幅。

由此可见,毕加索之所以成为一代艺术大师,源于父亲对他的兴趣的发现和支持,并培养和锻炼了他的想象力。

孩子的兴趣需要保护,孩子的兴趣需要挖掘,只有点燃孩子兴趣的火把，孩子才能将自己的兴趣转化为成功的能力。从这个角度上说，父母是孩子兴趣的保护神，是孩子内在潜能的开发者，任何一个孩子都有自己的兴趣，只要父母善加引导，多多支持，我们的孩子也可以成为"毕加索"，也可以获得成功。

要用怎样的方法，开发和培养孩子的美术潜能呢？

引导孩子与色彩相伴。美术潜能是孩子的一种天赋，如果潜能不加以启发和引导就会被埋没。因而，父母应该经常鼓励孩子创作，激发孩子的美术潜能。在不断的激励中，孩子的潜能就会被挖掘。所以父母可以引导孩子与色彩相伴，鼓励孩子在绘画中加入自己的想法。因为每个孩子都有美术潜能，但需要不断的激励和正确的引导。许多父母为了培养孩子的绘画潜能，在节假日和其他休息时间把孩子送到少儿绘画培训班里学习，但是，这一类学习班往往缺乏儿童教育的理论和经验，他们的教育方法未必对儿童绘画潜能的培养有多大帮助。

鼓励孩子到大自然中观察。带孩子到大自然中，帮助他多认识新的东西，观察大自然的景象。孩子在大自然中享受美好的时候，他们的心将不再浮躁。在与大自然亲密接触时，孩子会对周围的环境产生独特的欣赏能力，这将唤醒孩子的绘画创作潜能，可以开发和培养孩子的美术潜能。比如到动物园看了老虎，要引导孩子仔细地观察老虎的表情、动作、形态、图片等，认真比较颜色、神态、模样、内容及含义等。

指引孩子广泛地接触美术作品,使其能够感受到多种美术作品的美。在艺术的殿堂里，美术闪耀着它独特的光彩。数千年来，人类已积聚了数以千万计的美术珍品。粗略地划分，现在的美术可以分为绘画、雕塑、工艺美术、建筑美术四大类。从使用的工具来说，有水墨画、油画、版画、水彩画、水粉画等画种；从表现形式来说，可分为连环画、组画、年画、壁画、插画、漫画等；从表现题材来说，可分为人物画、风景画、山水画、花鸟画、静物画等。各类美术作品用料、技法不同，表现的形式也各有特色。父母要引导孩子尽可能地多接触各类美术作品，以便通过不同的美术形式感受美、欣赏美。在欣赏美术作品时，孩子的欣赏能力能够得到更好的培养。在不断的开发和培养下，孩子发现美的能力会提高。因此，家长要学会挖掘孩子的潜能。

启发孩子的艺术感受。要培养孩子对艺术的感受，启发他心中对事物的关心、热爱。

鼓励孩子掌握一些美术知识以及欣赏美术作品的基本方法。美术作品的欣赏是一门学问，需要掌握一些美术知识和技法。孩子虽然很小，但是他们的学习能力很强，他们的美术潜能应该被家长开发出来。家长可以鼓励孩子掌握一些美术知识和技法，孩子在绘画中就会将这些融在一起，以自己独特的欣赏美的方式，创造出出色的作品。这样他们的美术潜能就被完全开发了。

鼓励孩子掌握一些基本的绘画技能。孩子在没有掌握基本的绘画技巧时，他们会用自己的方式表达他们所理解的世界。家长可以在这基础上引导孩子更加完善自己。先引导孩子掌握拿笔的姿势、用纸的方法，告诉孩子，绘画时眼睛和纸要保持适当的距离；引导孩子先学画横线、竖线、曲线，再画山、河、电线杆、圆球、房子等，从简到繁。由易到难，循序渐进，反复练习。

指引孩子根据对生活的观察画画，画中有简单的情节和布局。如画"我们的幼儿园"，可以画上幼儿园的房子，房子旁边有一排小树，远处有滑梯、秋千等玩具，还有几个小朋友在做游戏。

父母要勉励孩子经常创作，对孩子的画认真审阅、批改，耐心辅导，对孩子所画作品中存在的问题不能讥笑，以免打击孩子的积极性。对孩子的画要好好保存，隔一段时间拿出来和现在的作品进行对比，用以检查孩子绘画水平的提高，从而更好地指导孩子发扬长处，克服不足。在

这一过程中要特别注重对儿童造型能力的挖掘和培养，注重培养儿童对色彩的敏感。孩子欣赏美术作品时，更喜欢色彩鲜艳、对比强烈、明快的色调。引导孩子在生活中看美好的东西，再引导他在画面中看生活里的东西，这样，他的感受会更强烈。美术可以说是运用一定的物质材料（绘画用的布、绢、纸、颜料和雕塑用的木、石、铜、泥等），通过线条、形状等手段在平面上或立体中反映现实，表达人的感受和追求的一种造型艺术或空间艺术。

3. 开发和培养孩子的音乐潜能

音乐是表达心灵感受的语言，丰富的音乐形象是音乐家创作的结果。对于孩子来说，音乐能促进智力的发展，提高孩子的感受和体验，陶冶孩子的情操，提高孩子的文化修养，并能促进大脑左右两半球的协调发展，促进思维潜能的提高。音乐还能激发孩子性格中的积极因素，改变和克服性格中的消极因素，如激昂的音乐能使孩子克服懦弱、胆怯，变得勇敢，优美的音乐能使暴躁的孩子变得文静等。

著名教育家陈鹤琴在对孩子细心观察的过程中发现，音乐是儿童生来就喜欢的。小孩出生不久，就能"欣赏"音乐了，他会听着母亲哼的催眠曲而恬静地入睡。再大一些，更喜欢听各种优美的声音。听到节奏欢快的音乐，他会手舞足蹈；在吵闹中，听到抒情的乐曲，他也会渐渐安静下来。两三岁时，能用手脚随着音乐做动作。等到进了幼儿园，他对于音乐的需求范围会变得更大，唱歌、奏乐，甚至黄鸟儿在枝头叽叽喳喳地鸣叫，微风把叶儿吹得哗啦哗啦地响，他都会留意倾听。音乐的律动和歌声的抑扬都会吸引他，他常常会不由自主地模得仿，不时地哼着不成调的曲子。到了小学，他更知道怎样利用他那天赋的歌喉和节奏积极主动地参加各种音乐活动。平日里无论是游戏、走路还是休息，都

本能地唱着歌，表现出音乐的律动。陈鹤琴因此得出结论：喜欢音乐是儿童的天性、儿童的本能，音乐在儿童生活中占有重要的地位。为此，他有意识地用音乐来丰富孩子的生活。其中，最使孩子们感到快乐的是晚饭后的家庭音乐会。

陈家居住在上海寓所，晚饭之后的一段时间，往往是一家人最热闹、最快乐的时光。这时候，七个孩子和爸爸妈妈聚在一间屋子里。妈妈和大女儿秀霞弹琴，大家一起唱歌。唱中国歌曲，也唱外国民歌。一首唱罢一首又起，歌声与琴声汇成了一种和谐欢快的气氛。有时，孩子们要求爸爸表演。陈鹤琴就用那把从美国带回来的曼陀铃弹唱英国民歌。孩子们或托腮静听，或轻轻哼唱。陈鹤琴的嗓子并不算太好，但他激情饱满，唱得非常投入，具有感染力。陈鹤琴说："家庭中有了歌声，如同有了生气，试想一个家庭，吃完晚饭后，父母子女团聚一室，同唱同歌，这是何等有趣的事情！一日之间，有了这种团聚，不但于精神上生发无穷的快乐，感情上也可更加融洽，所以家庭中不可没有音乐。"

孩子的音乐活动包括唱歌、音乐欣赏、演奏乐器、音乐游戏及舞蹈等。

傅雷，是我国著名的文学翻译家，终身致力于法国文学的翻译。他的长子傅聪19岁时参加第四届世界青年与学生和平友谊联欢节国际艺术比赛，获钢琴三等奖；21岁时，又参加第五届肖邦国际钢琴比赛，获三等奖。傅聪是中华人民共和国成立后，第一位参加肖邦国际钢琴比赛并获奖的人，他对肖邦灵魂的深刻感受、对肖邦作品的精湛演奏，震惊了中外乐坛。傅聪成名后，当人们问及他艺术成长的道路时，他总是把父亲称作他学音乐的第一位老师。那么傅雷是怎样指引孩子在人生和音乐的海洋中劈波斩浪激流勇进的呢？

傅雷家中常常高朋满座，他们聚在一起谈文学艺术，论人生哲理。起先，傅雷不允许傅聪和他的弟弟傅敏在场，更容不得他们插嘴。而小孩子呢，天性好奇，总想挤在大人中间表现自己。大人越是不让听，小孩就越是想来听。有一次，画家刘海粟到傅家做客，与傅雷在书房内鉴赏藏画，两人之间免不了一番高谈阔论。说话间，傅雷忽然要去外间取东西，打开门竟见傅聪带着傅敏正偷听得入神。傅聪为此被父亲狠狠地训斥了一顿。

这件事发生以后，傅雷的心情久久不能平静。他反思训斥孩子究竟有没有道理，同时分析拒绝与接纳孩子参与大人谈话的利弊。考虑再三，他决定让小孩听大人论事，因为这样可以引导孩子尽早涉世，促使孩子早慧。于是，等孩子们稍稍长大一些，傅雷就允许傅聪和傅敏从"偷听生"转为正式"旁听生"。

傅雷的朋友大都是社会名流贤达，有高尚的人品学养。所以傅聪从其孩提时代的"旁听"中，学到了许多在书本上学不到的东西。

傅聪很小时，傅雷就发现了他的音乐天赋。当然这是经过了一定曲折的，而不是"一锤定音"。

傅雷对教育子女有独到的见解。他认为每一个人都有自己的天赋，不能逆天赋而行。起先，傅雷曾让傅聪学习美术，因为傅雷觉得自己精通美术理论，又有许多朋友是中国画坛巨匠，如果傅聪能拜他们为师，博采百家之长，定会在绘画上大有作为。

谁知傅聪不是绘画的"料"，他在学画时心不在焉，他的那些习作几乎都是乱笔涂鸦，丝毫没有显露出预期的那种美术天赋。而与此同时，傅聪的一些细微爱好引起了傅雷的注意。他发现儿子钟情于家里的那架手摇（发条动力）留声机，每当留声机放音乐唱片时，儿子总是一动不动地依靠在它旁边静静地听，此时小男孩那固有的调皮好动的天性一扫而光。于是傅雷果断地让傅聪放弃学画而改学钢琴，此时傅聪已7岁半了。傅聪的每一个细胞好像都是为音乐而存在的，他学琴仅几个月，就能背对钢琴听出每个琴键的绝对音高。启蒙老师雷垣教授肯定傅聪"有一对音乐的耳朵"后，傅雷最终认定，自己确实发现了傅聪的音乐天赋。

傅聪自从与钢琴结缘后便如鱼得水，每天放学回家做完功课就全身

心地扑在钢琴上。对于他的弹奏技巧,若不是亲眼看到,很难相信这悠扬悦耳的琴声竟是一个小男孩弹出来的。傅聪10岁生日那天,傅雷为他买了一个特大的蛋糕,又请来傅聪的许多小琴友,结果傅聪的生日庆祝会变成了一个少儿钢琴联欢会。

1954年8月,国家派遣傅聪到波兰学习钢琴,导师是"肖邦权威"杰维茨基教授。次年2月,傅聪经过1个月的紧张角逐,获得了第三届国际肖邦钢琴比赛的"玛祖卡"奖,被新闻传媒称为"波兰的傅聪"。

比赛结束后,傅聪继续留在波兰学习。当时他对在波兰学习钢琴的环境十分满意。他在给父母的信中这样写道:杰维茨基教授"对每个作家每个时期作品的理解,在世界上是有权威的";"年轻的最好的波兰钢琴家差不多都出在他的门下。经他一说,好像每一个作品都有无穷尽的内容似的";"我所有的毛病都未能逃过他的耳朵"。

然而青年人的思想就如六月的天,说变就变。不久,傅聪产生了转学到苏联的想法,并得到了我国有关方面的同意。他这时还想乘转学之际,顺便回上海与阔别已久的父母见上一面。傅雷听说傅聪意欲转学的消息后,十分恼火,他觉得这是关系到儿子今后人生道路的大事。他立即给傅聪写了一封长信:"我认为回国一行,连同演奏,至少要花两个月;而你还要等波兰的零星音乐会结束以后方能动身。这样,前前后后要费掉三个多月。这在你学习上是极大的浪费。""我们做父母的,在感情上极希望见见你,听到你这样成功的演奏,但是为了你的学业,我们宁可牺牲这样的福气。"傅雷劝儿子在"改弦易辙"时,一定要经过理智"天平"的权衡。他亲自帮他进行分析:苏联的教授是否一定比波兰的杰维茨基高明;假如过去的6个月是在苏联学习,是否成绩会更好;第五届国际肖邦钢琴比赛为什么波兰得了第一名,而苏联只得第11名等等。信寄出18天,傅雷再次给儿子写信:"我并非不赞成你去苏联,只是觉得你在波兰还可以多待二三年。"时隔20天,傅雷又致信傅聪:"转苏学习一点，目前的确很不相宜。"两年过去了，傅雷坚持自己对儿子转学所持的反对态度，他在信中说："假如改往苏联学习，一般文化界的空气也许要健全些，对你有好处；但也有一些教条主义味儿，你不一定吃得消，日子长了你也要叫苦。亲爱的孩子听我的话吧。"

傅聪终于听从了父亲的教诲，克制了转学的冲动，继续留在波兰潜心学习钢琴。一颗耀眼的音乐之星在父亲的教导下，在世界乐坛上冉冉升起。

总之，小孩子应有音乐的环境。今天，许多父母都非常重视对孩子进行音乐教育，认识到了音乐在陶冶情操、开启智力、促进孩子全面发展方面的作用。

开发和培养孩子的音乐潜能，我们给父母的建议是：

　　帮助孩子创设一个良好的音乐环境。 孩子需要一个良好的音乐环境，因为在他们的世界中，他们对于音乐有着特殊的情感。所以家长要注重开发孩子的音乐潜能。在日常生活中，可以让音乐伴随孩子的活动。如起床时，播放一些活泼、有力的乐曲；吃饭时，播放一些优美、舒缓的乐曲；临睡前，播放一些轻松、安静的乐曲。在游戏时，可以引导孩子跟随音乐的节拍有节奏地做动作（律动），如打拍子、踏步、跳舞等，这可以帮助孩子培养节奏感并提高对音乐形象的感受能力。给孩子讲故事时，也可选择和谐的乐曲做伴奏，以渲染情感。

　　鼓励孩子欣赏优美的乐曲。 给孩子播放乐曲时，首先可选用一些优秀的儿童音乐作品，如儿童声乐、动画片中的音乐等。此外，还可选用古典音乐作品，如《小夜曲》《致爱丽丝》《月光奏鸣曲》《蓝色多瑙河》《童年情景》《儿童乐园》等。这样孩子在成长的过程中，音乐鉴赏能力会提高，孩子的音乐潜能也会被不断发掘。

　　进行音乐教育。 有条件的家庭可以鼓励孩子学一种乐器，如钢琴、小提琴、二胡等，或进行一些舞蹈、唱歌方面的指导。这是一种有目的、有计划的音乐教育，对于孩子接受艺术熏陶是很有意义的。孩子自身或多或少地会有一些音乐潜能，这就看家长怎样引导了。在正确的引导下，孩子的音乐潜能会被彻底地挖掘，这样有助于孩子的发展。

帮助孩子选择好音乐作品，激励他们多听。欣赏音乐的首要步骤是多听好音乐。父母要指引孩子选择思想内容健康、形式活泼、优美明快的音乐作品，如《我爱北京天安门》《中国少年先锋队之歌》《我们的田野》《牧童短笛》等。这些儿童音乐作品，都是词曲作者为表现儿童的生活情趣或提高儿童的音乐美感而创作的，很容易为孩子所接受。另外像《在希望的田野上》《亚洲雄风》《黄河大合唱》《蓝色多瑙河》《大鹅湖》《英雄交响曲》等中外著名的音乐作品，都有其鲜明的艺术特色，对儿童有巨大的感染作用，父母要鼓励子女多听。

激励孩子学习音乐知识，更好地感受音乐作品。在各种艺术形式中，音乐似乎最抽象，只能靠听觉感受和想象，要真正懂得音乐并非易事。为此，父母可以给孩子介绍一些音乐常识。首先是理解音乐的特性。音乐是作者根据音乐的基本规律用乐音所创造的曲子。乐音中最主要的是旋律，是按照音的高低、长短和强弱关系组成的音的线条，是塑造音乐形象的重要手段，是一首乐曲的灵魂。音乐欣赏必须懂得旋律。

帮助孩子了解音乐内容和形式的关系，教导其在审美与道德方面更好地提高。音乐内容是指人对于特定事物在音乐上的感情反应；音乐形式则是体现这种情感反映的音响手段。音乐形式像建筑物的外观一样容易引起听者的兴趣，而其内容则往往不被重视。父母可以指导孩子认识音乐内容，这样孩子可以在原有天赋的基础上从中感受美和陶冶情操。认识作品内容的基本方法是激励孩子不断地加强文学、历史修养，了解每首作品的作者生平、创作背景、反映对象、取材来源等。

❀ 4. 开发和培养孩子的舞蹈潜能

儿童舞蹈艺术的培养宗旨是发展孩子的动作能力，而不是成人化舞蹈的专门训练。匈牙利人鲁道尔夫被誉为"舞蹈界的爱因斯坦"。爱因斯坦作为科学巨匠，发现了宇宙的秘密；而作为著名运动科学家、艺术家的鲁道尔夫则发现了动作的秘密。鲁道尔夫彻底研究了儿童各个年龄阶段的动作活动现象。他发现，婴幼儿早期许多原始本能的动作活动，本身便是目的，孩子借此发展其动作元素，这是他们内在生命力的表现。所以，鲁道尔夫主张各级教育机构在从事系统的舞蹈训练之前，应先了解各年龄阶段儿童自我发展的本能动作活动。

对孩子舞蹈艺术的基础培养要从儿童本能动作入手，放开动作、发展动作、引导动作是其指导原则。因此了解儿童的一些基本动作，如拍手，走、跑、跳、自由摇摆等，以及这些动作的基本特征就很必要。舞蹈引导要领及其在舞蹈中的意义是父母必须掌握的问题。

邓肯是美国舞蹈家，现代舞派的创始人。她受古希腊艺术的影响，创立了一种与古典芭蕾舞相对立的自由舞蹈，其特点是动作自然，形式自由，充满青春活力，很受观众赞赏。人们将她誉为"新时代的曙光"。1921年她曾应邀赴苏联讲学，并在莫斯科设立舞蹈学校。回国后，由于演出革命舞剧《红旗》，受到美国政府的迫害。她的主要作品有《马赛曲》《春》和《斯拉夫进行曲》等，著有自传《我的生平》。

邓肯是如何走上这条成功道路的呢？她在自传《我的生平》中回顾说，引导她走进这一当时还看不见的艺术殿堂的人，是她的母亲。

邓肯出生在美国旧金山一个充满艺术氛围的家庭里。不幸的是当她还在襁褓之中，父母就离婚了。从此，她由身为音乐家的母亲抚养。

母亲很重视对女儿的早期教育。在邓肯5岁时就把她送进公立学校学习。小邓肯从小就喜欢思考问题，性格倔强。有一年过圣诞节，她问妈妈："圣诞老人会上我们家来吗？"相信无神论的妈妈告诉她：世界上并没有什么圣诞老人，这都是后人编造的。

第二年圣诞节，学校老师在圣诞节联欢会上向孩子们分发糖果和小礼品，说是圣诞老人送的。邓肯马上站起来反驳说："世界上根本没有什么圣诞老人！"为此，老师非常生气，不仅不分给她糖果，还罚她站墙角。邓肯不服气，仍然回头对全班同学大声嚷嚷："就是没有圣诞老人！"

邓肯回到家，将事情的经过告诉母亲。母亲抱起受委屈的孩子，鼓励她说："孩子，你回答得对！这世界上既没有上帝，也没有圣诞老人，只有你自己才能帮助你。"母亲的这句话给邓肯留下了深刻的印象。

在学校，邓肯对那套刻板而枯燥的教学内容感到乏味，她真正的课堂是晚间在家里，真正的老师是她的母亲。每天晚上，母亲总要给女儿弹奏莫扎特、贝多芬、舒曼等大音乐家的曲子，或是朗诵莎士比亚、雪莱等文学大师的作品，小邓肯完全沉醉其中。有时，她会情不自禁地随着乐曲翩翩起舞。

母亲真正发现女儿的舞蹈天才，是在邓肯6岁那年。一天，母亲回到家中，发现放学回来的邓肯正召集几个邻居家的女孩子，教她们挥动手臂，摆动身体。

"孩子，你在干什么？"母亲好奇地问。

邓肯一本正经地回答说:"这是我新办的一所业余舞蹈学校。我正在教她们跳舞。"

母亲觉得女儿的想法很有意思,便在邓肯的小伙伴们学舞蹈时弹奏乐曲。邓肯随着曲子即兴舞蹈,孩子们都跟着跳起来。在母亲的支持与指导下,邓肯的小小"舞蹈学校"越办越兴旺,邻居家的女孩子都来了,由她们的父母交点儿钱,请邓肯教。小邓肯教舞蹈的兴致很高,因为这项工作既符合自己的兴趣,又能挣点儿钱补贴穷困的家庭生活。

10岁那年,邓肯干脆休学回家,专门教女孩子们舞蹈。她对妈妈说:"我已经能挣钱了,将来我要靠跳舞来养活您。"母亲虽然为女儿过早失学而惋惜,但还是尊重了女儿的选择。

有些家长担心邓肯年岁小,教不好。邓肯急了,她像大孩子一样,把头发拢在头顶上,谎称自己已经有16岁了。

有些家长前来打听邓肯教的是什么舞。在当时美国舞台上崇尚的是芭蕾舞,而邓肯却称自己教的是"新的自由舞蹈体系"。其实,当时邓肯并没有建立什么"体系",不过是随着母亲的琴声即兴起舞,想到什么就跳什么,随跳随教,没有什么框框与教程。但是,这种舞蹈却有一个突出的优点,就是动作自由而随意,易于掌握。

邓肯这位小舞蹈老师的名声越来越大了,许多家长纷纷把孩子送来学习舞蹈,旧金山许多富豪家庭也都请邓肯去教舞蹈。但母亲担心,邓肯并没有经过舞蹈老师的专门培训,将来能在舞蹈界有所作为吗?

为了女儿的前途,她听取了一位老太太的建议,将女儿送到旧金山一个著名的芭蕾舞老师那里学习。老师要求邓肯用脚尖站立起来走路。邓肯问为什么,老师说这才体现美。邓肯却不以为然,她有自己的一套审美观,认为这是违反自然的,并不美。邓肯学了几天就不去了。她追求的是一种不同于传统芭蕾舞的新型而自然的舞蹈,至于这个舞蹈的体系、名称,她自己也说不清楚,但她在执着地追求、探索着。

孩子，你能行：激发孩子的无限潜能
You can inspire children's infinite potential

是母亲第一个发现女儿的艺术创造才能的，并第一个支持女儿的探索。几年后，邓肯成长为一个大姑娘了，母亲带着她来到芝加哥，寻找能聘用她的剧团。不少剧团的经理看了邓肯表演的舞蹈，都说不错，只是认为她跳的舞不适于舞台演出。

几个星期过去了，带的钱也花光了。可是，邓肯仍然没有找到工作。因为付不起房租，母女俩只好流落街头。为了让饿得发晕的妈妈能吃上面包，邓肯不得不违心地在一家屋顶花园登台，按照经理的要求表演"刺激性"的舞蹈。这样的演出，是她的第一次，也是最后一次。当经理要求续约时，邓肯拒绝了，因为她有自己的追求，不能亵渎神圣的艺术。

邓肯的自由舞蹈一直得不到社会的承认。1899年，母女二人来到伦敦。困境中的邓肯，有幸遇到了著名歌唱家坎贝尔夫人，她对邓肯的舞蹈十分欣赏。在坎贝尔夫人的帮助下，邓肯的舞蹈艺术在英国上流社会和艺术界大放异彩，并获得了很高的声誉。邓肯后来回忆与坎贝尔夫人的首次见面时说："这次跟她会晤，终于把我从忧郁和沮丧的状态中解救了出来，她成为我们否极泰来的转折。"

此后，邓肯相继来到巴黎、维也纳、柏林，她创立的自由舞蹈在欧洲获得一片赞扬声。邓肯在柏林受到热烈的欢迎，当她伴着贝多芬的音乐飘然起舞时，人们仿佛看到这崇高乐曲的精灵，狂热的观众称她是"世界上最伟大的女性"。

邓肯成功了！她所创建的现代自由舞蹈获得了世界艺术界的承认。母亲看到女儿的成功，欣喜的心情不亚于邓肯。

邓肯的艺术创造才能，早在童年时代就已萌芽，这株幼苗没有被扼杀，而能冲破重重阻力茁壮成长，得益于她母亲的精心培育与浇灌。而这一切，又归结于她母亲的远见卓识，以及对孩子的尊重与信赖。

邓肯成名以后，在回忆她童年时走上舞蹈之路的第一步时说："我相信，不论孩子将来要干什么事业，应当从小做起。真不知道有多少父

母能够认识到他们给予孩子的所谓'教育',只是迫使子女陷于平庸,剥夺他们创造美好事物的任何机会。"

值得庆幸的是,邓肯遇到一位没有使女儿陷于平庸的好母亲。她为有一位这样的好母亲而骄傲!

作为父母,在对孩子进行舞蹈艺术培养时,要尊重孩子动作的愿望和能力,鼓励孩子自由愉快地动作,提高动作的协调性,引导孩子用动作舞蹈去发现、去表现生活中的某些东西,激励孩子的天性得到淋漓尽致的发挥,在动作舞蹈艺术教育中提高孩子的美感与创造美感的潜能。

开发和培养孩子的舞蹈潜力,我们给父母的建议是:

鼓舞孩子"踩"点而舞。要注重孩子的本能动作。儿童舞蹈艺术培养的起点和关键是孩子学习踩节奏,"踩"点而舞。节奏训练可以在音乐伴奏、口令、儿歌下进行,舞蹈前可以先练习拍击乐曲的节奏。只有掌握了节奏的孩子,才能轻松自然、有表情地舞蹈。

鼓励孩子去舞蹈班学习。孩子的舞蹈潜能需要被开发,如果不正确地加以引导,就会忽视孩子在舞蹈上的天赋,所以家长要正确地指引孩子的方向。可以通过在舞蹈班的学习来发掘孩子的舞蹈天分。在去舞蹈班之前,父母要认真考虑以下两个因素。第一,孩子本身的兴趣和性格特征。如果孩子天性好静,对美术绘画、手工制作等活动着迷,则不宜压抑孩子在这方面的发展。但如果孩子未表现出爱好趋向,而舞蹈表演又利于改变他(她)羞怯胆小的性格,又有一个较好的舞蹈老师,则可以送孩子去学习。第二,舞蹈老师的辅导水平。所谓好老师不一定要是舞蹈家,但一定是个幼儿教育方面的行家;不一定要有很高的动作表演技巧,但一定要懂得音乐对启发幼儿舞蹈的魅力;不一定要熟练众多曲目的表演,却一定要懂得不同音乐作品的不同表现力,懂得什么样的音乐伴奏适合幼儿舞蹈。

设计家庭儿童舞蹈动作。

(1) 脚的动作设计。在舞蹈运动中，可以通过脚的走、跑、行进、跳跃等动作记录和把握节奏，它好似在以地面为键盘进行乐曲演奏。因此，脚的动作在舞蹈表演中至关重要。

可以利用孩子好动的特点，选择不同节奏的乐曲，设法鼓励他随乐曲速度变化而运用各种走步和跑步，并试着用足跟、足尖、足内侧、足外侧踏步或慢移动，体会不同的感觉。

为增加动作的变化，可由基本的走步和跑步过渡到跳步、跑跳步、滑步、跑马步等，并且将脚的动作与腿的动作相结合，如前踢腿、侧踢腿、后抬腿时运用自然和谐的脚的姿势。

这些练习都可以在简单的音乐伴奏下重复进行，孩子很喜欢这种游戏，可以玩很长时间都不厌倦。

但是，请父母注意，不要引导孩子用脚踏所有的节奏，简单明快的节奏用脚表现即可，但踏更复杂、更准确的节奏应在学龄期进行，并且宜用其他方法来表现。

(2) 手的动作设计。手的动作更精细、复杂，它能增强舞蹈动作的协调性和美感。最基本的手的动作是摇摆双手、拍手、舒展和合拢手掌，摩擦双手，手指的不同屈伸等。可以教孩子玩"你拍一，我拍一"的传统游戏，它们简单易学，又富有趣味，多年来一直为儿童所喜欢。

利用手和手臂的结合，可以做出许多动作。手臂就像树枝，像鸟翼，使动作保持平衡。手臂呈直线、弧线与手的姿势相结合，能做出许多优美的造型，如小鸟飞、花盛开等。听一段轻柔的《月光曲》，家长与孩子对面盘坐，引导他用手的动作表现如泻的月光，悄逝的流水，拂面的轻风……引导孩子体会手的动作的抒情性和精巧性，引导孩子利用手和手臂的结合，激发自己对于舞蹈的热情。

(3) 模仿性动作。模仿性动作是幼儿舞蹈中用得较多的一类动作。利用孩子爱模仿的天性，抓住被模仿对象的鲜明特征，用夸张的动作表现出来，便是幼儿舞蹈中的模仿。

从最常见、最简单的小鸟飞、小兔跳到较复杂的小鸭走、小马跑、大象走等，都是孩子易于接受、乐于学习的基本动作。另外，还可以模仿其他典型人物的动作，如战士踏步，农民伯伯锄地、挑担子，清洁工人扫地，工人叔叔开车、抡锤等。这些模仿性动作形象生动，可以重复练习。孩子在做这些动作时，仿佛被模仿对象再现于眼前，重复做而兴趣盎然，练习本身对他们来说就是很好的游戏。

在儿童舞蹈艺术的美感培养活动中，舞蹈表演是一种手段，是发展孩子动作能力、提高动作表现力、增强其综合审美能力的手段。父母不可功利目的过重，按照规范化、机械化的方式去训练，这样可能会使孩子丧失对舞蹈艺术的趣味与信心；父母应顺其自然，因势利导。

5. 开发和培养孩子的操作潜能

操作潜能是指人以确定的思想为指导，通过行为来完成思维成果的能力。操作能力又称动手能力，具体表现为人用双手和体力作用于客观物体，进行劳动、实验、加工和制作物品等。例如，孩子在大脑中构想好了剪纸的图样后，用剪刀把纸剪成预想的样子，这个过程就是由孩子的操作能力来完成的。

如果说记忆能力、思维能力、想象能力是孩子在"用脑"，那么操作能力就是孩子在"用手"。操作能力也是人类智力结构的一个重要因素，虽然它对于人的智力发展所产生的影响不如其他能力，但它仍是人类成功的一个重要因素。操作能力不发达，将给孩子以后的学习、工作带来许多不便，甚至影响到智力的发展。

人们常用"心灵手巧"来形容一个人的操作能力。灵巧的手是一个人大脑发育良好的标志之一。在大脑中，支配手动作的神经细胞有20万个，而负责躯干的神经细胞却有5万个，可见大脑发育对手灵巧的重要性，而手动作的灵敏又会反过来促进大脑各个区域的发育。人的额叶是主宰思维的。来自视、听、触等方面的信息传入额叶，额叶会通过判断将命令传给手和足。婴儿期是大脑发育的关键时期，手的活动会将更多的信息传到额叶，促进额叶及脑其他部分回路网的发育，使大脑更加发达。难怪人们常说："眼过百遍，不如手做一遍。"

现代科技飞速发展，人们不但在体力劳动中需要加入越来越多的脑力劳动的成分，在脑力劳动中也需要加入越来越多的体力劳动。例如，在科学研究中，无论是物理、化学方面，还是生物、医学方面都有大量的实验需要科研人员亲自动手操作。同时，在科研设计中，如果科研人员缺乏操作方面的能力，他们的设计常会超过实验操作所允许的范围，最终因设计无法实施操作而导致失败。

由此可见，孩子的操作潜能的开发和培养很重要，因为实际操作能力对于孩子掌握知识和技能有十分重要的意义。孩子在听、看、读的基础上进行相应实际操作，知识将会掌握得更加牢靠。

儿童时期正是培养操作潜能的开始时期。这个时期，无论是对于肢体的大动作，还是双手的精细动作，都是发展、训练的有利阶段。一旦到了成年期，人的关节发展已定型，再进行一些灵巧性的训练便会十分艰难。

怎样开发和培养孩子的操作潜能呢？我们给父母的建议是：

支持孩子自己的事情自己做。孩子的生活自理是双手活动的一个重要内容。父母应指导孩子尽早学会做自己的事，开发和培养孩子的操作潜能。较小的孩子应先学会自己吃饭、漱口、擦嘴、洗手、擦鼻涕，学着自己洗脸、刷牙、穿脱衣服并叠放整齐，洗手帕、洗袜子、收拾玩具、修补损坏了的图书；稍大一点的孩子可以学着帮父母洗碗筷，为家人摆餐具、搬椅子。总之父母要千方百计地给孩子创造锻炼的机会和环境，引导孩子在实际动手的过程中，学会和掌握生活能力。剥夺孩子动手的机会，是对孩子天性的摧残。

教导孩子自己动手试一试。在学习理论时一起做，不但操作能力得到了培养，而且对理论的理解也加深了。例如，在常识课中讲解电路时，如果带领孩子实际连接一下电池、电阻、电压表，这不仅能使孩子对电路的知识理解更深刻，还能培养他们的操作能力。在孩子自己动手做模型时，父母只做示范，引导孩子使用各种常用工具（如钳、锤、电烙铁、扳手、万用表等）。孩子自己动手试一试，有助于他们操作潜能的开发。

引导孩子的双手协调，避免单手发展。一般人来说，我们的右手比左手灵活。右手与左脑神经联系紧密，左手与右脑神经联系紧密。锻炼右手，可间接开发左脑，左脑主宰着抽象、逻辑思维能力；锻炼左手，可开发右脑，右脑主宰形象思维。大多数人的右手灵活，左脑发达，抽象思维能力强，但忽视了左手的活动，闲置了右脑。有些"左撇子"，左手很灵活，又往往忽视了右手的锻炼。这样就会造成大脑开发的不平衡。因此父母要尽量使孩子的手协调起来，平衡其大脑发育。习惯于右手的孩子，多提醒他动左手，"左撇子"的孩子，多提醒他用右手，不要孤军突进，破坏平衡。在这样的指引下，孩子的操作潜能会明显地提高，双手协调的能力也会提高。

鼓励孩子自由游戏。在所有开发孩子智力的游戏活动中，凡是孩子能做的，父母不要代办。所买的孩子玩具、自制的教育用具，都要尽量引导孩子自由、尽情地摆弄。许多父母喜欢干涉孩子的游戏，这往往导致孩子的不喜欢。父母可以用言语、动作示范引导孩子达到目的，但是请不要在孩子没完全听懂您的话时强制孩子。蒙台梭利主张孩子的"内在发展"理论，认为孩子在自由的游戏中，会不自觉地开发、发展自己的能力，而不需要外在的强制。外在的强制会扭曲孩子的内在发展，所以要给孩子一片安全的游戏天地、一个可以尽情玩耍的空间。

相·关·链·接

◆操作潜能具有的重要作用

双手的活动可以促进大脑发育,这是生理科学经过证明的。当孩子双手在活动时,指头上的神经细胞能随时将信息传入大脑,大脑将结合来自视觉、听觉等诸方面的感知信息,进行综合加工处理,并不断发出神经指令协调手的动作。在这个过程中,手和大脑都得到了锻炼和发展。灵活的双手造就了灵活的大脑,良好的大脑发育是开发智力的前提。

双手的活动可以开发思维。思维发展心理学告诉我们,实践活动是思维发展的源泉。恩格斯说:"人的思维的最本质和最切近的基础正是人们所引起的自然界的变化,而不是自然界本身。人的智力是按照人如何学会改变自然界而发展的。"恩格斯主要着眼于人类整体思维水平的发展,蒙台梭利则把动作操作能力训练作为少儿教育的最主要方法。引导孩子在自然、自由的动作游戏中训练开发智慧,而不是靠外在的强加教育。孩子在自己的游戏中,注意力集中,思维高速运转,会显示出他的创造力。只要这时父母及时地引导鼓励,孩子会玩得更好。"越调皮的孩子越聪明",说的就是这个道理。这里调皮是指活泼好动,喜欢游戏的意思。

双手的活动能减轻父母的教育抚养压力,提高教育水平。

孩子良好的动作习惯、自理能力的提高能使父母付出更多精力和耐心专注于孩子的教育,同时又不会影响自己的工作。试想一个不善于动手、生活自理能力很差的孩子,时时要父母守在身边,将是多么麻烦的事。父母护理孩子都忙不完,还有什么精力去开发孩子的智商、情商。因此,父母不要太心疼孩子,不要惯坏孩子,要鼓励孩子自立、自强,尽早学会自理。这不仅不会影响孩子的学习教育,还会促进孩子健全人格的形成,使孩子受益终生,同时也不会拖垮父母。

孩子，你能行：激发孩子的无限潜能

•在游戏中培养孩子灵巧的手

穿珠子

家长准备一些红、黄、绿、蓝等彩色珠子，一些硬一点的绳子。

做游戏前，家长先用绳子把一些珠子按一定的规律穿起来，做成项链，然后给孩子看，并将它送给孩子，从而激发孩子的兴趣，最后请孩子"给妈妈也做一条项链"。在孩子穿项链之前，妈妈先按一红一绿的顺序穿上五六颗珠子后，再引导孩子观察并说说珠子是怎样排列的。孩子说出"红绿红绿"的规律或在妈妈的提示下说出这一规律后，鼓励孩子亲自按此规律穿下去，做成后送给妈妈。

当孩子掌握了这个规律后，可以逐渐增加项链的珠子颜色，把规律复杂化，如两红两绿、两黄一蓝一红等。这根据孩子的能力水平而定。

学折纸

孩子和妈妈每人手中都有一张正方形的纸。妈妈说"对角折"，两人将纸的角对正、对齐后将纸边压成一个大三角形。妈妈再说"对角折"，两人将两个尖角对正，压纸边形成一个小三角形。

再拿另一张正方形的纸，妈妈说"对边折"，二人同时将两边对正、对齐后压纸边得出一个大长方形。妈妈再说"对边折"，二人同时将短边对齐、压纸边得出一个小正方形。

另外拿一张正方形的纸，妈妈说"对角折"，得出一个大三角形。妈妈说"把两个小角向内折"，两个小角折向内做成小狗的耳朵，用笔画出狗的眼睛和鼻子。

用纸折玩具是一种动手动脑又练习记忆的游戏，要求孩子完全按步骤操作，错了一步玩具就做不成了。

捏泥土

5岁孩子只需会用2～3个片块合拢做出一件物品即可。如捏兔子，可先捏一个头，安上身体，再在头上安上两只耳朵，最后加一条尾巴。

孩子的兴趣常在他们幼年画的图画、捏的泥土和爱玩的玩具上表现出来。孩子会按自己的兴趣捏汽车，捏小泥人，会用铅笔画上眼、口、鼻。工程师詹天佑年幼时就会用泥土捏机器、造火车。

捏面团

家中包饺子时给孩子一块小面团，引导他自由操作，或者有意为他做示范。让他先把面团捏圆，然后用小棍擀平。大人可以为他捏一个小碗、小盘，鼓励他学着做。孩子捏过的面团可以加入一滴甘油和一滴蜂蜜揉匀，然后用塑料袋包上，存于冰箱一角，以备他平常学习用。面塑易操作、多变化，且比买来的胶泥安全。大人可与孩子一起捏面团，互相发挥创造性。

自制玩具

家里会有许多塑料包装的废品、漂亮的包装袋和纸盒，这些都可以作为孩子制作玩具的材料。制作时，可以先让孩子打下手，再部分参与，最后独立制作。自制玩具是一种创造性的劳动，由粗到精，不但增进手的技巧，也学会了设计，而且能培养物尽其用、不浪费东西的美德。

◆艺术细胞

美国洛克菲勒大学的科学家在会"唱歌"的雄黄雀大脑中，发现了一种新的生命组织，这种新的生命组织控制着雄黄雀的"音乐兴奋中枢"。在小心地把这种生命组织破坏之后，原来会婉转鸣唱的雄黄雀变得痴呆沉默，丧失了"音乐的感觉"。把雄黄雀的这种生命组织经过特殊手术移植进雌黄雀的大脑中后，原来只是被动聆听情歌的雌黄雀，出人意料地一鸣惊人，居然无师自通地"唱"起了迷人的"歌曲"。也许这种还没有被命名的生命组织，就是黄雀的"音乐细胞"吧！

人们也许会问，人也会有"艺术细胞"吗？可惜的是，生命遗传学至今还没能证明人的大脑中真的有"艺术细胞"。

◆ 巴甫洛夫对人的分类

苏联著名科学家巴甫洛夫根据两种信号系统（第一信号系统和第二信号系统）之间的关系、人脑功能的活动特点，把人划分为三种类型。

1. 艺术型

艺术型是第一信号系统占相对优势的人。艺术型的人脑功能活动具有直接印象的鲜明性、知觉和记忆的形象性、想象的丰富性。

2. 思维型

思维型是第二信号系统占相对优势的人。思维型的人脑功能活动特点是倾向于分析和系统化，倾向于比较概括和比较抽象的思维。

3. 中间型

中间型是两种信号系统相对平衡的人。中间型的人，有的两种系统发展平衡但水准较低，有的两种系统发展平衡但水准较高。需要注意的是，在教育中间型的孩子时，父母应该按照科学的方法，开掘孩子的智力潜能，打破两种系统的平衡，使孩子被埋没的潜能迸发。

在社会生活中，大多数人属于中间型，艺术型和思维型的人是少数的，有的甚至被埋没，并没有表现出类型代表者的特点。

从学习绘画、音乐中可以考察一个人在脑功能及生理功能方面显示的能力差异。对于幼儿来说，接受艺术教育、从小培养"艺术细胞"不但是才能或英才教育，而且是对其一生发展的考察，因此掌握孩子脑功能的特点，对于父母和教师是至关重要的。对于明显的艺术型的孩子，父母应及早地给予较多的艺术熏陶，这样才能开发出孩子的潜能。

◆ 幼儿艺术发展的目标

能初步感受并喜爱环境、生活和艺术中的美；喜欢参加艺术活动，并能大胆地表现自己的情感和体验；能用自己喜欢的方式进行艺术表现活动。

（以上内容摘自《幼儿园教育指导纲要》，2001年8月15日公布）

◆ **孩子文学潜能超常的表现**

酷爱读书，对阅读有强烈的兴趣；喜欢听故事、童话、儿歌、童谣等；有较强的语言表达能力；对现实生活观察细致入微；具有丰富的联想能力和想象力；喜欢写日记。

◆ **孩子美术潜能超常的表现**

美术潜能超常的孩子在智力测验中也不一定得高分，但有这样一些特点：对物体的形状、空间关系、色彩等的认识发展得早；对外界物体能形成清晰的表象；喜欢用图形或画来表达自己的思想感情；喜欢看画展；喜欢画各种自己熟悉的东西；很小就开始自己画意象画，而不只是模仿别人的画；在自己作画时对别人的打扰极为反感；喜欢画各种各样的东西，而不只是固定的几种常画的物品；能欣赏或评价别人的绘画作品；绘画作品的立体感强，比例关系得当等。

◆ **孩子音乐表演潜能超常的表现**

孩子的智力不一定很高，因此，在一般的智力测验中不易表现出来，或者说用传统的标准化智力测验去测量，很难断定孩子是否属于超常。如果孩子超常一般有下列特征：节奏感很强，听觉敏锐，尤其对音乐的听觉很精确；识谱和记谱的能力很突出；对演奏有"天生"的好感；喜欢各种乐器并有持久的兴趣；从小就能安静地听各种歌曲、乐曲；听到熟悉的乐曲或歌曲时常表现出兴奋和激动，常常会情不自禁地低声附和；喜欢合唱和演奏；能用歌曲或音乐表达自己的感情；能演奏一种或多种乐器；对弹奏练习有浓厚的兴趣；动作舒展优美，感染力强等。

◆孩子舞蹈潜能超常的表现

喜欢踩着音乐的旋律蹦跳；手脚灵活协调；手指能变换不同的造型；善于模仿。

◆孩子操作潜能超常的表现

(1) 能够很快学会各种动作，如体操等。

(2) 喜欢自己独立动手操作。

(3) 能制作一些精致的模型。

(4) 常自己动手修理一些身边的物品。

(5) 能独立对一些物品进行拆装。

(6) 对一些陌生的机器、物品等能很快发现操作的方法。

(7) 不需要他人指导，能找出一些陌生工具的使用方法。

(8) 能料理自己的生活。

(9) 能正确指导同龄人完成各种操作活动。

成·功·范·本

著名作曲家莫扎特

莫扎特，是奥地利作曲家，生于萨尔茨堡。他自幼跟随父亲学习音乐，4岁便公开演奏钢琴，5岁开始作曲，有"神童"之称。莫扎特7岁随父巡演，8岁首演他的第一部交响曲，1781年定居维也纳，成为欧洲第一位自由职业的音乐家。1789—1791年他在欧洲各地巡演，大获成功，被当时著名音乐家海顿誉为"世界第一的作曲家"。莫扎特去世时年仅36岁。

"十八世纪的奇迹"

在法国巴黎的一个音乐会上，一位7岁的幼童为一位著名的女歌唱家弹钢琴伴奏。幼童听她唱了一遍后，就能不看乐谱，自由地伴奏了，而且从头到尾一点儿也没错。女歌唱家再唱一回,幼童又在琴上另做新的伴奏。幼童的伴奏变化无穷、和谐动听,听众们惊叹不已。这位 7 岁的幼童,就是被欧洲人称为"十八世纪的奇迹"的奥地利作曲家莫扎特。

这一"奇迹"的出现,并不是偶然的,这与他从小受到良好的家庭教育有直接的关系。

莫扎特出生在奥地利维也纳附近的一个小城萨尔茨堡,他的父亲叫列奥波里德·莫扎特,曾在大学里学法律。他的父亲还担任过大主教宫廷乐师,是个优秀的小提琴手、作曲家和出色的乐队指挥。

莫扎特的母亲共生过 7 个孩子,但只留下两个:一个是女儿南列尔,一个是比女儿小 5 岁的儿子莫扎特。莫扎特 3 岁时就显示出了非凡的音乐才能,他能模仿父亲弹出和谐的音乐,也能弹出姐姐所弹奏的乐曲。父亲知道,儿子尽管具有优秀的音乐素质,但如果不经过严格的训练,也是成不了材的。所以,从莫扎特 4 岁起,父亲就开始教他弹钢琴、拉提琴。

列奥波里德是一位颇受人们尊敬的小提琴家、作曲家,小莫扎特非凡的音乐天赋很早就引起他的欣喜与关注。有一次,他与一位朋友一起回到自己的家中,看到 4 岁的儿子正聚精会神地趴在五线谱纸上写东西。父亲问他在干什么,儿子一本正经地回答:"我在作曲。"孩子的举止使两位大人相视而笑,面对着纸上歪七扭八的音符,他们以为这不过是小孩的胡闹。然而,当父亲将儿子的作品认真地看了几眼之后,忽然兴奋地眼含泪花对客人喊道:"亲爱的,你快来看!这上面写的是多么正确而有意义啊!"天才从此开始了他的创作生涯!

尊重艺术规律,学习循序渐进

父亲开始教莫扎特音乐时,本着循序渐进的原则,只教简单的曲子。但莫扎特的接受能力非常强,许多曲子他听一遍,就能毫不费力地记住。"这首小步舞曲是莫扎特在晚上十点,半小时之内学会的。这一天是他

满 5 岁的前一天。"父亲在孩子的成长记录中,清楚地写下了这句话。

因为父亲怕孩子负担过重,所以没有过早地教他作曲。可是,5 岁的莫扎特却开始了自学。

在父亲的熏陶下,小莫扎特对作曲产生了浓厚的兴趣。他经常跟父亲到剧院去,父亲指挥乐队演奏,他就躲在旁边认真地听,渐渐地也就熟悉了一些舞曲。于是,他开始动笔写一些曲子,只是父亲不知道罢了。

父亲发现儿子作曲的天分之后,更加用心地培养。他不仅带儿子参加各种演出,还给他讲一些曲子的创作方法和原理,由易到难、循序渐进教儿子作曲练习;对于一些名家的演出,即使离家很远,他也要带儿子去看,使他从中学习一些东西。

富有天赋而又勤奋好学的孩子

在欧洲音乐史的源远长河中,自幼便显示出音乐才干者并不罕见。可像莫扎特那样早熟的奇才,能在那样小的年龄便被公认为"神童"的音乐家,却是再难找寻。他 3 岁就能在钢琴上弹奏他所听过的乐曲片断,5 岁就能准确无误地辨明乐器上奏出的单音、双音、和弦音,甚至可以轻易地说出杯子、铃铛等器皿碰撞时所发出的音高……如此过硬的绝对音准观念是绝大多数职业乐师一辈子都达不到的。

莫扎特不仅聪明伶俐,而且勤奋好学,他在家里不是弹钢琴,就是作曲。他没有时间,也不喜欢像别的孩子那样玩游戏,五六岁的孩子就像大人一样埋头于音乐。

为使小莫扎特迅速成长,列奥波里德更是精心栽培。他对儿子的学习与训练是极为严格的,除了复杂的音乐理论与演奏技能外,还有拉丁文、法文、意大利文、英文以及文学和历史等的学习。

父亲不辞劳苦地培养教育着莫扎特。为了让孩子开阔眼界,有美好的前途,1761 年秋天,父亲带着 6 岁的莫扎特和女儿南列尔,到维也纳旅行演出。后来他们还到过慕尼黑、法兰克福、波恩、巴黎、伦敦、米兰、波隆那、佛罗伦萨、那不勒斯、罗马、阿姆斯特丹等许多地方，所到之处无不引起巨大的轰动！两个孩子的公演，大大地轰动了当时在欧洲占有重要地位的维也纳艺术界。他们又被请到奥国宫廷演奏。皇族们很欣赏这两个小乐师，让小姐弟俩单独演奏，或是奏四手联弹，这种情况持续了两个星期。莫扎特根据所给的主题即兴演奏，还演奏了自己的作品。人们用布巾盖上钢琴，他也能准确地弹奏出技术复杂的曲子，这使所有在场的人啧啧称赞。

在鲜花、掌声和欢呼的背后，是艰苦的付出、苛刻的训练和严格的考验。列奥波里德要求小莫扎特无论旅途多么劳累，都要能随时进行表演。他还让孩子必须满足听众突如其来、异想天开的种种刁难性的提议，如当场演奏从未接触过的技巧艰深的乐曲，按照听众临时设想的几个低音即兴作曲，并根据指定的调性当即演奏，在一场音乐会上从头至尾全部演奏自己的作品，等等。

经过父亲的严格训练和自己的刻苦学习，莫扎特已经能娴熟地演奏钢琴、风琴、小提琴等各种乐器，并创作了大量的器乐合奏曲。

困顿的音乐人

1772年，16岁的莫扎特终于结束了长达10年的漫游生活，回到了自己的家乡萨尔茨堡，在大主教的宫廷乐队里担任了首席乐师。

尽管莫扎特乃旷世奇才，尽管他享有极大的荣誉，可在大主教眼中，他不过是一个普通的奴仆，并且是一个很糟糕的奴仆。莫扎特不得不每天在前厅穿堂里恭候主人的吩咐，而且随时都有可能遭到大主教的斥责、辱骂，甚至是严厉的惩罚。莫扎特具有极强的自尊心和独立不羁的果敢精神，为摆脱大主教的侮辱与控制，他于1777年再次外出旅行演出，期望能找到一个落脚之处，永远离开萨尔茨堡。

令人深感意外的是，这位曾轰动过整个欧洲的金光闪闪的宠儿此刻竟到处碰壁！尽管他的才华随年龄成正比地增长，可现实社会却无情地冷落了他。他不得不重新回到萨尔茨堡，而这样一来，大主教对待他更加刻薄。莫扎特的辛酸与窘境令常人难以想象。

1781年6月，莫扎特终于在忍无可忍的情况下与大主教公开决裂。他毅然辞职离去，成为欧洲历史上第一位公开摆脱宫廷束缚的音乐家。在当时的社会条件下，这种举动无疑是极其大胆而英勇的。因为这意味着艰辛、饥饿甚至死亡。

列奥波里德力劝他的儿子向大主教赔礼道歉，重归于好，莫扎特坚决拒绝。他在给父亲的回信中写道："我不能再忍受这些了。心灵使人高尚。我不是公爵，但可能比很多继承来的公爵要正直得多。我准备牺牲我的幸福、我的健康以至我的生命。我的人格，对于我，对于你，都应该是最珍贵的！"

冲出牢笼的莫扎特定居在"音乐之都"维也纳，开始了一个自由艺术家的生涯，当时他年仅25岁。

纵观他的一生，除了孩提时期受到父亲的严格教诲外，的确从未得到过正式的教师指导。天才是不容否认的，但人们往往因此而忽略了天才也离不开刻苦与勤奋。1787年10月的一天，莫扎特与歌剧《唐璜》的乐队指挥库查尔兹一起散步时说："以为我的艺术得来全不费功夫的人是错误的。我确切地告诉你，亲爱的朋友，没有人会像我一样花这么多的时间和思考来从事作曲；没有一位名家的作品我不是辛勤地研究了许多次。"

在莫扎特身上，处处都体现出典型的艺术家天性。他是一个热爱生活、充满诗意、富于感情的人。他认为穷人最讲信义，"世界上只有穷人才是最好、最真实的朋友，有钱人完全不知道什么叫友谊"。他天真、单纯，总是兴高采烈。他易受感动，爱掉眼泪，具有女性般的柔情。他童心不泯，像孩子一样充满了好奇，似乎永远长不大。

莫扎特挚爱自己的亲人。每当他谈起父母、妻子时，脸上都不由地闪现出幸福的光彩，语调也格外甜美。在神圣的婚礼仪式上，他和妻子双双落下激动的热泪。大家深受感染，都跟着一起哭了。由于他没有固定的收入，妻子康斯坦采又不善持家理财，因而婚后的生活非常穷困。为了维持日常的生活开销，莫扎特拼命工作、教课、演出、创作，永无休止。尽管如此，日子还是过得相当窘迫。有一年冬天的傍晚，朋友们到他家做客，从窗外看到夫妻俩在屋里愉快地翩翩起舞，纷纷赞叹不已。待到进屋后才弄明白，他们因无钱买煤，不得不利用跳舞来取暖，以此熬过寒冷的冬季。

莫扎特晚年的生活每况愈下，身体也越来越糟，他不得不经常向朋友们求援。当他最后一部杰出的歌剧《魔笛》首场公演时（1791 年 9 月 30 日），他已痼疾缠身。

有一天，一位神情冰冷、身着黑衣的陌生人前来拜见莫扎特，他请大师为他写一首《安魂曲》。陌生人走后，身心交瘁的莫扎特含着眼泪对妻子说，这部作将为他自己而写。"他带着一种狂热的拼死劲儿开始写最后一部作品《安魂曲》。莫扎特处于过度劳累的状态中，他摆脱不了这部'为死亡而作的弥撒曲'是为他自己而作的这样一种念头，他认为自己不能活着完成它了，他鞭策自己来写这部充满死亡景象的杰作，开始了与时间进行的悲剧性竞赛。"一个永远的遗憾是，这场竞赛的胜利者是死神，《安魂曲》写到一半时，莫扎特再也握不住手中的笔了……这部传世之作的最终完成者，是他的得意门生修斯梅尔。

出殡那天，狂风呼啸，大雪纷飞。恶劣的气候迫使几位送葬的亲友中途返回，只剩下一个掘墓老人赶着灵车踽踽独行……这是一个埋葬罪犯、流浪汉与贫民的坟场，下葬的墓穴里已有两口他人的棺材。康斯坦采当时由于重病卧床，没能到场。当她数日后前往坟地时，已无法找到准确的墓址了。人类文明史上的一代奇才就这样无影无踪地消失了，身后留下的还有尚未还清的 1 682 弗罗林的债务。

比起长寿而晚成的海顿来，莫扎特刚好相反，短命而早熟。然而就在他不足36岁的一生里，却为人们创造出数量惊人的音乐瑰宝。其中包括：歌剧22部，以《费加罗的婚礼》《唐璜》《魔笛》最为著名；交响曲41部，以第三十九、四十、四十一交响曲最为著名；钢琴协奏曲27部，以第二十、二十一、二十三、二十四、二十六、二十七钢琴协奏曲最为著名；小提琴协奏曲6部，以第四、第五小提琴协奏曲最为著名。此外，他还写了大量各种体裁的器乐与声乐作品。

莫扎特的音乐典雅秀丽，如同珍珠般玲珑剔透，又似阳光一般热情温暖，洋溢着青春的生命力。由于他的音乐语言平易近人、作品结构清晰严谨，"因而即使是最复杂的创作也看不出斧凿的痕迹。这种容易使人误解的简朴是真正隐藏了艺术的艺术"。

美国音乐学者约瑟夫·马克利斯说得好："在音乐历史中有这样一个时刻：各个对立面都一致了，所有的紧张关系都消除了。莫扎特就是那个灿烂的时刻。"

莫扎特的成功启示

第一，尊重孩子的兴趣。每个孩子都有各种潜能，作为父母，应该及时发现，并且科学开发孩子的潜能，引导孩子在自己擅长的方面或者感兴趣的地方全面发展，做好指引工作。父母都深爱着自己的子女，愿意倾其所有，希望孩子出人头地。但不知不觉中，我们对孩子的期望便会过高，而当孩子不如我们所期望的时候，便又开始着急、生气，甚至失望地迁怒于孩子，给孩子施加更大的压力，使他们无所适从，甚至身心疲惫。比如，进行才艺训练，在轻松快乐的氛围里挖掘、发展孩子一些潜能，培养孩子终生受益的品质，而不仅仅是一些技能技巧的掌握。父母要有的放矢，随时随地培养孩子的才艺技巧，要因势利导地对孩子进行训练，不能把它当作任务迫使孩子完成，更不能成为衡量、评价孩子的标准。

第二，尽量为孩子创造表现才能的机会。莫扎特的父亲经常带他外出演出，就是为了展示其卓越的钢琴天才。因此，父母在孩子的艺术教育中，不要忽冷忽热，忽高忽低，而应当有细致的方案、长远的打算，并尽量抓住机会，让孩子表现自己的才艺。

第三，要让孩子体验进步的乐趣。在艺术潜能的开发和培养过程中，要注意保护孩子的积极性。即使孩子有一点点进步，也要给予高度的赞赏。

快·速·测·评

艺术潜能水平发展测试

◆ **文学潜能测评**

孩子有没有文学潜能，可以从以下几个方面测定：

1. 对阅读有强烈的兴趣。
2. 喜欢听故事、童话、儿歌、童谣等。
3. 识字快且准。
4. 语言理解力强。
5. 能准确地运用词汇和语气。
6. 表达欲望强烈。
7. 对现实生活观察细致。
8. 善于对人物、现象概括分类。
9. 具有丰富的联想能力。
10. 喜欢写日记。

◆ **美术潜能测评**

孩子有没有绘画潜能，一般要由专家通过作品分析来确定，有时也可以通过专门的绘画测验来完成。但是家长可以从下列方面来发现孩子是否具有绘画潜能。

1. 是否对绘画活动有强烈的兴趣爱好。例如很小时就有兴趣涂涂抹抹。

2. 对色彩是否很敏感。

3. 是否善于把握事物的局部和整体，即对某一个事物既能从整体上把握，又能从部分上把握。

4. 是否具有较好的图形、形象的想象能力。

5. 对事物的空间位置关系、色调、形态等是否有着较强的记忆力。

6. 在绘画活动中对描绘对象的结构、比例、位置、亮度、色调等是否有正确的估计和判别能力。

7. 孩子的绘画作品——如绘制线条、使用色彩等是否合情合理。

8. 能否说出12种颜色以上的名称。

9. 孩子是否观察能力较强，能否发现事物的细枝末节。

10. 是否有一定的空间感。

◆音乐潜能测评

你的孩子是否具有音乐潜能，通过专家所列的下述项目来测定：

1. 参加活动时，喜欢选择音乐。

2. 能准确定音，并记住一个音调。

3. 较早地开始抚玩乐器。

4. 能很快地学会识谱。

5. 能自己发明简单的小乐器。

6. 能自己创作出曲调。

7. 对音乐感兴趣。

8. 能区分各种曲目。

9. 喜欢跟着音乐打拍子，并且不走调。

10. 别人唱错了会指出来。

孩子音乐潜能发展表

0～1岁

开始牙牙学语，能够随着节奏鲜明的音乐自发地手舞足蹈。

1～1.5岁

喜欢模仿听到的各种声音，对声调表现出一定的敏感；能区分出赞许的声调和责骂的声调；开始学唱歌。

1.5～3岁

表现出对某些音乐的爱好，开始尝试着随音乐跳舞；开始对乐器发生兴趣；学唱歌，后期还能学会唱完整的歌和背诵完整的儿歌。

3～4岁

用音乐表达的欲望和能力大大增强，能感受最简单的曲式结构，会尝试用不同的方法来表达对音乐的感受，如用打击乐器来表现乐曲的节奏；能够较为准确地唱简单的歌曲，甚至即兴哼唱自己编的歌。

4～5岁

能从不同歌曲中领略不同的情绪，描述对音乐情绪的体验，能更准确地听辨歌声，更好地控制嗓音来唱出准确的旋律和节奏；对音乐的记忆能力更强，开始识别出一些乐器的音色；能区别一些节奏型，甚至可以用打击乐器伴奏，或创编出一些简单的节奏型。

5～6岁

嗓音的音域扩大了，节奏更准确，对力度和速度的控制更加细腻，表现力更丰富；开始较为协调地跳舞，动作也能自然地跟上音乐的节奏。

◆ **舞蹈潜能测评**

1. 对舞蹈有强烈的兴趣。

2. 动作协调、轻盈、优美、灵活。

3. 动作完全与音乐一致。

4. 脚的走、跑、行进、跳跃等动作记录和把握节奏灵活自如。

5. 能利用手和手臂的结合，做出许多动作。

6. 喜欢模仿性动作。

7. 喜欢电视上的舞蹈节目。

8. 能伴着音乐的节拍律动。

9. 愿意与小朋友一起表演。

10. 能根据自己学过的动作，创编一些简单的舞蹈。

未·来·预·测

具有文学潜能的孩子，长大后可以成为作家、记者、演员、主持人、评论家等。具有美术潜能的孩子，长大后可以向画家、美术师和建筑师等方向发展。具有音乐潜能的孩子，将来可以在作曲、演奏、演唱和音乐教学研究方向发展。具有舞蹈潜能的孩子，宜向舞蹈家、健美运动员、花样游泳、滑冰运动员、体操运动员和时装模特方向发展。

第六篇　大脑风暴
——唤醒孩子的学习潜能

　　一个人长得漂亮是偶然的运气，会写字念书才是真正的本事。

——莎士比亚

　　真正有兴趣的学习都有几分游戏的快乐。

——罗曼·罗兰

　　儿童兴致好的时候，学习效率要好两三倍，而被迫去做要花加倍的时间与辛苦。

——洛克

1. 激发孩子的学习兴趣

兴趣爱好是孩子学习中最活跃的因素，有了兴趣，学习才不会成为孩子的沉重负担，孩子才会愉快、主动地投入到学习当中。

科学巨匠爱因斯坦说过，兴趣是最好的老师。父母要想把孩子身上的潜能发掘出来，就要善于发现孩子的兴趣、激发孩子的兴趣。兴趣是孩子最强有力的学习动力。有了兴趣，孩子就有了学习的渴望与积极性，就有了自觉学习的可能，就有可能持之以恒，并且从中体验到快乐。这样，孩子才能把"要我学"变为"我要学"。

陈宇华，1972年生，原籍中国，1978 — 1984年就读于长沙48所子弟小学；1984 — 1990年随父母来到福建厦门就读于厦门一中；1990年以厦门文科第一名的成绩被保送到中国人民大学，1990 — 1993年就读于中国人民大学经济系，1993年以当年我国大陆地区唯一的本科生被录取到美国斯坦福大学；1993 — 1995年就读美国斯坦福大学；1995 — 1997年就职于美国科尔尼咨询公司香港分公司；1997 — 1999年就读美国哈佛大学商学院；1998年就职于美国高盛投资银行香港亚太区总部；1999年就职于默多克新闻集团北京分公司；2000年1月创办华有德康信息技术有限公司。

陈宇华的父母回忆说，和其他孩子一样，陈宇华小时候也不是特别爱学习，小时候的她和其他孩子的差别并不是很大，无论是智力上，还是对学习的兴趣上。

像大多数家长一样，宇华一两岁时，父母就给她买了很多的书，像什么《唐诗300首》《幼儿数学》《十万个为什么》等，一有空就给她灌输，但是她并没有表现出多大的兴趣。往往是父母在讲，她在东张西望，心不在焉的，根本不感兴趣。

父母也没办法。看看别人家的小孩摇头晃脑地背着："日照香炉生紫烟，遥看瀑布挂前川……"父母心里羡慕极啦。可是，宇华一首诗也不会背。父母也不知道该怎么办，甚至有时想，这孩子是不是有点笨。

宇华倒是挺喜欢小汽车的，整天拿着汽车摆弄。

"爸爸，汽车为什么4个轮子？"一天，宇华举着小汽车问。

"4个轮子才稳当啊。"爸爸一边看报纸一边随口回答。

"那，三轮车为什么是3个轮子？"

"……有3个轮子，也就稳当了……"爸爸有些不耐烦，因为他正在看一条重要的新闻。

"那，自行车怎么只有两个轮子？"

爸爸放下了报纸，有些吃惊又有些尴尬地看着宇华，宇华正睁大眼睛看着他。父女对视了一分钟，爸爸才缓过神来。

从宇华乌黑但充满了疑问的大眼睛里，爸爸像是看到了什么！

"这不就是几何的几个基本原理吗？"爸爸的脑子里像有个小火花跳跃了一下。当然，这只是实际生活中的几个小小的疑问而已——但正因为是实际的，所以比教学上的理论更鲜明、更活泼！

爸爸知道该怎么做了，像是大梦初醒一般！

"好孩子，"爸爸一把把宇华扯到怀里，"来，爸爸给你讲！"

爸爸就用最浅显的话，认认真真地给宇华讲着。令爸爸感到特别高

孩子，你能行：激发孩子的无限潜能
You can inspire children's infinite potential

兴的是：这次宇华竟然一动不动，老老实实地听着爸爸的话，既不乱讲话，也不做小动作了。调皮、不爱学习、不会背诗的宇华，现在多么像一个好学生啊！

这件事情给了父母很大的启发，那就是：兴趣是最好的老师。以前听这到句话，父母还不太理解：兴趣？她根本不去学习，哪里来的兴趣？她哪里知道学习的兴趣？现在，父母明白了，兴趣不仅仅存在于课本中、课堂上，更多的是存在于现实生活中。

从此，父母开始发现，宇华原来是个很爱学习的孩子：她总是不停地提问。

"爸爸，为什么天是蓝的？"

"妈妈，为什么海水也是蓝的？"

"为什么父母喝的水、洗脸的水，却没有颜色？"

以前，父母会觉得烦，总是要么胡乱说说，要么搪塞不理。

后来，父母就把一切地方，都当作了宇华的大教室。

饭桌上——"为什么不吃饭就会觉得饿？"

"因为人必须得吸收营养啊。像小树必须得浇水一样……"

玩耍时——"为什么轱辘是圆的？"

"圆的才能转啊，方的就不行……"

散步时——"为什么花是红的，叶子是绿的？"

"因为叶子里有叶绿素……爸爸也说不清楚，咱们回去再看看书好吗？"

总之，就这样，父母认真地对待宇华的各种问题，能解决的就解决，不能解决的，一面鼓励她自己思考，一面自己恶补各种知识，然后再告诉她。宇华的求知态度得到了肯定，求知热情也就更加高涨，不断地提问，也在不断地获取知识。

父母想：有了兴趣，并从这种兴趣中得到快乐、满足的她，将来一定会是个好学、勤学、善学的好学生。

当后来有人把这些归结为自主教育时，陈宇华说，"我是无法忘掉父母从小对我的培养的，但是他们教育的起点，都是以我为中心的。我喜欢的，他们就愿意教我；我不喜欢的，他们是不会勉强我的。"

每次当孩子看着什么东西出神的时候，爸爸就轻轻地蹲下身，问："宇华，你看到什么东西了吗？"

"那颗星星是在水里吗？怎么在天上晃来晃去啊？爸爸。"这个问题有些奇怪。

爸爸望了望星空，明白了原来是天上的星星在闪，这个问题其实挺简单的，因为大气层的空气在流动，所以看起来星星在晃动。

爸爸说："这个问题很好，宇华想象力很丰富啊。但是，天上哪来的水啊？那是天上的空气在流动，所以星星看起来是在晃来晃去的。"

宇华似懂非懂，爸爸也觉得这个问题太难了，就省略过去，不说了。

过了几天，爸爸带着宇华出来买东西，刚好路过一家早点铺子，笼屉放在蒸锅上，下面的大炉子生着火，向外舔着火苗，鼓风机在底下"呼呼"地送着风。

"宇华，你快过来看呀！"说着，爸爸站到了离炉子两米远的地方。宇华好奇地跑了过来，仔细地看了又看——咦，什么也没有啊。宇华迷惑地看看爸爸，爸爸微笑着对她使了使眼色，意思说："再仔细看看。"

哦，原来透过火苗附近的空气看过去，对面的东西都是在抖动的，那个在喝豆浆的叔叔的背部都有些模糊不清了。

"这是什么原因啊？"宇华心里暗暗地问自己。

"宇华，想起来那天你问的星星在晃动的那个问题了吗？"爸爸拍拍孩子的肩头。

"哦，就是这样的，空气被火烤热了，流动起来，看过去后面的东西就在那里晃动了。"

孩子，你能行：**激发孩子的无限潜能**
You can inspire children's infinite potential

宇华恍然大悟，爸爸的意思就是星星附近的空气在流动，星星看起来就在晃动了。

"那么，爸爸，天上的大火炉在哪里啊？"

爸爸有些愣了，这个解释起来更复杂，于是笑笑说："宇华，这个问题把爸爸难倒了，以后自己多多看书，等你找到答案了，来告诉爸爸吧。"

"那个大火炉是不是太阳啊，爸爸？"宇华充分地发挥自己的想象力。

后来，爸爸对妈妈说："还是你来带段时间吧，我觉得自己一上街就是满脑子的问题。"妈妈哈哈大笑起来。

宇华的好学好问，很合爸爸的心意。虽然在生活上爸爸给她立下了很多规矩，但是在知识探索上却非常开明，从宇华小的时候开始，他就注重培养孩子多方面的兴趣，鼓励她"随心所欲"，到后来，宇华对书法、音乐、体育和文学都有涉猎。

如何激发孩子的学习兴趣呢？我们给父母的建议是：

引导孩子从学习中不断感受到乐趣。对未知的探索、对新知识的渴求，和我们旅游爬山一样，登得越高就看得越多越远，从而充满了获得知识的快乐。当孩子尝到这种乐趣后，即使被管得严些，孩子也接受得了，因为孩子从中感受到了快乐。

引领孩子在努力中不断地体验到成功。学习是一件苦差事，如果只是一味地苦读，却尝不到一点成功的回报，时间长了，孩子势必会厌倦学习。所以，对孩子点点滴滴的进步和成功，我们都应看到并给予适当的表扬或鼓励。哪怕只是一句"今天很不错"的话，也能使孩子体验到成功的快乐，从而激励他去争取更大的成功。

要帮助孩子在奋斗中不断瞄准新的目标。带孩子登山，我们经常指着前面某一处说，加把劲，爬到那里再歇一会儿。每次作业，每次考试，每次寒暑假，父母都应该帮助孩子制定出应完成并且努力后能够完成的目标。如今天作业争取八点前做完，这次考试力争平均分数达到80分，比上次高2分等，使孩子感觉到学习有目标、有奔头。这样，不仅能使孩子从目标完成上感到压力变成了动力，更能使孩子从努力超前或超质量完成目标中经常体验到成功，为以后攀登更高的人生目标打好基础。不过，在目标设置中有两点要注意，一要防止要求过高。假如孩子即使努力了也完不成，那么他又何必去努力呢？二是不能随意在孩子已经完成目标后再加码，使孩子感到"我努力了反而会有更多的作业在等着我，与其这样，不如慢慢做"。

鼓励孩子参加课外活动小组。课外活动的实践，可以使孩子切身感受到知识的不足，需要进一步学习。如果孩子对数学没有兴趣，就鼓励孩子参加数学兴趣小组，多做数学趣味题，这样就会激发孩子学习数学的兴趣。

诱发孩子的学习动机。要激发孩子的好奇心，促使孩子进行探索性的学习，增强求知欲，明确学习目标。大部分学习目标明确的孩子，其学习成绩皆优良，而且富于进取心。

2. 引导孩子专心致志地学习

　　学习专注是所有学者的共同特征。每个孩子的头脑里都有着专注的成分，只不过由于引导上的差异才导致了孩子们后天在这方面的差距。

　　有的父母存在浮躁心理，喜欢攀比，见别人的孩子学啥，也送自己的孩子去学，恨不得天下所有的知识都要孩子知晓，所有的技能、特长都要孩子掌握。这只会使孩子看起来什么都会，却无一技之长。培养孩子的专注力十分重要，父母在孩子小的时候就应该培养孩子的专注力。当孩子做某事时，应要求他在规定时间内完成并帮助他排除外界的干扰；鼓励孩子对感兴趣的问题寻根问底，深入思考；鼓励孩子在兴趣广泛的基础上，选择最着迷的对象深入下去，父母应有意识地强化孩子这方面的兴趣。

　　孩子会对许多事都感兴趣，但往往浅尝辄止、很难专注于某事——如果不能全身心地投入进去，就永远只能在目标的外围徘徊，很难取得高成就。

　　法国大作家巴尔扎克在写作时常常会进入忘我的境界。有一次，一位朋友来访问巴尔扎克，见到他正在专心致志地写作，不忍心打扰他，就坐在一旁等候。吃午餐的时候，仆人送来了饭菜，这位朋友以为是招待自己的，就把饭菜吃了。又等了一会儿，巴尔扎克还在写作，这位朋友就悄悄地走了。天黑了，巴尔扎克突然觉得饿了，就来端碗端盘，却看到饭菜已经被吃光了，他就责备自己说："真是个饭桶，吃完还要吃！"

法国昆虫学家法布尔为了解蚂蚁的生活习惯，曾连续几小时趴在潮湿的地面上，用放大镜观察蚂蚁搬运死苍蝇的活动。当时周围有许多人围观议论，他却毫不理会。大文学家罗曼·罗兰有一次与著名雕塑家罗丹去参观他的工作室，欣赏他刚完成的作品。可是来到塑像前，罗丹发现还有几处地方不满意，于是拿起凿子就修改起来，口中念念有词，仿佛那座雕像是他的朋友。两个小时后修改完毕，罗丹满意地瞧了自己的作品一会儿，然后大摇大摆地离去，差点把他的朋友锁在屋里。事实证明，专心可以有效调动整个大脑神经系统来解决问题、高效率地完成任务；分心就会降低学习效率，甚至对本来可以弄懂的问题感到迷茫。

无独有偶，我国伟大的地质学家李四光也有过类似的笑话。

据他的女儿回忆，有一天，时间已经很晚了，李四光还没有回家，女儿来叫他回家吃饭，谁知他却一边专心地工作一边亲切地说："小姑娘，这么晚了还不回家，你妈妈不着急吗？"等到女儿再次喊"爸爸，妈妈叫你回家吃晚饭了"时，他才抬起头来。他不由地笑了，小姑娘不是别人，正是他自己的宝贝女儿。

我们也都听说过，我国大数学家陈景润一边走路一边思考他的数学问题，不知不觉中和什么东西撞上了，他连声说"对不起"，却没听到对方的反应，抬头一看，原来是棵大树。

为什么这些大科学家会发生这样的事呢？原因很简单，因为他们一心想着自己热爱的科学问题，对他们所思考的科学问题反应清晰，对于这些问题之外的事情一点也没考虑，没有在意。

孩子能否集中精力与父母的教育、教养的态度和方法有很大关系，正所谓"成功孩子的背后总会站着伟大的父母"。

因此，要想提高孩子的学习成绩，唤醒他们的潜能，第一步就要注意培养和训练他们的注意力，使孩子养成专心致志的习惯。否则，只能事倍功半，甚至徒劳无功。

使孩子专心致志地学习，我们给父母的建议是：

引导孩子集中注意力。这对任何一种劳动，尤其是脑力劳动而言具有很大的意义。能做到注意力集中的儿童，不但作业完成得比较快，而且完成得比较好，效率高。那些作业马虎、粗枝大叶的孩子主要是因为注意力不集中，没能仔细地看准习题的要求和提供的条件。而且善于集中注意力的孩子学习起来比较省力，效果比较好，也因此有更多的时间来休息和进行娱乐活动。在小学阶段，低年级的孩子，学习知识并不是最重要的，重要的是养成良好的学习习惯，而稳定持久的注意力是学习习惯中最重要的一个方面。老师总要求一年级的孩子坐姿端正，目的就是训练他们集中注意力，那些坐姿懒懒散散、东倒西歪的孩子显然是不可能专心致志地听课的。

学习最大的"敌人"就是注意力分散。有的孩子很聪明，可是不专心听讲，做事情总是有始无终，有的甚至一边看电视一边做作业，注意力非常不集中，从而影响了学习。明确目的能有效地集中孩子的注意力，也就是不仅能要孩子明白做什么，而且要让他知道为什么要这样做，讲明意义，激发他做好这件事的愿望。此外，游戏是培养孩子注意力的好方式。父母要有意识地让孩子做一些集中注意力的游戏，比如玩拼图、搭积木等，使孩子在浓厚的兴趣中，养成注意力集中的习惯。孩子在玩游戏时，常会全身心地投入进去，父母切不可随意打扰或干涉。

给孩子一个安静、整洁的学习环境。孩子的书桌上除了文具和书籍外，不应摆放其他物品，以免分散他的注意力；抽屉柜子最好上锁，免得他随时都可能打开，在没完成作业的情况下去清理抽屉；书桌前方除了张贴与学习有关的如地图、公式、拼音表格外，不应张贴其他吸引孩子注意力的东西。女孩的书桌上也不应放置镜子，这会使她有时间顾影"自美"或"自怜"。更不能允许孩子一边看电视一边做作业。

要求孩子在规定的时间内完成作业。如果作业太多，可以分段完成。有的父母因为孩子的注意力不够集中而在旁边"站岗"，这不是长久之计，也不是行之有效的办法，因为长期这样，会使孩子产生依赖心理。此外，孩子的注意力与孩子的情绪有很大关系，因此父母应该创造一个平和、安宁、温馨的学习环境。声音嘈杂的环境、杂乱无章的屋子、不正常的家庭生活等，所有这一切都会严重影响孩子的注意力。同时，父母应该了解，能否集中注意力也与孩子的年龄有关。研究表明，注意力稳定的时间分别为：5～10岁孩子是20分钟，10～12岁孩子是25分钟，12岁以上孩子是30分钟。因此，如果想令10岁的孩子60分钟坐在位子上去专注地完成作业几乎是不可能的。

常听有些父母说："我的孩子做事效率低，做作业动作慢，一边写一边玩。"父母要下意识地提高孩子在某一时间内做好一件事的本领。对于家庭作业，父母要帮他们安排一下，做完一门功课可以允许休息一会儿，不要使孩子太疲劳。有些父母觉得孩子动作慢，不允许孩子休息，还唠叨没完，这都会使他们产生抵触心理，效果反而不好。

对孩子讲话不要总是重复。有些父母对孩子不放心，一件事总要反复讲，这样孩子就习惯于一件事反复听好几遍。当老师只讲一遍时，他似乎没听见或没听清，这样漫不经心地听课常使得孩子不能很好地理解老师所讲的内容，无法遵守老师的要求，自然也就谈不上取得好的学习效果。父母对孩子交代事情只讲一遍，是培养孩子注意力的一种方法。

激发孩子善于"听"的潜能。"听"是人们获得信息、丰富知识的重要来源。"会听讲"对学生来说是相当重要的，因为老师多半是以讲解的形式向学生传授知识的。父母可以通过"听"来训练孩子的注意力，比如父母可以引导孩子听音乐、听小说，鼓励孩子用自己的话来描述听到的内容，从而培养专心听讲的好习惯。

合理安排学习内容的顺序。研究表明，学习的最初几分钟，一般效率较低，随后上升，15分钟后达到顶点。根据这一规律，可建议孩子先做一些较为容易的作业，在孩子注意力比较集中的时间再做较复杂的作业，除此之外，还可交替完成口头作业与书写作业。

3. 培养孩子认真、严谨的学习态度

认真学习是对一个孩子的基本要求。只有孩子用认真、严谨的态度对待一切学习活动，他才能以严格的标准要求自己，深刻地理解和牢固地掌握各类科学文化知识，发展各方面的潜能。

学习的态度和生活的态度是相互影响的。

德国的工业品质量好，在西方国家出口率极高。他们为什么能制造这么好的产品呢？德国小学对于学习的认真严谨态度的培养相当细致、有效，这种态度会伴随在以后他们的工作、学习、生活中。

教育家叶圣陶先生说过："教育是什么？简单地说就是养成良好的生活习惯。"培养认真严谨的学习态度，是为孩子将来严谨治学打基础。

认真、严谨是在学习过程中经过反复练习形成并发展，它会内化为个体需要的自动化学习行为。认真严谨的学习态度，有利于提高学习效率，有利于培养自主学习能力，有利于培养孩子的创新精神和创造能力，使孩子终身受益。

认真、严谨，要从一点一滴抓起。我们看一下杰出的中年科学家蒋筑英的教育方法。

蒋筑英有一儿一女。女儿蒋路平小时候比较粗心，做算术经常马马

孩子，你能行：激发孩子的无限潜能
You can inspire children's infinite potential

虎虎，很少得一百分。这一情况引起了蒋筑英的注意。有一次，蒋筑英把女儿的算术试卷要去，看完后指着算错的地方对女儿说："你看，又错了。"可是，路平漫不经心地说："就差一个小数点，有啥了不起呢？"是的，计算过程出差错这是难免的，然而路平这种毫不在乎的神情，却是一种不负责任的态度，是一种危险的苗头。蒋筑英清楚地意识到了这一点，严肃地对女儿说："路平啊，你不可以轻视一个小数点。当医生开药方时，差一个小数点，病人可能会死亡；当会计的多一个小数点，国家就可能成十倍地受到损失。"

听了父亲的话，女儿头一次感到小数点问题是那么重要。从此，她学习踏实多了。但是，蒋筑英并没有因此放松对女儿的要求，他一再教育路平要树立踏实、严谨、细致的学风，勤学好问，独立思考。在蒋筑英的帮助下，女儿的学习成绩逐步提高了，父亲高兴地勉励女儿说："做什么事都要踏踏实实地干。"

蒋筑英对女儿的批评教育及时而果断，从小事情看到了大问题。一个小数点是小事，但是如果思想上不重视，养成了粗心大意的毛病，往后在工作中或自己的事业中就有可能出现大问题。

认真、严谨的学习态度，对孩子的成长是大有好处的，下面再看看陈欣奕的例子。

陈欣奕是一个17岁的高中女生。她从来没有跨出过国门一步，但她却接二连三地收到了美国加州理工学院、宾夕法尼亚大学、哥伦比亚大学的录取通知书，并被授予全额奖学金。她在学习英语上的严谨细致，给了我们很多启示。

欣奕所在的学校是一所普通学校，离家特别近，透过家的窗户就可以看到教室的桌子。欣奕不用像同楼的其他孩子那样，早早地起来赶去很远的重点学校上课，她可以把美梦持续到七点半，然后踩着铃声去上学。

有一天，当欣奕刚在课桌前坐稳时，老师捧着一叠调查问卷进入教室。

那是欣奕平生第一次填调查问卷，她感觉自己的笔特别沉重。问卷中有一道问题是："你想不想出国，为什么？"

在此之前，欣奕从没有想过这个问题。欣奕最终填写了"出国"。她的理由是："学习先进国家的科学技术，为祖国服务。"

全班 30 多个同学，只有 2 个填写了"出国"。一个是欣奕，另一个是在业余体校的女孩，她想出国参加比赛，为国争光。

放学回家，欣奕向妈妈说了自己的答案。妈妈很高兴，夸欣奕和那女孩有志气，并鼓励欣奕将来出国念最好的大学。出国念大学成了欣奕的梦想。欣奕并不羞于向别人透露自己的梦想，亲友听了，往往一笑，就像听说一个小孩长大要当科学家一样。其实对于欣奕来说，这也只是一个遥远而美好的梦想，但是美好的梦想产生的地方就是梦想开始萌芽的地方。

欣奕的梦想，需要一种关键的工具支撑，那就是外语。"外语是人生斗争的武器"，在这个全球一体化的时代，在改革开放的中国，学习外语更具有特别重要的意义。

欣奕的妈妈认识到学习外语的重要性和紧迫性，她觉得学习外语一定要早早起步，像真正掌握一门语言一样去学习，因此，兴趣特别重要。欣奕她开始学习外语的时间比一般人要早，而且注重应用与消化吸收，而不是一味地盯着生硬的语法。

小学毕业了，欣奕如期收到了市重点中学的录取通知书。随之而来的是一个漫长而没有作业的暑假。欣奕和妈妈的想法不谋而合——学英语。

妈妈在一所外语学校为她报了学习班。欣奕第一次参加社会上的外语班，兴奋而好奇。班里学生年龄最大的已有 23 岁了，最小的只有 10 岁。老师是个白皙文雅的大女孩。她对这些水平参差不齐的学生并没有统一的要求。她在课上带领大家朗读课文，然后讲解课文的内容，并没有更多地涉及语法问题。有时她高兴了，还会给大家讲一些国外的故事，特

别生动有趣。

老师并不把这些学生当外人，连她准备考研究生的计划也告诉他们。她还带同学们去家中看原版的动画片，片中的英语对白欣奕基本上听不懂，但是那精彩的画面吸引了欣奕，使欣奕学英语的愿望更加强烈了。

欣奕上午去辅导班上课，下午在家自己听课文磁带复习，她掌握的单词量迅速增加，简单的阅读、对话也可以应付了。欣奕没有强迫自己去理解那些烦琐枯燥的语法和时态，而是举一反三，只管怎么说，不管为什么这样说，像幼儿初学母语一样。在以后的学习中，欣奕始终保持着这种方法。

欣奕在这个班最大的收获，就是她开始喜欢学英语了。趁热打铁，欣奕又报名参加了第二期的英语学习班。

"书山有路勤为径，学海无涯苦作舟。"这里的"勤"并不只局限于多读书。除多读书之外，学习的途径还有很多。当心中有了明确的目标以后，所有的行动都可围绕这一中心进行，只有这样，才能最大限度地利用所有可利用的时间、精力以及机会。当一个人专心致志，有头绪、有条理地全力以赴地奔向自己的目标时，这种"苦"已经远不是寻常意义上的"苦"了，它在某种意义上成了乐趣。而乐趣又形成稳定的原生动力源，促使人们更加快速地逼近目标。

欣奕踏进了中学校门，班上有许多高手，他们中有人在小学就拿过全国英语竞赛一等奖，还有人是从英语国家来的。欣奕的英语水平在班上只能算得上中等。

但是欣奕很勤奋，她持之以恒地学习英语，每个周日都会去英语辅导班听课，从来没有耽误过一次。

每天中午，欣奕也都是边吃饭边听英语，午休时间也被用来读英语书。晚上无论有多少作业，她都会抽出一定的时间学英语，就这样孜孜不倦，每学一课，努力不止。

欣奕经常读一些英文小说、报纸。欣奕津津有味地反复翻阅着，在英文的海洋里漫游，她从中获得了许多新鲜的思想和知识。

欣奕上初二时参加了为初三学生举办的市英语竞赛，经过初赛、复赛和决赛，进入了市前30名，获得了二等奖。

初二第一学期，因为欣奕在全国数学竞赛中获了奖，被调到数学实验班，但欣奕并没有放松对英语的学习。初二暑假，欣奕参加了英语四级的辅导班，目标是在初三时考过英语四级。

酷暑难耐，教室里坐满了人，欣奕真正感受到了大家对学习英语的热情。

四级班课程分语法、听力、阅读三部分进行，分别由三个老师讲授，讲阅读的同时兼讲一些写作。老师有时当堂测试，欣奕做完题偷眼看看旁边，发现自己的准确率甚至比他们还高一点，这顿时给她增加了不少信心。

不料，欣奕的雄心壮志却在顷刻间化为泡影。由于名额已满，在四级考试马上就要到来的时候竟然没有报上名。仿佛一盆冷水泼下来，泪水立刻从欣奕的眼眶涌了出来。英语老师安慰欣奕说："没关系，下次考六级。"

欣奕暗自发誓："六级也不考了，我要直接考托福。"

欣奕学习英语的窍门概括起来为四个字：认真、灵活。

"认真"这个词，在同学们眼里早已经成了陈词滥调。欣奕却感到，认真是一种精神境界，认真是一丝不苟、高度专注，是全身心地投入。当你达到这种境界的时刻，你就看到了成功的曙光。

欣奕一丝不苟地完成课后练习的每一道题，包括各种写作、书写、扩写、改写等，两年下来，写满了整整五个练习本。关于练习写作，她对自己的要求近乎苛刻，表达特别准确。如果有不清楚的地方，她就不厌其烦地查词典；对没有十足把握的句子，她坚决不用。

翻开欣奕当时的作文本，你很少会发现错误。欣奕英文写作的基础就是在那时打下的。打基础时多花一个小时，将来提高一步时就会少用十个小时。多多练习、一丝不苟，使欣奕受益颇多。

打基础时可以灵活地运用多种方法。在英语学习中，背单词是烦琐的，但不会令欣奕头疼。欣奕安装了一套"轻轻松松背单词"的软件，用来辅助学习，感觉效果不错，还可以用来复习，及时查漏补缺。抄写单词也是一种好方法，传统但有效。但最关键的还是要多阅读，不断地补充新词，巩固旧词。"巩固"，在学习过程中也是十分重要的，只有不断、反复地巩固，孩子才能达到对知识的熟练运用。而新旧知识往往是相辅相成的。阅读恰恰是一种能融新旧知识为一体的学习方式，它对单词的积累以及对英文的理解力、解题技巧的提高来说，都是一种必不可少的环节。

欣奕给自己制订了跳跃式的计划，不断定出更高的目标，暂时理解不透的，没有关系，继续前进。知识，尤其是语言知识，是有连续性的，当你过一段时间再回头看看原来不理解的地方，就会恍然大悟。

欣奕不但要在学校的各门课程中保持优异的成绩，还要参加学校的各类竞赛和各种社会工作，这样，欣奕的时间经常被安排得满满的。欣奕惜时如金，同学见欣奕在课间的几分钟里还带着随身听听英语。

其实，熟练性、记忆性的学习不一定占用很多整块的时间，经常不断地利用零星时间持之以恒地学习，效果更为显著。结合跳跃式的学习方法，使欣奕感到花的时间不多但学习效果很好。

从初三开始，欣奕用在英语上的时间不比别的同学多，只有每天英语课上的40分钟，英语作业也免去了。上高一后，欣奕利用英语课的时间做托福和GRE的题，效率很高。这与欣奕以前打下的良好基础是分不开的，掌握的单词量越多，进步就会越快，学习起来就会越轻松，这样就形成了良性循环。正是先苦后甜，苦尽甘来。

引导孩子养成严谨、细致的学习习惯，我们给父母的建议是：

培养孩子一丝不苟的精神。不要以为孩子还小，不需要严格要求。孩子一旦养成了马马虎虎的坏习惯，再改过来就困难了。

鼓励孩子提出问题并耐心地对待孩子的提问。孩子在学习中提出问题，说明孩子认真思考了，有主动求知的欲望，父母应该高兴，应耐心地回答。

激发孩子灵敏与活跃的思维潜能。随着孩子年龄的增长和潜能的提高，对知识的学习也由靠吸取和累积变成了运用和创新。这就需要孩子认真地去思考。

4. 鼓励孩子养成刻苦钻研的习惯

每位父母都要根据自己孩子的特点，发现孩子的兴趣，引导孩子专心地在某一领域开拓、刻苦钻研。只有这样，孩子的潜能才能被最大限度地激发出来。

今天，大多数父母都懂得对孩子进行早期教育的重要性。因此，在生活中，许多父母想方设法、省吃俭用，为子女添置设备，供孩子去学钢琴、学书法、学舞蹈、学英语……比起出生在20世纪六七十年代的人来说，现在的孩子拥有更多的特长、更大的潜能。

然而，并不是所有的孩子都适合去做音乐家、演奏家、书法家、舞蹈家。很多孩子可能对音乐、书法、舞蹈根本没有什么兴趣，父母的强迫反而会造成孩子性格的扭曲，甚至引起一些不该发生的悲剧。所以，音乐、书法虽然可以成就孩子的身前身后名，但并不适合所有孩子，父母们不可期望过高。如果孩子对音乐兴趣索然，不怎么"知音"，就该允许孩子另有选择，切勿"牛不吃草强按头"。生活中有这样的例子：一对年轻夫妇勒紧了裤腰带，四处筹款，为儿子购置钢琴后，便如监工一样，每天督促孩子苦练，剥夺了孩子所有的游戏时间。渐渐地，孩子视弹琴为无尽无休的苦役，有一天用刀剁下了手指，作为对父母苦心的答复。

另有一户人家，孩子虽未自伤，却挥锤砸毁了钢琴键盘。

事实上，我们所看到的很多学有所成者，都是在某一方面有浓厚兴趣，并有这方面特长的人。当他们对某一问题产生强烈的兴趣后，就会集中精力钻研下去。

20世纪90年代出现在我国乐坛上的童星徐唱，就是这样一个例子。1992年，才7岁的徐唱已出版个人录音专辑4盘，为《编辑部的故事》等5部电视连续剧配唱，成了一名颇受欢迎的小歌手。

徐唱的父亲是我国著名的作曲家徐沛东，其实，徐沛东最初也没有想过要引领女儿成为一个儿童歌唱家，成为小童星。徐沛东在进棚录音时喜欢带着宝贝女儿，久而久之，小徐唱看到叔叔、阿姨唱歌，也抢话筒要唱。开始徐沛东觉得这是小孩瞎闹，没有放在心上，也不许小徐唱，以免影响工作。但有一次，录完音后，他实在磨不过女儿，就允许徐唱唱了一首歌，他一听，唱得还不错，在场的人都说，她对唱歌很敏感，懂得调整，还很会用气。

通过这一次试唱，徐沛东认识到了女儿的特长，也认识到了女儿的兴趣，开始着意培养小徐唱在声乐方面的才能。长时间环境的熏陶，加上从前在音乐方面的素养，她很快就成为一名家喻户晓的小歌星。

徐沛东对女儿的成长持一种很平和的心态，在谈到为何教导女儿学艺时，他说："每天坚持练琴，其实挺难的，但我要求她必须坚持，练好童子功，其目的是引导她养成一种刻苦、不怕困难的好习惯。尽管如此，我从没想过把徐唱培养成钢琴家、歌唱家，我指导她学琴，是为了开发她的智力，辅导她多学一门手艺。现在，学琴的孩子那么多，要想真学出来，很难。现在每个家庭都只有一个孩子，也别太较劲了，逼太紧了也不行，顺其自然最好。我现在能做的，就是帮助徐唱从小打好基础，如果她有这方面的天赋，以后愿意弹琴、唱歌，我会培养、帮助她，如果她想干别的也可以。"

鼓励孩子养成刻苦钻研的习惯、我们给父母的建议是：

要引领孩子尝到成功的滋味。孩子一旦对成绩灰心失望，就会产生厌倦的情绪，循序渐进才能使他们树起自信心。例如，孩子的语文成绩好但数学差，就指导他先做语文，后做数学；做数学时，首先示意他做些简易的题目，增加信心后，再去做那些较难的。

欲速则不达。强迫孩子学习，逼得太紧，会使孩子变得焦躁，不耐烦，潜意识里产生逆反心理，因此变得健忘。

不要吝啬赞美之词。孩子学习有进步了就要给予赞美，这样能起到很大的鼓励作用。不要过分批评他的错处，因为这样会影响他的情绪，从而导致更大的错误。

做功课的时间不宜过长。在做功课期间要有充足的休息时间，使他能舒展筋骨、放松一下精神状态。如果功课做得好，可以适当给他小小的奖励。

给孩子一个属于自己的"小天地"。如果环境条件允许，空出一间房来做孩子的书房，引领他根据自己的兴趣爱好去设计自己的"小天地"。在不受干扰的环境里学习，他会更加专心。

5. 鼓励孩子"打破砂锅问到底"

"打破砂锅问到底"的孩子，其内心世界对事物有着强烈的探究欲望。如果家长能够对孩子的这种探究欲望因势利导，那么，这种探究欲望必定会转化为孩子学习知识的动力，从而更好地激发孩子各方面的潜能。

司卫东生于1970年10月，1986年考入中国科技大学少年班，毕业后在著名超导专家、中国科学院院士赵忠贤处攻读博士学位。1997年6月赴美，成为宾州州立大学物理系博士后。

当卫东进入小学高年级时，爸爸观察卫东，发现他喜欢唱歌，喜欢听歌，可是无论哪一首歌他都唱不到头；他喜欢看足球比赛，可自己并不好动；一台收音机被他拆坏，不能还原；但是他喜欢看书，性格好静，因而爸爸认为他搞理科比较合适，于是爸爸便根据这个方向来激发他对学习科学的兴趣。

小卫东有强烈的好奇心。爸爸从这一点出发，注意诱发他的好奇心，而每一次好奇心的诱发都是以身边的科学为内容的。

坐火车时，爸爸问卫东：

"卫东，你看这车窗外的树为什么往后跑呢？"

"因为火车在往前开。"卫东回答。

"那你再看看远处，远处的那些树木是往后跑还是往前跑呢？"

啊，远处的树怎么会朝前跑呢？整个大地看上去好像在围绕一个看不见的轴在转动。

"爸爸，这是怎么回事？"

于是，爸爸给他讲解了一番，引发了卫东对运动现象的浓厚兴趣。

在教卫东学骑自行车时，爸爸问："我要把一个箱子从外屋推进里屋，这件事容易吗？"

"不好，推起来费力。"卫东回答。

"那自行车为什么就容易呢？爸爸问。"但卫东回答不上来。

爸爸解释说："自行车后轮和地面的摩擦力向后，那么它的反作用力就是向前，推动自行车往前，所以人在车上踩脚蹬子，就可以往前行驶。"

外出旅游时，爸爸对他讲山、讲水、讲古迹；在公共汽车上，有位子他们也不坐，而总是站在最前面看司机如何开车；洗衣服时，爸爸也把卫东喊过来看看，再用手指在旋涡中心的空洞处试试，告诉卫东龙卷风形成的道理……

就这样，爸爸一次又一次地激发卫东的好奇心，终于使卫东初步对科学产生了兴趣。接下来的任务，就是"由浅入深"，把他产生的兴趣巩固下来。

卫东爸爸开始给卫东推荐科普书。除了给卫东订了《我们爱科学》《少年科学》等杂志外，还给他借来了《物理世界奇遇记》《从一到无穷大》《太阳元素的发现》，还有卫东爸爸自己写的《低温世界》。

引导孩子养成勤学好问的习惯，我们给父母的建议是：

做功课遇到疑难问题时，要让孩子独立完成。父母可做一些提示、反问，鼓励他独立思考，打消其依赖心理，因为做功课是他的责任。

培养孩子谦虚的品格。不懂就问，不耻下问，只有这样才能把学习搞好。

6. 引导孩子学以致用

在现实生活中,我们经常遇到这样的情形:有很多孩子,书读得不少,成绩优秀,但在日常生活中却不会使用,久而久之,孩子也就失去了学习的兴趣,那些本来能够激发出来的智力潜能被早早地抑制了。

学习的终极目的是学以致用。学以致用能激发孩子们独立学习、独立思考、独立生活的潜能。

詹姆斯·普雷斯科特·焦耳是英国物理学家。由于他在热学、热力学和电学方面的贡献,皇家学会授予他最高荣誉的科普利奖章。后人为了纪念他,把能量或功的单位命名为"焦耳",简称"焦";并用焦耳姓氏的第一个字母"J"来标记能量以及"功"的物理量。

无论是在实验方面,还是在理论上,焦耳都是从分子动力学的立场出发,进行深入研究的先驱者之一,也是最具学以致用的典范。

一次,天空浓云密布,电闪雷鸣,刚想上岸躲雨的焦耳发现,每次闪电过后好一会儿才能听见轰隆的雷声,这是怎么回事?焦耳顾不得躲雨,用怀表认真记录下每次闪电到雷鸣之间相隔的时间。

开学后,焦耳几乎是迫不及待地把自己做的实验都告诉了老师,并向老师请教。老师望着勤学好问的焦耳笑了,耐心地为他讲解:"光和声的传播速度是不一样的，光速快而声速慢，所以人们总是先看见闪电后听到雷声，而实际上电闪雷鸣是同时发生的。"

焦耳听了恍然大悟。从此，他对学习科学知识更加入迷。通过不断地学习和认真地观察计算，他终于发现了热功当量和能量守恒定律。

焦耳年轻的时候，电动机刚发明不久。焦耳想用实验测定这新机器有多大效用，在经济上是否合算，这一思想导致了他后来的伟大发现。

焦耳一生的大部分时间是在实验室中度过的。1840年，焦耳多次做过通电导体发热的实验。他把通电的电阻丝放入水中，确定了电流产生的热量跟电流强度的平方成正比，跟导体的电阻成正比，跟通电的时间成正比，这个规律就叫焦耳定律。在这一发现的基础上，焦耳继续探讨各种运动形式之间的能的数量和转换的关系。

1843年，焦耳宣布：自然界的能是不能毁灭的，当机械能被消耗的同时，总能得到相当的热能，这只是能的一种转换形式。这一宣布在当时立刻引起轰动。

1847年，在牛津召开的英国科学协会的会议上，焦耳再次宣传自己的理论，这位不屈不挠的实验家，面对怀疑和非难，坚定地声称各种形式的能可以定量地相互转化。

1852年，焦耳与开尔文合作，发现了著名的汤姆孙（即开尔文）—焦耳效应。这是一个关于气体受压通过窄孔后膨胀降温的效应，它为近代低温工程提供了一种有效的降温办法。直到1850年，来自不同途径以不同方法获得能量守恒和转化定律的许多科学家都先后宣布了和焦耳相同的结论，焦耳所做的一切才得到了大家的公认。

父母在具体的做法上，不妨参考以下做法：

抓学习方式。家长在引导孩子学习的过程中，要把书本理论和生活实际紧密结合起来，引导孩子从生活细节中发现问题。带着问题去学。

抓学习态度。鼓励孩子大胆地提出自己的想法和见解，以及解决实际问题的举措，激发孩子学习的主动性，从而激发孩子独立学习、独立思考的潜能。

抓技能要求。鼓励孩子多动手搞一些小发明、小创作，从而激发孩子的创造潜能。

抓习惯要求。家长要引导孩子利用所学知识解决日常生活中的实际问题，使孩子养成融知识于实践的好习惯，从而鼓励孩子学以致用。

❂ 7. 提高孩子的学习效率

学习效率的高低,是一个孩子综合学习能力的体现。引导孩子提高学习效率,能使孩子在学习中获得快乐,使孩子在竞争、比较中客观地评价自己,很好地激发孩子的学习能力。

方法不当难以达到目的。所以,我们必须对孩子的学习方法做大的剖析和审视,找出缺点,并加以改正。

如何提高孩子的学习效率呢?我们给父母的建议是:

从基础抓起。读书要从最基础的地方做起,不奠定一个稳固的基础,就很难达到很高的境界。如同盖房子,基础不牢的话,轻微的地震就可将其震垮。

引导孩子掌握每门学科的学习方法。每门学科都有其效率最高的学习方法。很多孩子都不太了解这个道理,将一种学习方法运用于所有学科,就难免感到吃力、效率不高。家长可以引导孩子多参考优秀同学的学习方法,向老师请教,及时纠正以前不当的学习方法。

运用优越感激发学习兴趣。每个人或多或少地都有点自卑感,这对一个人潜力的开发来说是个很大的障碍,家长必须想办法帮助孩子完全克服它。比如,在上某门课程之前,下一点功夫钻研深入,那么在上课的时候,就会产生一种优越感,它会激发前所未有的兴趣。这样一来,孩子的那些以前从未发现的潜能就会逐渐显现出来,使成绩日渐上升,学习的兴趣与意愿也会进一步增加。

提高学习效率的方法

我们发现,学得最好的学生并不总是最刻苦、最勤奋的学生,而是那些学习效率超高的人。这里我们给大家介绍几种提高学习效率的方法。

1. 自我指导式学习

买回电视,你怎么接收到清晰的电视节目?是请人帮忙,求助于电器商行,还是阅读说明书,自己动手解决问题?大部分人会选择后者。这就是生活中自我指导式学习的实例。而这样学到的东西往往经久不忘。

"不要教我,我想自己来。"如果孩子有这样的愿望,应该庆贺。有的家长往往事事为孩子代劳,这样往往打击孩子的积极性,容易滋生孩子的惰性。不要以为事事为孩子代劳,就能使孩子将精力集中于学习。孩子一旦在生活中形成事事依赖别人的惰性,就会把这种惰性带到学习中,从而影响学习。

自我指导式学习,是一个学习者为自己做出决定的过程,它鼓励学习者找出最适合自己的学习方法。而在我们通常的课堂或教学过程中,决定几乎都是由教师或家长做出的。从某种意义讲,自我指导式学习是与教师指导学习相对立的,但两者并非势不两立。一定程度的教师控制并不排除自我指导,而自我指导式学习也可因教师或家长的适当引导而加强,两者可以共同提高学习效率。

2. 室外学习

室外学习是体验式学习的一种形式,即在教室之外的环境中进行,并使人们进入非正式的学习环境。学习者体验的程度越深刻,往往取得的学习效果越好。这种方式经常被用于企业的员工培训，它能培养学习者的团队精神、意志力和对抗风险的意识。家长也可适当采取这种方法，训练孩子吃苦耐劳的精神，提高他们的意志，这不但能使孩子在学习中受益，更会对他们的一生产生有益的影响。

3. 适时求助他人

我们鼓励孩子自我探索，发展自我指导式学习，但我们并不否认教师或家长应该在孩子学习中担当积极的角色，也不反对孩子在适当的时候向他人求助。虽然我们相信自我探索在孩子的学习中发挥着主要作用，但有时他人的指点迷津，会有茅塞顿开之效。父母的角色就是帮助子女成长。在幼儿时期，父母的养育极为重要，但是父母的指导不应超出孩子所求，剥夺他们独立自主的权利。

辅导孩子做功课是许多家长感到头痛的问题，因为在无意识状态下就会提供不适当的协助。当你和孩子一起做功课的时候，不该代替孩子思考，应该启发孩子的思路。有的家长大包大揽，替孩子完成一切，这是辅导孩子时所犯的最大错误。

4. 发现问题式的学习

在现代教育观念中，教育的目的并不是督促学习者掌握几个公式原理，或记住多少知识，而是激发学习者的潜能。我们过去常把"学问"的"问"字解释成向别人请教，所谓"善学者善问"，其实仍不全面，这个"问"还应当包括疑问，"善学者善疑"。鼓励孩子在学习的过程中多提问题，对激发孩子的学习兴趣和提高孩子的学习效率有着极大的促进作用。

5. 发挥潜意识的作用

我们人类得到的信息 90% 以上是通过潜意识吸收的，因此，通过恰当的方式发挥潜意识的作用，将大大提高孩子的学习效率。

激活潜意识的方法包括：①用视觉形式传递信息和要点；②创造安全和谐的身体和心理环境；③通过身体接触连接信息；④用音乐感知信息；

⑤通过故事和隐喻与信息连接；⑥深呼吸，进入放松状态。

　　潜意识处理信息的速度远远高于意识状态。这是因为信息向潜意识传递的途径更短。只有潜意识排斥某种信息或不喜欢某种感觉时，有意识的思维才开始作用。有些心理学家甚至认为，我们的潜意识决定了我们的生活。

　　6. 在实践中学习

　　通过身体力行得来的知识往往能牢记终身，而学生为了应付考试，临时抱佛脚，死记硬背下来的东西，一走出考场就会忘得一干二净。一旦孩子学会了走路或游泳，他们将在一生中拥有这些本领。

　　7. 在轻松的游戏中学习

　　古希腊哲学家柏拉图说过："游戏一小时比交谈一年更能了解一个人。""游戏一小时比你一周学到的东西更多。"这是因为，在游戏中，孩子的身心得到充分放松，便于接受学习内容。教师和家长可以设计一些适当的游戏来提高孩子的学习效率。

　　8. 创造适宜的学习环境

　　罗拉诺的理论阐述了环境对学习所起的重要作用，因此要尽量为孩子创造一个适于学习的环境，以便孩子全身心地投入学习。适合孩子学习的环境，是使他感到轻松自在的环境。

　　9. 对不同的课程采用不同的学习方法

　　学校里开设了多门课程，这些课程的性质各不相同，因此，学习的方法也应各异。我们总是发现，一些孩子某门功课特别好，另一些功课却平平或相当差。这是由于他们的学习方法单一所致。他们发现了适合某门课程的学习方法，但却应用于所有的功课中，因此导致了失败。譬如，背诵是学好语文的一个最基本的方法，但却不适于用来学习数学或逻辑。鼓励那些在某门功课上学得最好的学生介绍他们的学习方法，互相交流，大家取长补短，这不失为提高群体学习能力的一个良策。

10. 教学互进

这不仅是指教师可以从学生那里得到启发帮助，更指学生也可以成为自己或其他同学的老师，通过教导其他同学深化自己的知识。深刻理解知识的最佳办法，就是把它教给别人。

11. 见树又见林的学习方法——系统学习法

据统计，现在每年全世界出版的新书达 50 多万种，我国每年出版的新书也达数万种，如果孩子不用系统的方法学习，那么他们必将被庞杂的知识所淹没。

12. 引导孩子用图像强化知识点

大部分人都有很强的视觉学习潜能，通过形象记住的东西往往比通过语言记住的东西更牢固。你不妨试着引导孩子把一些抽象的东西变成具体的东西，在它们之间建立某些联系。这种联系可以完全是个人化的。许多书中都有介绍，画脑图（或者叫心灵绘图、思想图）的方法就是利用形象强化学习的方法之一。家长不妨引领孩子去尝试一下。

13. 给孩子每天留出一个小时做他自己喜欢、擅长的事情

每个孩子都有自己感兴趣的事情，因而，父母要每天给孩子一小时的自主时间，让孩子做自己喜欢做的、有兴趣的或者擅长的事情，这样可以增加孩子的自信心。当孩子投入在某些喜欢的事情上时，就会发现其中的乐趣。这些乐趣会让孩子由喜欢发展到投入。

14. 引导孩子加强薄弱环节

每个学生的学习基础不同，学习能力也有差异，产生差距是难免的。孩子哪门功课最弱，父母要通过与孩子沟通做到心中有数，找出具体原因，然后加以分析，拿出具体的解决办法。与孩子沟通时，父母的态度要温和真诚，千万不要用责备、质问的语气跟孩子说话，那样只能使矛盾激化。对于存在薄弱环节的科目，父母还要及时与老师沟通，共同想办法帮孩子补上，变弱为强。

❀ 8. 引导孩子把握学习的基本要素

引导孩子把握学习的基本要素，是提高孩子学习成绩的重要秘诀，更是激发孩子智力潜能的重要环节。

如果孩子不能很好地把握学习的基本要素，那么他就会成为知识海洋里一艘失去了方向的小船，无论他怎样努力，都无法抵达成功的彼岸。这样，即便他拥有着傲人的天资，他也无法将自己的潜能释放出来，最终就会像一颗失去了光芒的星星，消失在苍茫的夜空里。

我们常常听到学生之间有这样的交谈：

"听××老师讲课，我就想打瞌睡。"

"就是嘛，老师这些没趣的话题，真没劲。应该讲些有趣的事情给我们提提神啊。"

我们的孩子是不是也曾有过这样的牢骚呢？

实际上，老师讲课的目的并不仅仅是使学生感到有趣——许多知识乍听起来是非常枯燥的，真正的乐趣蕴藏在对知识的完全理解中，当心里感到"原来是这么一回事，我懂了"时，便可从这种欢喜中产生共鸣和感动。

李明华同学是合肥市第八中学初三学生。他在一次全市初中生学习经验交流大会上，谈到了他在预习时间的安排上得到的教训。

初二那年暑假，李明华听人说，暑假里预习一下下学期上的课，开学后那门课肯定能学好。小李试了试，利用暑假看了看下学期要上的几何。果然，那学期几何课程一直在班上领先。小李尝到了甜头，逢人就讲预习的好处，他近乎到了迷信预习的地步。

初二下学期开学之后，小李拿出了老办法，集中一切课余时间来预习新开的物理课，拼命地往前赶，结果打乱了学习计划，不仅物理课没学好，还影响了其他课程的学习，甚至连做作业的时间都没有了，各科学习成绩还下降了。老师发现之后，帮助小李做了分析，指出他用假期预习全册几何取得成功，是因为有集中的预习时间。而开学之后，正常的教学活动已展开，每天上午、下午都要上课，各门功课都留有作业，仍然采取集中时间的方法去预习全册物理，势必影响其他课程学习，所以开学之后使用的预习方法应该是课前预习。课前预习要适量，老师讲多少，就预习多少。要注意处理好复习和预习的关系，在有限的时间内，应先安排好复习的时间，而将预习安排在所有作业都做完之后进行。

没有人专门教给孩子特定的学习技巧，家长要引导孩子摸索出适合自己的学习方法，让他成为自己的教练，自己拟订学习计划、执行计划。

家长可以引导孩子对过去的学习方法——包括预习、听课、复习做一番回顾和反思，找出需要改进的地方，然后在此基础上养成非常高效、科学的学习习惯。

第一周尝试这些习惯时，孩子可能会觉得很不习惯，而且很辛苦。过了一周之后，孩子就会慢慢地适应。再过一段时间，孩子就会觉得事情都变得顺畅起来，成绩也在慢慢地上升。

孩子，你能行：激发孩子的无限潜能
You can inspire children's infinite potential

把握学习的基本要素，是提高成绩的秘诀，也是激发孩子智力潜能的重要环节。具体的做法是：

预习

如果我们把一本从来没听说过、没看过的小说从中间读下去，你会有怎样的感受？

在毫无准备的情况下断章而读，你会如坠雾中，不知所云。以此类推，内容比小说更难以理解和接受的学习课程，在毫不预习的情况下来个"突然而听"，却又想"一听而大悟"，这可能吗？

孩子只抄写参考书，或者向家庭教师请教的预习并不是真正的预习。这种预习最多只能应付老师一时的提问，对孩子自身的提高毫无作用。

真正的预习应该做到以下两点：

(1) 看过课本之后，尽可能将有关的资料事先查得清清楚楚（可参考辞典、参考书）。

(2) 遇到不清楚的地方做个记号，听课的时候特别留意。

大部分人只做到了第一点，这是远远不够的。

听课

"当我讲课讲得特别顺畅的时候，学生却不太记得讲课的内容；当我不知何故偶尔讲得结结巴巴的时候，学生却由于听不太清楚，被迫用脑筋去思考，反而记得很深刻。"

这说明，如果上课只是老师满堂讲授，学生不动一点儿脑筋、完全被动地听讲、吸收，这样效果并不会很好。

家长应该教导孩子在听课的时候，在心里多问几个为什么，这样听起来就有了主动性，这堂课才上得有意义。

如前所述，家长要引导孩子在预习时学会先对课本的内容有所思考，想不清楚和弄不明白的地方做个记号，上课前抱着"老师将如何解释"的期待心理，这样就会对老师将要上的课产生莫大的乐趣，恨不得上课时间赶快到来。

等老师讲过之后，如果孩子还是不明白，这时孩子一定得赶快发问。如果孩子不好意思在课堂上独自问老师，那就等下课后和同学一起向老师请教。碰到这种问题一定要当天解决。拖得太久，不仅仍然搞不明白，而且容易消磨对学习的兴趣。

如果孩子养成了"当天问题当天解决"的习惯，上课的兴趣就会倍增。以前感觉无聊只是因为上课"听不懂"和不积极参与、完全被动吸收。如果把疑问消除了，就不存在这个现象了。

复习

如果家长能成功地引导孩子每天按下面所说的方法行事，那么孩子考前就用不着临时抱佛脚了。

(1) 利用生活中的零散时间复习当天所学的主要内容，比如下课回家途中，乘公共汽车的时候……

(2) 练习与当天所学内容有关的各种应用问题。(身边最好有一本解说详细的"问题集")

(3) 利用周末或星期日，把一周所学的内容和要点做一番总回顾，将其记忆；一些重要的问题，也要反复练习，直到熟练为止。

(4) 偶尔复习以前学过的内容，把忘掉的部分重新记忆。

也许，有人会说："这样一来，考前几天不就无事可做了吗？"

是的，这是学习应当达到的效果。考前从头复习一遍重点即可。做到了这些，成绩哪有不好的道理？

9. 发掘孩子的学习潜质

J·H·道格拉斯有一句著名的话说得很好："智慧中包含着许多技能，普通人也可以有意识地去提高这些技能。"我们把人类这种原本具有的、暂时没有使用的、智慧中的技能称为"潜能"。

爱因斯坦，一个发表了改变我们对宇宙理解的相对论的伟大科学家，是一个生下来就反应迟钝的孩子，学校的开除令使他在学业上彻底失败。然而，爱因斯坦却发表了伟大的相对论。

由此可见，我们每个人的学习潜能都能被激发出来。发掘孩子的学习潜能，是每一个家长都应该努力去做的。

有的孩子学习成绩很差，因此家长就很苦恼："孩子的学习成绩一塌糊涂，是个差生，将来怎么办？"

其实，这种苦恼大可不必。学习成绩虽然很重要，但它不是一个人未来能否成功的唯一要素，重要的是要善于发现孩子的所长，发掘孩子的潜能。试想，如果毛泽东学数学，他绝不可能成为陈景润；爱因斯坦去学美术，他绝不会成为毕加索；达尔文去学音乐，他也绝不可能成为莫扎特……孩子潜能无限，成功必有规律，绝不能仅仅以学习成绩论成败。

奥托·瓦拉赫的父母期望瓦拉赫成才，为他选择了文学之路。谁知，他的老师却下了这样的评语："瓦拉赫很用功,但过分拘泥,这样的人,即使有完美的品德,也决不可能在文学上取得成功。"

因此,父母根据瓦拉赫的意愿,让孩子改学油画。结果学校给他的评语是:"你是在绘画艺术方面不可造就的人。"

许多人认为他是个笨拙的人,成功无望。正当父母无所适从的时候,化学教师独具慧眼,认为瓦拉赫做事一丝不苟,具备做好化学实验的素质,建议他试着学化学。

父母接受了化学老师的建议,而这正好激发了瓦拉赫的潜能,点燃了他智慧的火花。于是,文学、绘画方面的"差生",变成了化学方面前程远大的高才生。从此,瓦拉赫的潜能得到了充分的开发,在化学方面的卓越成就使他获得了诺贝尔化学奖。

瓦拉赫的成功告诉我们这样一个道理,对于存在着某种弱点或不足的孩子,家长不能丧失信心,而是应当努力发现其所长,挖掘其潜能。

作为父母,要善于用细微的眼光观察孩子,去发现孩子的特长与天赋,因势利导地加以培养,充分挖掘孩子的潜能。

孩子的天赋常常会在日常生活与学习中不经意地流露出来,一般有三种表现:

第一是偏爱。对某类事物发生兴趣,特别偏爱,而且这种偏爱十分突出。

第二是敏感。对某些事物特别敏感,例如一听到音乐便会专心致志地倾听,这种敏感十分专一,具有一定的特征。

第三是探索。对某些事物会锲而不舍地探索,例如喜欢钻研数学等。此外,探索还有另一种表现,即对某一题材内容会不厌其烦地询问,或者凡是有不明白的事总要问个明白。

为了发现孩子的特长,做父母的可以有意识地进行诱导与测试。

发掘孩子的学习潜质，具体做法是：

认真观察孩子的偏好。可以从游戏、谈话、旅游等活动中，从日常生活中观察孩子的偏好，判断孩子在动物、植物、矿物、数学、物理、化学、文学、音乐等方面，哪一个更具有天赋。

可有意识地引导孩子接触某些事物。如写字、绘画、奏乐、运动、演讲等，为孩子创造接触这些事物的条件与环境，细心观察孩子对哪一样特别感兴趣，对哪一样持之以恒，哪一样成绩突飞猛进。孩子的天赋在哪里，父母要心中有数。

10. 引导孩子学好语文不难

语文是所有学科的基础，如果语文的理解力不好，不会分析问题，是学不好、学不精其他学科的。而想要学好语文，阅读是一个重要环节。父母如果能激发孩子的阅读兴趣，引导孩子养成阅读的习惯，就如同送给他一部终生受用的机器。

孩子的语言表达力和逻辑推理力，可通过"一日一叙述"来训练。所谓"一日一叙述"，就是要求孩子做到每天选择一件事或者一种物、一个人，按顺序进行口头叙述。顺序可由上而下、由下而上，可由外及里、由里及外，也可由左向右或由右向左等，还可以同时按多种顺序叙述。先是只求平铺直叙地说清楚，后来逐步要求突出重点、讲求形象生动。这种形式不受时间、场合和条件的限制，茶余饭后坐在家中，抑或假日漫步在公园的小径，随时随地都可以在轻松愉快的气氛中进行，孩子乐意接受，也容易坚持。

"一日一叙述"，日复一日，一举多得。

一是激发了孩子的表达潜能。表达力是语文潜能的核心，可以分为口头表达和书面表达两类。口头表达和书面表达有着密切的联系。口头表达可以促进书面表达，书面表达也可以促进口头表达。

二是激发了孩子观察的潜能。有了观察才能叙述，要叙述明白，首先要学会观察。

三是激发了孩子的逻辑思维潜能。观察不是一个被动的过程，而是一个有目的、有计划、积极主动的过程，它要求孩子从事物的某些表象中提炼出某种有意义的理念或思想，这正是构成表达力的重要部分。叙述必然要求按照事物现象之间的内在联系和事物发展过程的内在逻辑来进行，这也是训练逻辑思维的有效方法之一。

孩子好比一个时钟，而时钟的指针运动有两种方法：一种是用手指去拨动钟表盘上的指针，指针会随着手指的运动而转动；另一种是把钟表的发条旋紧，使整个机器运转起来。"一日一叙述"对孩子语言表达能力的提高而言，正是起"上发条"的过程。久而久之，当孩子对生活中的各种事情都能独立思考、生动叙述，并能提出自己的独到见解的时候，孩子的口头表达能力和写作能力就有了很大提高。

学好语文，父母要注意以下几点：

培养孩子的阅读习惯。大人的脑细胞和孩子一样多（约140亿个），但由于孩童的人生经验较少，脑细胞留白空间较大，因此，孩子会有更强烈的求知欲望。另外，孩童学习的空间也大于成人。他们急于开拓自己的思想领域，除了了解自己的生活之外，也想知道别人是怎么生活的，他们对于一切都有着强烈的好奇心。他们会从大人的生活经验中找寻答案，另外也会从书本探索。孩子一般都喜欢看书，父母要因势利导，培养孩子的阅读习惯。具体地说，阅读可以给孩子带来下列好处：

(1) 增加见闻：通过书中人物的所见所闻获得新知识。

(2) 丰富感情：孩子的情绪会随着书中的情节或悲伤，或快乐。

(3) 刺激并练习思考：孩子会根据故事的提示做预测性的思考及联想，以达到脑力激荡的效果。

(4) 增加词汇：孩子课外读物看多了，自然能够吸收更多的课外资讯，掌握许多新词汇。

(5) 激发孩子的表达潜能和增进孩子的表达技巧：通过阅读，孩子可以学到语言表达技巧，并会运用到日常生活及作文的表达上。

注重说与写相结合。采取"一日一叙述"的方法，不仅提高了孩子口头表达能力，对孩子写作能力的提高也有很大的促进作用。如果发现孩子有精彩的叙述，再指导他将所说的内容写下来，这样就可以减轻他写作的难度，激发他的写作潜能。也可以利用录音机，将孩子叙述的内容录下来再放给他听，指导他注意自己的发音是否清晰、正确，能否清楚地传达自己的想法，然后再由家长加以指导，整理修改成作文。这种说与写相结合的方法，可以使孩子说写的潜能互相促进，对提高孩子的语文水平很有帮助。

正确利用"作文范本"。有些家长用"作文范本"来加强孩子的写作潜能。但如果完全将"范本"丢给孩子而不加指导，等于叫孩子照抄，对孩子写作不但无益，反而会使他们养成不动脑筋的坏习惯。因此，"作文范本"只有妥善应用，才能显现效果。例如，作文题目是"春天"，父母可以选一篇"夏天"的文章来分析文章的结构、技巧，然后指导孩子掌握写作要领。

11. 开发孩子的数学脑袋

数学是最古老的学科之一。数学是研究事物的空间形式和数量关系的科学，是在整个自然科学中最成熟的学科。它的成熟，完全依赖于历史上无数天才数学家的创造性劳动。看一个人有没有数学才能，当然要看他有没有数学方面的创造性。

有的孩子，年龄很小时就表现出对数学的兴趣，这是数学潜能的最早表现之一。历史上许多著名数学家均有这样的特点。

欧拉是最伟大的天才数学家之一，在现代数学的每个领域都会看到以他的名字命名的定理、定律、发现，在建筑学、流体力学等学科也是如此。这个天才数学家在很小的时候就常常被奇怪的数学问题所吸引。例如，他常常问自己和他人："天上的星星有多少颗？""我知道一个数6，它可以分解成1、2、3，把1、2、3加起等于6；还有一个数28，可以分解成1、2、4、7、14，把1、2、4、7、14加起等于28，还有这样性质的数吗？"小小的欧拉实际上提出了具有千古之谜之称的"完全数"的问题。

如果某一个孩子不断地向家长、老师提出数学问题，可以肯定地说，他对数学有着独特的兴趣。适当的引导、培养或许就会产生一个数学天才。

欧拉在很小的时候就解决了一些生活中的极值问题。他的爸爸想扩大羊圈，可是围篱笆的材料不足。"羊圈长40尺，宽15尺，用110尺篱笆就能围成600平方尺的羊圈。"小欧拉说。"要是有110尺篱笆材料就好了。可是现在只有100尺，按长40尺、宽10尺，只能围成400平方尺的羊圈。"老欧拉很忧愁。可是天才的欧拉居然用一个巧妙的极大值问题、用100尺篱笆材料为他爸爸围了比110尺篱笆还大的面积。"只需把羊圈的长和宽定为25尺，用100尺篱笆材料就能围成625平方尺的面积了。"

　　德国的大数学家高斯也是在很小的时候就表现出了与众不同的数学天赋。他不足3岁时就能纠正父亲算账的错误。"1+2+3+4+5+6+7+8+9+10=？1+2+…+100=？"的计算题，许多学生是1+2=3，3+3=6，……依次算下去，高斯却不是这样，他用首项加末项乘项数除以2的方法来计算，计算自然是神速的了。

　　高斯12岁时就发现了二项式定理，15岁就掌握了牛顿的微积分理论，17岁发明了用圆规和直尺做正十七边形的方法，解决了2 000年来悬而未决的几何难题。法国著名的数学家伽罗华，虽然只活了21岁，但却奠定了现代代数学和几何学的基础。他在上中学时就表现出了惊人的数学才能，在17岁时就解决高次方程的代数解法问题。可惜的是，他死后14年人们才从其发表的著作中认识到他研究的重要性。

　　德国著名的数学家莱布尼兹，也是在20岁时就发表了著名的数学论文《结合术》，它是近代数学的分支——数理逻辑的先声。他不到30岁就创造了能进行加减乘除运算的计算机。我国著名的数学家华罗庚，也是在年轻时就有了很大的数学成就。

　　当然，数学在今天已经成为一门相对成熟的学科。但是，如果您的孩子对数学有兴趣，哪怕是重复发现前人发现的东西，也说明他具有数学才能，如果进一步引导一定会在数学方面有所作为，会发现数学悬而未决的问题。

有数学才能的孩子对数学的兴趣表现在许多方面,如计算简便、巧妙,常有"古怪"的数学问题等。孩子做家庭作业和从事其他活动时,都是观察孩子是否有数学才能的良好机会。

如何激发孩子的数学潜能和增进孩子的数学技能呢？具体做法是:

培养孩子对数学的兴趣。数学是枯燥的,但对热爱数学的孩子来说,数学是世界上最美、最科学的学科。有些父母觉得,要学好数学就只有增加练习,所以买了许多参考书让孩子反复练习。其实,只要孩子真正理解了,太多的反复练习是毫无意义的,只会浪费孩子的时间,徒增孩子的反感或厌倦。当然,孩子有个体差异,有些孩子领悟力强,学得快,有些孩子可能就需要较多的练习机会。对于演算力较差的孩子,父母可以采取一些特殊而有趣的方法来引导他。例如把计算的题目生活化、游戏化,可以引导孩子算算总共吃了多少钱的冰淇淋；假使孩子对运动器材有兴趣,就带他去看看各种器具价格的差异。换句话说,在日常生活中随时培养孩子学数学的兴趣,不但不会增加孩子学业上的负担,还可以把数学和实际事物联系在一起,对孩子解答应用题有很大帮助。

激发孩子解答应用题的潜能。42.9%的孩子认为应用题是他们经常做错的题项。为什么孩子常做错应用题呢？父母又该如何指导孩子解答应用题呢？孩子做错应用题大多和看不懂题目有关,所以家长要帮助孩子了解题意,也就是要帮助孩子分析题目,引导孩子去思考已知的是什么,未知的是什么,题目要求的又是什么,然后再询问孩子自己的想法,最后引导他想出解题的方法。有些家长性急,孩子一说不会,便急急忙忙地把答案算出来,结果孩子只是得到答案,并没有真正了解题目的用意。所以,父母一定要有耐心,慢慢地引导孩子去思考。因为在引导的过程中,父母能真正了解孩子的学习困难在哪里,孩子对哪些知识点较不理解,这样就能针对这些知识点加强辅导。此外,把问题数量化、图解化,也是提高孩子解题技能的有效方法。

有针对性地加强训练。数学题目浩如烟海，父母不要不加选择地指挥孩子做大量的课外题目，这样会打击孩子的信心，训练效果也会事倍功半。要进行课外数学的训练，必须明确训练的目的，加强训练的针对性。如果孩子的数学基础扎实，训练时就应避免大量的简单重复，以免孩子因感到枯燥乏味而对数学厌倦。父母可选择高难度的题目引导孩子练习，这对孩子有一定的挑战性，孩子会更加有兴趣。如果孩子的数学基础较差，或对不同内容的掌握程度较不平衡，父母应针对孩子的薄弱环节，有重点、有步骤地加以训练。

在孩子三四年级时适当地增加训练题的难度。小学生的思维发展是一个从具体形象性向抽象逻辑性逐步转化的过程。在这个转化过程中，存在着一个关键转变点。一般认为这个关键转变点在小学四年级(10～11岁)。当然这一关键年龄也是有可变性与可塑性的。如果教育适当，小学生的关键期可能提前，可发生在小学三年级；如果教育不当，没有适当的教育条件，这个关键年龄可能推迟到五年级。因此，根据小学生思维发展的特点，从孩子小学三四年级开始，选择一套小学数学奥林匹克教材，加大数学题的训练难度，可以使孩子的数学思维得到有效的锻炼。当然，难题训练时要依据先易后难的原则。如连续有许多道题孩子不会做，孩子的信心受到严重打击时，就需停止训练，调整难度，重新安排训练内容。

12. 一步超前，步步领先学外语

语言潜能是指学习者所具备的听、说、读、写的能力，表现为个人能够顺利而高效地与他人沟通。学好外语对激发孩子的语言潜能有着巨大的推动作用。

1920年在印度加尔各答东北山地发现了两个狼孩，即从小被狼抚养的儿童。两个狼孩都是女性，大的发现时约8岁，后来取名为卡玛拉，小的2岁左右，取名叫阿玛拉。人们从狼窝里捕获她们后送到了孤儿院，由辛格牧师对她们进行精心的照料和教育。卡玛拉活到了17岁，阿玛拉第二年就死了。虽然辛格牧师对卡玛拉进行了长达10年的教育培养，但卡玛拉只是去掉了一些狼的习性，学会了穿衣、直立行走，知道了一些简单数学概念，能讲一些简单的话。尽管人们费了很大的精力，但卡玛拉在17岁时思维能力才达到正常孩子三四岁时的水平。

人类的语言发展存在着一个关键期。关键期是指：某些行为是在人发育的某个阶段给予适当的环境刺激才会出现，而如果在这个时期缺少适当的环境刺激，这种行为就不再产生或很难出现。有专家提出，任何一名8岁以前的儿童无论被放到世界上什么国家，他都能很顺利地学会那个国家的语言，而8岁以后再去别的国家，语言的学习就变得非常困难。

学习外语，我们给父母的建议是：

　　诱导孩子从小接触外语。从小接触外语有利于孩子将来学好外语。据加拿大语言心理学家王尔德·宾佛特博士说：孩子从小接触外语，在脑海里会留下语言的痕迹，即使没有记下，将来学习时，他也必有惊人的进步。宾佛特博士本身就有这种经验。他曾经在西班牙马德里逗留过一段时间，当时他带着5岁的儿子。儿子在西班牙学校上了3个月的课；和那里的孩子游玩，听他们讲话，只是没有正式学习西班牙文而已。但他一离开西班牙也就忘记了那里的语言。25年后，他的儿子已30岁了，因为工作需要开始学习西班牙语。在学习过程中，他不但记起了早已忘记的西语腔调，而且能排除加拿大语音说出纯正的西语。

　　持之以恒，锲而不舍。学外语是非常艰苦的劳动，孩子能否坚持学下去是能否学好的关键。大多数孩子学外语总是三天打鱼，两天晒网，最终收效不大。所以，父母对此必须有一定的心理准备。学不在多，贵在坚持。如果父母能教导孩子坚持学外语，将来必定会有可喜收获。如果想引领孩子持之以恒，就需要制定一套学习目标和计划。目标不要定得太高，要有一定的弹性，并留有余地。平时，父母要协助并督促孩子严格按计划进行，并对孩子取得的进步及时给予鼓励。

　　认定一套教材。外语教材虽五花八门，但都大同小异。孩子学外语，不要今天学这本书，明天学那本书，宜选择一套教材，老老实实地学下去。这样做既可以增强学习的系统性，也便于孩子看到学习的进步。如果父母有一定的外语基础，开始阶段宜亲自当老师，这样可以全面了解孩子的学习情况，也可以在家里创造学习外语的氛围，提高孩子学外语的兴趣。

　　加强孩子听与说的练习。许多孩子学外语，往往只重视读课文，而忽略听与说的训练。实际上，听、说的技能在外语技能中占有特别重要的地位。一方面，学语言是为了进行交流。最基本、最直接的交流是面对面的交流，交流者不仅要能说，也要能听懂对方所说的话。我国传统的外语教学只重视读不重视听说训练，使许多学生读到研究生毕业，仍然无法与外国人对话，这不能不说是外语教学的失败。另一方面，听、说、读、写这四种潜能是相互联系、相互促进的，听、说潜能的提高对读写潜能的开发具有重要的促进作用。孩子年纪小，擅长形象记忆，进行听、说训练有明显的优势，因此，父母教孩子学外语，一定要重视加强听与说的练习。

相·关·链·接

◆学习的三要素

1. 接触。

2. 综合分析。

3. 实际参与。

◆学习过程大致可以分为五个阶段

第一阶段：感知阶段

这个阶段是学习过程的开始：通过各种感觉和知觉去观察各种物质或物质化的材料，去阅读各种文学符号，听取种种有关内容，进行必要操作等，从而获得丰富的感性知识；同时，大脑对信息进行筛选，组合为有意义的模式。在这个阶段，注意力、观察力、记忆潜能、操作潜能起主要作用。

第二阶段：理解阶段

理解阶段是指学习者领悟学习材料的意义，通过思维和想象把感性知识提高到理性知识，并对理性知识进行整理、分类、融会贯通的阶段。按信息论的观点，就是把所获得的信息，进行编辑加工，使其系统化、概括化、重组认知结构，并进行适当的判断或评价。在这个阶段思维潜能和想象潜能起决定作用。

第三阶段：巩固阶段

巩固阶段是学习过程的一个保持、贮存阶段。学习者把知识输入大脑后，通过理解、记忆，使信息既巩固于大脑中不至于遗忘又易于提取。如果巩固得不好，那么学习再多的内容也是无用的。

第四阶段：应用阶段

应用阶段即把通过学习获得的知识应用到实际之中，解决相关的问题，以便形成相应的技能。同时在解决问题的过程中，学习者的多种潜能得到训练和发展。

第五阶段：反馈阶段

反馈是指对学习结果的认知，是指学习者在应用知识的基础上，从以下几方面对自己进行评价：

①评价自己对知识的理解和记忆巩固程度，找出哪些部分已经完全掌握，哪些部分尚未掌握。

②评价自己学习方法的优劣，找出适合自己的学习方法。

③评价自己在较长时间里的学习效果，把握自己的学习技能和学习现状，为自己今后的学习提供参考。

- **父母指导孩子学习的一般步骤**

①提出和明确使儿童感兴趣的问题，也可置儿童于一定的情境之中使之产生问题。

②将问题分解为若干需要回答的疑问，使儿童体验到某种程度的不确定性，以便激起儿童探究的兴趣，明确探究的目标或中心。

③提出解决疑问的各种可能的假设或答案，以引导儿童思考的方向。

④协助儿童搜集和组织有关资料，尽可能提供发展的依据。

⑤组织儿童仔细审查这些资料，从而得出应有的结论。

⑥引导儿童用分析思维去证实结论，对假设或答案从理论和实践上

进行检验、补充和修正，使问题得到解决。

成·功·范·本

哈佛博士陈元

陈元，1980年6月22日生于长沙；小学一年级因被老师认定为差生被迫转学；初二因听不懂数学而逃课；高三获全国中学生物理奥林匹克竞赛一等奖、女生特别奖；1998年获北京大学佳能特等奖学金；1998年、1999年连续两届获得全国英文作文大赛一等奖；1999年成为中国最年轻的微软认证系统工程师；2000年获"新千年阳光女孩"总冠军，成为第一个首都大学生形象代表；曾担任北京大学《红楼梦》研究会会员、北京大学校园BBS版主；曾被公认为电子游戏高手、金庸迷、三国迷、卡通迷、小虎队迷；2001年9月到哈佛大学天文物理系攻读博士。

宋元和陈小放在《轻轻松松上哈佛》一书中，叙述了这位"北大物理尖子，阳光女孩冠军，古典文学才女，电子游戏高手"的故事。

选定一个高远的目标

陈元在长沙市一中面向全省的挂牌考试中夺冠，进一中读高中是不成问题了。

大体上，读初中的孩子一切还在未定之中，有许多变数，家长一般还不会有具体明确的教育计划。而对于高中学生来说，则有必要开始仔细谋划了。孩子有什么爱好或特长，长于文科或是理科，强在动手或是动脑等，都可以分析比较，定出较明确努力的目标。

孩子的心是跟着父母走的。这个时候的孩子一般还不大可能有十分明确的目标，他们的面前还摆着几乎无限多的选择。从实际的情况来看，现在的父母大多会在这一点上采取实用主义的态度，他们在为孩子做出选择的时候，更多的是考虑生存，而不是生活，是考虑现实，而不是理想，这大概是普遍现象，原因在于，我们处于一个商业化的社会。

选什么方向，定什么目标，什么专业有比较广阔的就业前景，比较易于找到轻松又能获得高报酬的工作，是家长首先关注的问题。家长的这种考虑当然是有道理的，是为孩子着想，无可厚非。因此，在这样的情形下，还有多少人会认定一个尽全力争当科学家的目标呢？

在长沙市一中组织的一次科技周活动中，学校请来了两位学者做报告。其中一位是天体物理学家，他说物理学的研究对象是宇宙，是宇宙的起源与未来，要解开的是人类最终极、最根本的疑惑。然而，在怎样才能成为一名物理学家的问题上，这位学者提出的第一个条件是：必须安于清贫。他强调这不是一门可以转眼变钱令你一夜暴富的学科，即使它是崇高的。他说，如果选择当一名物理学家，就等于选择了清贫。而另一位年轻的学者是计算机专家，他的报告展现了比尔·盖茨的传奇经历。他指出，计算机是当今世界最有投资潜力的行业。

这两位学者都没有说错，不能说谁更有道理，只是价值取向不同而已。

在陈元的目标定位上，她的父亲陈小放坚持把理想放在第一位，把高标准放在第一位。

问题已经很明确地摆在面前了，必须做出一个选择。因为陈元在全省的挂牌考试和长试市一中实验班的考试中均成绩优秀，她进入了高中的理科实验班。这种班每年设两个，目的非常明确，那就是参加理科课程的严格训练，准备到国际奥林匹克竞赛上夺奖牌。这就意味着，陈元必须在化学、生物、数学、物理几科当中做出一个选择，以决定今后三年的主攻方向。

化学老师希望陈元参加化学组，因为陈元已经在此前的全国初中化学竞赛中获得了一等奖，她是在没有进行任何特别训练的前提下获得这一奖项的，因此老师对她很有信心。老师还很有经验地指出，在所有的

奥赛科目中，化学通常都有部分女生参加并获奖。

生物老师则希望陈元参加生物组的训练。陈元担任生物课代表，老师非常了解她，知道她的潜力，而且在奥林匹克竞赛上，生物的情形与化学相似。

数学老师希望陈元选定数学，因为陈元获过长沙市数学奥林匹克竞赛二等奖，又在挂牌考试中得了全省唯一一个数学满分。她参加数学组的训练，将来到大赛上拿奖，似乎理所当然。

倒是学校训练物理奥林匹克竞赛的指导老师没有对陈元表示出特别的兴趣。因为毫无疑问，物理在所有学科中是最难的，一直很少有女生进入，甚至一中参加奥林匹克竞赛物理训练的学生当中，城市学生并不多，大部分是来自长沙市以外的农村学生。这些学生不仅聪明，而且有着过人的、吃苦耐劳的精神，他们已经取得过不俗的成绩。

当陈小放找到一中负责奥林匹克竞赛物理训练的特级老师张老师，请求他允许陈元参加物理组的学习时，张老师态度比较客观。张老师是个非常耿直的人，虽然他不反对陈元参加物理组的学习，但陈小放还是一眼就看得出张老师并没有十足的信心，他对刚刚由初中升上来的陈元还缺乏了解，他对历年来取得好成绩的农村学生有着深刻的印象。

尽管如此，陈元和全家人还是决定选物理。他们做出这个选择的理由恰恰是因为物理最难。

教育界比较流行的说法是，如果说数学像田径运动里的百米跑，那么物理就像十项全能，对人的各方面素质要求都很高。正因为物理最难，才最有挑战性，最富有创造性，因而也才能获得最大最多的成就感。陈小放觉得陈元的思维活跃而敏捷，而且文科成绩优异，具有很好的综合素质，这正是陈元的潜力所在。陈小放认为这一点很重要，什么东西，只要进入一个比较高的层次，综合的因素就会起作用。

此外就是因为女生在物理学上取得成就的非常少。正因为少，陈元更应该进入。陈小放认为陈元有这个实力,陈元是最好的,就应该做最好、最难的事。同时陈小放觉得,在面前明明有许多可选择的目标时,如果放着最高远的目标不选,避难就易,未免太过于功利,奥林匹克竞赛的化学金牌是金牌,物理金牌也是金牌。

根据统计,经过层层选拔最后能够参加全国物理竞赛的中学生,每年大约有110～120人,其中女生的比例始终很低,多的年份也就六七个人,少的时候只有两三个。这与化学、生物的情况有很大不同。因此,按照国际惯例,在正式比赛的时候,如果哪个国家有女生能进入物理学的国际赛场,就一定要以全场起立鼓掌的方式,对那位女生表示特别的敬意。由此可见,一个女生要在物理上取得成就绝非一般的困难。所以,陈小放下决心要在陈元的面前设置那块最难的当然也是最好的金牌。

远不止如此。当陈小放做出这个决定时,实际上,他已经考虑得比较远了。把物理作为主攻的方向,也就意味着,到时候陈元必须读北京大学的物理专业,因为北大的物理专业在全球都是一流的,而这个培养高级科研人才的专业,同时也意味着,陈元将来要踏上的,是所有科学家都在走着的漫长而艰辛的道路。

不说成功的希望是如何渺茫,仅是高中三年,陈元就要比一般学生多付出许多。因为如果仅仅是从孩子将来过日子考虑,陈元面前还有许多更好更方便的选择,她可以轻松地读完高中,以她的成绩,完全可以自由地在计算机、工商管理、国际贸易等热门行当中选择。这样的话,就根本用不着在这个理科实验班多费工夫,尤其用不着选最困难的物理。以物理为例,奥林匹克竞赛训练的内容几乎与高考没有关系,它早就超出了中学的教学大纲,如果不是真想在学问上有所建树,做这样的选择是非常划不来的。

在陈元的问题上,陈小放承认自己的心很大。作为父亲,他为这个家庭已经做出了最大的努力,甚至丢掉公职下海经商,那是他根据自己

的情况审时度势做出的选择。他希望陈元超过自己，要出类拔萃，要心存高远，要立下崇高的志向。

这时的陈元刚进高中，那个目标看上去更像一个梦想。

陈元赞同爸爸的选择，她喜欢物理，喜欢的就是它的创造性、挑战性，还有永远也无法企及的高度，她有接受挑战的勇气和习惯。况且她看到，在理科实验班里，确实也是那些最优秀的同学才选了物理。不过，她当时才十四岁，远没有爸爸想得那么多、那么远，她只是不惧怕物理，就和她不惧怕化学、生物和数学一样。在学习上，她唯一感到有点困难的是政治，她常常背不出政治试卷上那些一个字都不允许错的标准答案。

事实上，除了陈小放，对于陈元选择物理作为高中阶段的主攻目标，爷爷和奶奶也给予了充分的支持。家学渊源的背景使得陈元将来要成为一名科学家的理想，看上去顺理成章。

通往目标的崎岖道路

陈元开始了在理科实验班的学习，踏上了通往物理奥林匹克竞赛金牌的崎岖道路。

到奥林匹克竞赛上去夺金牌，这句话说起来容易，实际上非常困难，需要一点一点地攻克难关，需要日积月累地增长知识和提高解题技能。其中的艰苦不是一般人可以承受的。理科实验班不但要完成所有正常高中的学业，而且还必须按各人选定的科目进行大量高难度的训练。与陈元一道选择物理学科的同学约有30人，都是理科能手，都有自己的优势。不过，谁都明白，真正能坚持到最后、最终能有幸参加正式比赛获奖的，只有极少数的几个人，多数人都将逐步退出，或者被淘汰。刚开始，陈元并不十分冒尖。她和同学一起，每周用两个下午和一个星期天的时间上奥林匹克竞赛课，有时候是理论课，有时候是实验课，当然要做许多难题。

这种日子对一个十四五岁的女孩子来说，无疑是紧张而忙碌的。况且她还担任了团支部书记，还要玩电子游戏，要看卡通和武侠小说，生活当中还有好多诱惑。她没有生活在真空里，社会上每天都在发生各种精彩的故事，这些故事从同学的嘴里传到了她的耳朵里，她必须学会抵制所有的诱惑。这时，她的兴趣和爱好成为抵制诱惑的有效武器，成为学习过程中的休息，成为一种必要的调节剂。表面上看起来，她显然没有那些来自农村的同学努力。每逢做实验，大家到实验室很可能会要等待一阵，短短的一点时间里，农村的同学必定抢空拿本书在看，而陈元和其他几个城市孩子，则多半在嘻嘻哈哈。哪怕在十分紧张的竞赛阶段，陈元也仍然坚持她的一个观点：大家都说不能因为休息而影响学习，怎么就不怕因为学习而影响了休息呢？

　　理科实验班使她的生活节奏加快了，但她的生活内容并没有因此而变得单调，爱干什么，还是干什么。高一第一学期结束时，陈元大约排在物理组的第四位。高一第二学期末，她和高年级同学参加了第十二届全国高中物理竞赛，以年级第一名的成绩获长沙赛区三等奖。也就是说，在实验班里，陈元已经站在领先的位置了。随后，她参加了全国高中数学联合竞赛，以年级第一名的成绩获优胜奖；参加了长沙市高中数学奥林匹克竞赛，获三等奖。数学竞赛的得奖名次虽然不高，但她没有进行过正规的奥林匹克竞赛训练，而且还是以高中一年级的身份，与高二高三的学生同场竞技，应该说成绩其实是不错的。与此同时，陈元参加学校第十四届校运会，是理科实验班里奖项最多、得分最多的运动员。

　　从高中二年级开始，陈元确定了自己在年级物理组的1号种子选手的地位，她用1年的时间，远远地跑在了其他人的前面。这与体育部门培养运动员的套路如出一辙。1号种子选手的明确是件大事，学校专门为此报告给省市的物理学会。因为所有的竞赛都由学会安排，阅卷评分的工作也由学会组织专家进行。各个学校报告1号种子选手的姓名，是要求学会在评阅这些同学的试卷时给予格外关注，当然不是要求照顾。

因为物理奥林匹克竞赛试卷的评阅很不容易，题目难度非常大，即使专家也不一定能做，稍一疏忽就可能错判，加上这些训练有素的同学可能各有各的解题思路，出奇制胜的解题方法时有出现，所以不得不特别关注。

等到陈元成为了1号种子，她才突然明白过来，自己承担了一份特殊的责任，她感到了一种来自学科之外的巨大压力。

当陈元和同学正在为奥林匹克竞赛努力的时候，一中高三的奥林匹克竞赛选手在国际比赛中夺得金牌载誉归来，学校要陈元代表一中学生在欢迎大会上讲话。

"尊敬的老师们，亲爱的同学们：当全世界都在聆听亚特兰大奥运会越来越近的足音时，从奥林匹克的另一个赛场，从挪威、乌克兰传来了我们期待已久的喜讯，倪征同学夺取了奥林匹克物理竞赛的金牌，任瑞漪、余星宇两位同学锦上添花，再夺两枚国际生物奥林匹克银牌，使我们为之振奋。你们为祖国赢得了荣誉，为一中增添了光彩，你们是我们的骄傲，我们也更加感到了作为一中人的骄傲。作为一中实验班的学弟学妹，我们更感受到了一种动力、一种鞭策。夺取金牌的道路是不平坦的，充满了泥泞。多年来，我们一中的老师，我们已经毕业的许多同学，都在为之奋斗，为之流汗。你们带着对金牌的憧憬，怀着为母校争光的热望，孜孜不倦地追求，一路风尘，终于取得了胜利。是你们的成功鼓舞了我们，我们将更加努力，因为明年、后年的国际奥林匹克学科竞赛，无论是物理、生物、化学、数学、计算机，都在等着我们去拼搏。我们相信，我们也将迎来自己的收获季节。"

这样的讲话，对陈元来说，不仅是荣誉，更多的是压力和责任，因为她现在代表的身份是下届奥林匹克竞赛1号种子选手。站在讲台上，面对广大老师同学，她大声宣告自己也将迎来收获的季节时，几乎就是一种承诺，那份压力和责任沉甸甸地落在了她的肩上。在成为1号种子的同时，她也成了同学、老师、学校领导甚至传达室校工关注的对象。

她的身上，寄托了许多人的期望。

陈元在这种压力面前觉得别扭，免不了有些烦躁。这与面对物理的复杂性质完全不同，再难的物理题，陈元知道，需要的只是思维，是反复的实验，在难题面前她总是充满信心。面对这种压力，十几岁的她有些无所适从，有时候无端地在家里说话会非常地冲，好在爸爸妈妈理解她的处境与心情，任何时候，他们总是站在她一边，和她一同分担所有的烦恼与困惑，他们爱她，这就足够了。她顶住了压力，心无旁骛，一道一道做题，一步一步向心里那个高远的目标走去。

在老师布置的题目之外，爸爸还为陈元找来了不少物理试题集，陈元都把它们列在计划表上，一本一本地攻克。她做题的速度越来越快，以至于忍不住在日记里表扬自己："一个星期做完了一本奥林匹克竞赛物理试题，真是大跃进啊！"

应该感谢陈元的班主任吴老师。吴老师教语文，不但要求陈元努力备战奥林匹克竞赛，还同样要求陈元做好分内的社会工作，要求陈元继续把语文学好。陈元从吴老师那里，学到了关于语文的知识和技能，加强了综合素质，特别有益的是，语文这门令陈元兴趣盎然的功课，还成了物理试题严谨性的一种调剂。陈元初中、高中都碰上了非常好的语文老师，文科素养的提高，对陈元以后实现自己的科学梦，起到了非常重要的作用。

到高二第二学期，陈小放向学校提出了一个很实际的问题，他觉得可以考虑准许陈元单独学习，她的各门功课发展平衡，基础都很好，完全有自学的本领。如果能允许她不按部就班地正常上课，而是自己安排学习进程，花主要精力攻物理，效果应该会更好，当然也更有利于将来的竞赛。作为父亲，为了女儿的进步，陈小放费尽了心力。但学校对这种要求会是一种什么态度呢？作为管理者，完全有理由拒绝，因为学校有学校的规则，学校对任何同学都不能特殊。幸运的是，一中素来就是一所开明的学校，领导和老师觉得以陈元当时的情况，显然单独学习更为有利，于是批准了这一要求。物理指导教练冯老师也愿意单独为陈元开小灶，陈元有感到困难的问题，随时可去向他请教。这个办法对陈元的学习是有利的，但对一个孩子来说，却也是一种考验。有将近一年的时间，她将离开熟悉的班级，离开老师和同学，一个人默默地奋斗。她要与无穷无尽的题目奋斗，也要与伴随着她的孤独奋斗。有许多时间陈元都是独自一人在学校的一间物理实验室度过的。

陈元确实不容易，她付出了很多，同时也有极大的收获，不只是物理知识上的，重要的是，她通过这样一种学习方式，扎扎实实地养成了自学的习惯。当时的她也许还不能切实体会到这种学习方法带给她的益处。等她后来到了北大，处在那样一种宽松自由的环境中间，极强的自学本领使她在学业上游刃有余。

高二年级结束，陈元开始正式代表学校向奥林匹克竞赛金牌发起冲锋。这是一个漫长的、充满艰苦奋斗的过程。1996年8月，她参加全国高中物理竞赛，获长沙赛区一等奖第一名。这轮比赛又称奥林匹克竞赛的预赛。获得第二名的是湖南师大附中的一名学生。

9月，陈元参加复赛，即1996年湖南省中学生奥林匹克物理竞赛，获特等奖，理论与实验总分第二名。在这轮比赛中，理论考试满分为140分，陈元得了138分，这个成绩既是全省第一，也是全国第一，由于是全国统考。原先预赛第二名的同学则被淘汰，总分第一名的为师大附中的另一位同学。至此，陈元入选由7名学生组成的湖南省队。与往年不同，这一次省队的7名同学来自好几所学校，一中仅有陈元与另一名男生入选。以前的省队当中，一中往往要占到3~5名，这无形当中又给陈元增加了一层压力。

在10月杭州的第十四届全国中学生物理竞赛上，陈元荣获中学生物理竞赛第一名，离国际奥林匹克竞赛，仅有一步之遥。在随后的决赛中，由于一次晚上实验的失误，湖南队唯一进入决赛的、也是所有参赛的唯一的女选手陈元，被拒在国际奥林匹克竞赛门外。然而，陈元在这场巨大的挫折面前，依然昂首走进了北京大学物理系，在四年的专业考试中，始终名列前茅，并且文理兼修、才华横溢。2001年9月，她到哈佛大学天文物理系攻读博士。她带着自己的理想，努力向新的科学领域进军。

快·速·测·评

学习潜能水平发展测试

1. 学习兴趣浓厚。
2. 善于发现和提出问题。
3. 虚心好问。
4. 能自己提前预习功课。
5. 听课注意力集中。
6. 课后能复习所学习的内容。
7. 讲究学习效率。
8. 思路开阔，能举一反三。
9. 读、写、算综合本领较强。
10. 喜欢读书。

未·来·预·测

具备学习潜能的孩子，可以在各种领域施展才能。

第七篇　天高地阔
——唤醒孩子的空间潜能

> 我发现我能够用色彩和形状表达那些语言文字难以形容的事物。
> ——欧契夫
>
> 多数人都拥有自己不了解的能力和机会，都有可能做到未曾梦想的事情。
> ——戴尔·卡耐基
>
> 想象力比知识更重要，因为知识是有限的，而想象力概括着世界上的一切，推动着进步，并且是知识进化的源泉。
> ——爱因斯坦

1. 有意识地激发孩子的空间潜能

"空间潜能"是"多元潜能"之一，是人类智力的重要标志之一，是智力开发的一个重要方面，对于成才很重要。现代科技人才质量的高低，都与是否具有较强的空间潜能有关。

在美丽的风景区，许多人都摄影，其中摄影师拍出来的是最棒的，这就是空间潜能的优势，它使摄影师具有选取最佳镜头的慧眼。

空间潜能主要包括三个方面：一是视觉辨别潜能，对环境的变化很敏感，善于捕捉镜头，善于把握色彩、线条、形状等；二是把握空间方位的潜能，善于辨识方向、方位，还具有二维、三维空间的转换潜能，善于绘制图纸；三是形象思维潜能，对图和画敏感，且富于想象力，头脑活跃。

空间潜能是一种偏向于形象思维方式的潜能。空间潜能占优势的人，擅长于形象地把握事物，有明显的感性色彩。发掘这种潜能有利于激发孩子的形象思维潜能和观察潜能，唤醒孩子视觉的敏感性和提高孩子视觉的准确性；有利于发展孩子思维的形象性，引导孩子富于想象、善于想象；有利于促进孩子对空间关系的把握，发展方向感，激发孩子二维空间和三维空间的转换潜能；有利于培养孩子的艺术素质，唤醒孩子发现、发展、表现美的潜能。

空间潜能强的人，对于色彩、线条、形状、形式、空间关系很敏感，例如画家、建筑师、雕塑家、航海家等，都具有极强的空间潜能。

恩斯特·海克尔就是一位富有空间感的人。他1834年生于波茨坦，1919年在耶拿去世，是当时闻名遐迩的博物学家。作为达尔文进化论坚定的捍卫者、耶拿动物学研究所创始人和著名的哲学家，他对博物学发挥了巨大的推动作用，比如提出了"生物发生律"和"对称说"。但他最重要的工作是在形态学制图方面。作为动物学家，他多次赴意大利、斯里兰卡、爪哇、苏门答腊等地考察，画下了自己的考察印象和结果。他描绘了4 000多种新物种，大多是显微镜下才能看见的单细胞放射虫。他制图清晰美观，对细节舍取增益，极具想象力。这些图影响了一代又一代人的视觉习惯，不仅出现在生物学教科书中，而且也被许多"青春风格派"艺术家用作绘画、家具和建筑的蓝本。

形象思维是小孩子的特点，但小孩子的形象思维是低级的，需要父母帮助他们去发展。例如，小孩在画画时常把握不好比例和布局，这就是小孩子空间潜能尚弱的缘故。空间潜能对小孩认知事物起着相当重要的作用。例如识字，小孩子认字是形象识记，把字当图一样把握。对此，就需要运用空间潜能，空间潜能强的孩子识字快，且善于辨别近似字，如"误"和"娱"、"籍"和"藉"、"馋"和"搀"等。再如学汉语拼音，难点是辨别形状近似的拼音字母，如："b"和"d"、"ei"和"ie"、"ui"和"iu"等。有的孩子很顺利地就能识别了，而有的孩子却总是混淆，原因之一就是空间潜能的差异。 空间潜能还与幼儿绘画、泥塑、把握几何图形等有着密切关系，激发孩子的空间潜能对于发展孩子的想象力和创造性更有意义。

对于促进空间潜能的发展。我们的建议是：

给孩子多看色彩丰富、形象生动的图画书，提供丰富的视觉体验。这样，孩子就会对书中的图画产生兴趣，就能自主地提高对图画的观察、辨识的本领。为此，不宜走马观花地看，也不要总是由大人讲给孩子听，要引导孩子主动地去观察画面、分析画面，引导孩子有目的地看，辨别地看，帮助孩子通过自己的努力把握图画的内容。有效的做法是：问问、看看、讲讲，用问题激发孩子观察画面的兴趣，用问题引导孩子分析画面、辨别画面。亲子同问、同议、同乐，孩子的眼睛就会敏锐起来。

引导孩子欣赏绘画作品。主要是欣赏艺术家的绘画作品和儿童绘画作品。在艺术享受的过程中，孩子会对色彩、线条、形状等敏感起来，艺术的甘霖就会滋润他的心田，于是孩子的眼睛灵敏了，心灵升华了。这不仅有益于激发孩子的空间潜能，对提高孩子的艺术修养也很有意义。在艺术教育中，较普遍地存在着"重技能而轻欣赏"的现象，大多注目于孩子画得怎么样，却忽略了引导孩子从欣赏中汲取艺术营养，这实在是本末倒置，不利于孩子的长远发展。怎样能使孩子欣赏的效果好一些呢？这就在于怎样引导孩子去"看"。欣赏不是一般地看热闹，在于"内在的眼睛"，是用心灵去欣赏。对此，说教是没有多大意义的，有效的做法是：创设富于艺术氛围的环境，以大人对欣赏的热衷感染孩子。为此，要为孩子提供丰富多样的欣赏对象，大人要参与欣赏，引导孩子被作品感动，就会有所感受了。

鼓励创意，激励孩子插上想象的翅膀。具有空间潜能优势的人，思维活跃、富于想象。然而，一些对中外儿童的比较性研究表明，中国儿童的创造性比较逊色，重要的原因之一就是缺乏想象力，这是我们教育的痼疾之一。其实，幼儿期是想象发展的黄金时期，只要爱护孩子的想象，促发想象，小孩的想象就会喷涌出来。想象是不可以"教"的，有效的做法是：激发孩子的想象灵感，欣赏孩子的"异想天开"。例如，多欣赏富于想象的故事和图画，多鼓励孩子编故事，常投入大自然去捕捉想象的灵感。还可以就一些话题展开想象，如"如果我会飞……""如果能听懂动物说的话……""如果遇见了外星人……"等等，大人和孩子一起海阔天空地想象，其乐融融，孩子的想象就会腾飞起来。

和孩子一起玩空间潜能游戏。有一些游戏倾向于激发空间潜能，很受孩子们的喜爱，例如拼图游戏、迷宫游戏等。拼图游戏要求辨别图块的空间关系，挑战观察力和连接力；迷宫游戏则要求在扑朔迷离中，迂回曲折地辨别通道，挑战空间的辨别力。这两个游戏丰富多彩，有难易程度的差别，最好成系列地提供给孩子，由简到繁，由易到难，易于燃起闯关的兴趣与信心。如此，一关一关地闯下去，空间潜能就能被激发出来。

2. 通过接触物体来开发孩子的空间潜能

运用有效的方法，我们可以成功地激发孩子的各种潜能，使孩子释放出自身的内在潜力。激发孩子的空间潜能对于孩子的未来成长有着极其重要的意义。

空间感是什么？是用积木搭一所大房子，还是走出一个迷宫？空间感是人们对客观事物的空间形式进行观察、分析和抽象思维的潜能。这种潜能的特点是在头脑中构成研究对象的空间形状和简明的结构。

你可能还没有意识到，空间潜能在孩子学习生活中的作用。

在上小学的前几年里，很多老师都觉得吉米是一个捣乱分子。她要么一刻也安静不下来，要么就偷偷地在书本的空白处画个不停。

吉米五年级的时候，一位教师发现，让吉米边上课边画画，不仅能使她安静下来，还能使她注意到课堂学习的内容。有一次讲地球的结构，吉米居然能够根据老师的讲解，自己画出地球的结构图。老师看到这张画的时候大吃一惊，因为它很好地表现了地核、地幔和地壳的特征和比例，这表明吉米准确地把握了所学知识的核心内容。

吉米能够很好地把各种信息、资料和概念用她所掌握的视觉空间语言表现出来，显示出了她较高的空间潜能。

当然一个人将来所从事的职业有很多因素在起作用，但一个空间感强的人，选择做一名建筑师、工程师或者从事航空职业的机会更大一些。往近一点说，空间感有助于孩子学习数学和自然科学，往远一点说，空间感与每个人的生活息息相关，最起码，它帮我们看懂地图，还能帮我们在拥挤的停车场里找到自己的爱车。

对于开发孩子的空间潜能，我们给父母的建议是：

根据孩子的日常生活随时引导孩子接触和感知各种形状的物体。在孩子的用品(如杯子、碗或瓶子等)上贴上相应的图形，感知手帕、毛巾、被子、蛋糕、糖果、饼干和图书及纸张等物品，尤其是当一个新鲜的事物出现时，利用孩子的好奇心和新鲜感引导孩子关注该物体的形状。此外，为孩子提供不同形状的玩具，如积木块、积塑、小盒子、各种蔬菜模型等。

提供各种图形或各种形状的物体，供孩子进行简单的游戏。用圆形、正方形和三角形卡片拼图，或玩象征性的游戏，如用圆的图形卡片当小瓶用，用小棍摆出圆形、正方形等图形，并满足孩子用图形自由游戏的愿望和兴趣。

培养空间感的有趣游戏：

积木——搭积木游戏可以激发孩子的空间潜能，因为积木可以帮孩子们熟悉和创造出三维空间，这有助于他们将来学习几何学。如果这对孩子过于简单，可以尝试更复杂一点的玩法，你在纸上画一个非常简单的"图纸"，引导孩子依照着你的设计用积木搭出来。

折纸——给孩子一张纸，鼓励他折出各种形状，然后再尝试用纸叠一顶帽子，或用折纸剪出漂亮的花朵。这种游戏可以使孩子在心中先计划好他想变出的花样，然后再付诸实施。

拼板——拼板游戏需要孩子先考虑清楚，自己手里拿的这一块是不是适合拼接的位置。大一点的孩子就会动脑筋，将拼板旋转一个角度然

后再去拼接。

乐器——弹奏乐器也有助空间感的建立。同样是手指的活动，弹钢琴的孩子比学电脑的孩子在空间推理上更胜一筹。我们并不是提倡孩子都去学弹钢琴，当孩子玩小木琴玩具时，用小锤敲出节奏也可以达到相同的效果。

还有很多游戏有助于空间感的培养。孩子们在玩卡片或者纸牌游戏时，他们需要专注于一点，集中精神记住卡片或图画的位置；走迷宫时，他们需要从一点走到另一点；玩足球或篮球时，他们也要集中精力在一个球上，这些都对激发孩子的空间潜能有帮助。

3. 引导孩子建立空间感觉

对一个物体位置的观察与描述可以帮助孩子建立空间概念，激发孩子的空间感知潜能。生活中的各种物体都是以一定的空间位置存在的。如什么东西是放在桌子上的、什么东西是放在教室的前面的等。小班在幼儿园的什么位置？中班在幼儿园的什么位置？滑梯在幼儿园的什么位置？班里的积木通常应该放在什么位置？还有其他玩具或物品通常应该放在什么位置？这些不仅对幼儿的空间感知潜能的激发有积极意义，而且会逐渐使孩子养成良好的习惯——从哪里取来的东西再放回哪里。当然，成人还可以引导孩子对他所去的地方，如公园、商店、大街等，进行有意的感知和描述。另外，幼儿在家里也可以对家中事物的位置进行感知和描述。

淼淼最喜欢去动物园了。当听说星期天妈妈带他去动物园时，就高兴得跳了起来，平时的那点磨蹭劲儿全没了。

在去动物园的路上，淼淼开始念叨大熊猫、小熊猫，海豹、海狮，孔雀、山鸡等等。

但是，这次来到动物园，妈妈买好票后并没有马上带淼淼去看动物，而是把他带到了大门口的动物园导游图前。

"妈妈,为什么还不进去呀?咱们快进去吧。"淼淼着急地催妈妈进动物园。

"别着急,咱们先来看看动物们都在什么地方,这样可以更快地找到它们。"

淼淼的妈妈今天来动物园是有特殊目的的。她此次到来不只是为了使孩子认识动物她想利用此机会培养和训练孩子的空间潜能。因为淼淼已经对地铁示意图表现出了浓厚的兴趣,现在是教他认识"地图"的时候了。

"地图"是人们用各种符号表示客观世界或现实空间的重要方式。通过"地图"人们可以将巨大的现实空间高度抽象、高度浓缩,并在较小的二维平面上加以表示。所以,认识"地图"的潜能(简称识图潜能)是体现空间潜能的重要方面。

淼淼的妈妈曾有意识地给孩子讲过地铁示意图,而且淼淼对此也表现出浓厚的兴趣,然而,地铁示意图虽然简单,但它代表的空间范围太大,儿童不易把握,对示意图和图标所代表的真实空间的对应关系不易建立很好的认识。这正是淼淼的妈妈要有意识地先把淼淼带到动物园的"地图"前的缘故。

妈妈引导淼淼看着导游图,说:"你看,这个图就是动物园的'地图',上面画了各种动物,对吗?""嗯!""告诉妈妈,大熊猫在什么地方?""大熊猫在这里。"淼淼指着图上的大熊猫说。

三四岁孩子的认知活动常常受自身兴趣、动机和情绪的左右。只有引起孩子的注意,调动孩子的兴趣才能使教育收到正面的效果。参照"地图",引导孩子指出各种动物及其在"地图"上的位置,既可以引起孩子的兴趣又可以指导孩子认识"地图"上各种图例的相对位置与真实空间中各种客体(这里是动物)相对位置的对应关系。

正是出于这样的思考,淼淼的妈妈才有意识地用提问的方式引导淼淼。

"那么，猴子在什么地方呢？""猴子在这里。""是在大熊猫的左边还是右边？""左边。""到底是左边还是右边？哪个是左手？""喔，右边。""狮子在哪里？""在这里。""在大熊猫的上面还是下面？""上面。"

……就这样，淼淼和妈妈一边看地图一边根据动物园的路标，在动物园里寻找着。淼淼在无意中增强了空间感觉。

孩子在实际生活中经常接触到各种物体，每个物体都是以一定的空间形式存在的。因此，幼儿在日常生活中可以时时感知物体的位置、所占空间的大小。父母可以在与孩子对话时，有意地使用空间方位词，引导孩子体验和感知。

如何引导孩子建立空间感觉？我们给父母的建议是：

引导孩子感受不同的空间变化。为孩子提供带有容积的空盒子、小桶等材料，孩子在盒子、瓶子、小桶等的物品中探索感知主体之间的空间关系，如盒子与盒盖的关系，瓶盖与瓶子的关系。孩子还可以发现瓶子可以放在小桶里，大盒子可以套在小盒子的外面。总之，孩子在充分的材料中主动操作，会更乐于探索各种主体之间的空间关系。

在拼插和积木等游戏活动中引导幼儿获得空间感觉。在进行插塑玩具的活动中，可以引导幼儿感知空间关系。如插一个带孔的或空心的东西，对幼儿的空间感知体验是很有意义的；孩子还可以插出伸向不同空间方位的大炮、树枝，从而使孩子体验到空间方位的延伸。这种感知对孩子的发展是很有帮助的。

引导孩子体验物体的运动方向和位置变化。孩子经常会接触到物体的方向运动，如汽车开走的方向，行人来的方向，燕子冬天到南方去，等等。5～6岁孩子还可以用小汽车在桌面上玩开车的游戏，如汽车应该右行车。

再如，小朋友玩"猫抓老鼠"的游戏时，成人可以与孩子谈论他们的游戏，说说当时的方位感受。也可以引导孩子感知一些物体位置的变化，如积木不在原来的位置了，现在换了一个新的放积木的地方等。可以与孩子聊聊他们自己坐车时的感受，如在向哪个方向开、倒车时的感受、靠右行是怎样的、车窗外的物体是怎么动的等。成人可以在孩子的活动中经常教导孩子注意观察并及时交谈。

在阅读图片时引导孩子辨别画面中的空间方位。孩子经常接触到各种图片、图书等，这些都为孩子提供了接触空间方位的感知材料。成人应该收集一些可供孩子辨别空间方位的图书和图片等。如有的图片上有人物、房子、树木，这些东西都有一定的位置，可以与孩子一起看看，并辨别判断。也可以鼓励孩子画一下回家的路线图，画一下幼儿园各班的位置、滑梯的位置等。然后拿这些画片来给孩子讲，使孩子知道他们家的位置（当然是象征性的，孩子画成什么样都可以，不要否定孩子，我们的目的是引导孩子讲方位），也可以指导孩子画幼儿园，然后给老师看，并给爸爸、妈妈看，讲一讲各种东西的位置。

父母通过下意识地引领孩子建立空间感觉，可以使孩子逐渐在已有知识经验的基础上，在头脑中构成事物的新形象。借助想象，孩子还可以逐渐把概念和形象，具体和抽象，过去、现实和未来，科学和幻想，以及不同的宇宙空间巧妙地结合在一起，最终创造出种种新事物。

相·关·链·接

◆ **认识空间潜能**

空间潜能指人们利用三维空间的方式进行思维的潜能。它使人觉察到存在于外部世界和自己头脑中的图像（心理图像），能够对心理图像进行重现、变换和修饰，还能创造或解释图形信息。例如，孩子根据文字的描述，在心中构造出地球的结构图；把自己去海边看到的景象，整理、总结，精选以后表达在画纸上；把心中的感受，爱、痛苦、悲伤、愤怒……用颜色、线条、平面或立体的形状表达出来，传达给别人；或者感悟和解读别人的空间语言。空间潜能的核心是视觉化，即把其他模式（如语言、数字）的信息转化为图像信息。

◆ **空间潜能的早期表现**

对视觉形象感兴趣，能觉察不同种类的物体在空间结构上的相似性，注意和探索有趣的视觉形式，异常关注细节。

具有以下特点的人，可能具有良好的视觉空间潜能：

1. 通过观察学习，善于辨识面貌、物体、形状、颜色、细节和景物。

2. 在空间中能有效地活动和搬动物体，如移动身体，穿越洞穴；在没有足迹的森林中找到出路；在拥挤的交通中自如地驾车；在河流上驾驭独木舟。

3. 感知和创造心理图像，善于进行图片思维并能觉察细节，在回想信息时可用视觉映象来辅助。

4. 解释坐标图、图示、地图和图表，通过图形标识或视觉媒介来学习。

5. 喜好复制、素描、绘画、雕塑或其他艺术作品。

6. 喜欢制作立体物品，诸如折纸、模拟桥梁、房屋、容器。能够在脑海中改变物体的形式，如将一张纸折成复杂的形状且能看到它的新形象；可以在脑海中进行空间形象移位，并能决定它们和其他物体的互动关系，如同看到齿轮带动机械零件的运转情形。

7. 可以用不同的方式或新的观点看待事物，例如，不仅可以看到某个形状，还可以看到形状周围的空间背景，或可以探测到隐藏在物体后面的形状。

8. 可以同时知觉到鲜明而细微的形态。

9. 可以创造出信息具体或形象化的特征。

10. 精通再现和抽象设计。

11. 表现出成为艺术家、摄影师、工程师、建筑师、设计家、艺术评论者、航行家等职业的兴趣和技能。

12. 创造新的视觉空间媒体，热爱艺术方面的原创作品。

◆ **孩子空间潜能的发展**

1.1～3岁

孩子很早时起就有了空间的感知。孩子从2岁半到3岁，判别平面图形大小的能力急剧增加。早期孩子认识事物是凭借事物的形状和颜色来进行的。哺乳期的孩子可以根据瓶子的形状辨认出他们所熟悉的物体。但这时的孩子只是对物体形状的一种感知和笼统的体验，他们还不是对抽象的几何图形的认识，没有形成图形的概念。他们叫不出这些图形的名称，也不能用语言来表达自己对图形的感知。

2.3～4岁

这个年龄段的孩子能够对物体之间的远近关系有较好的感知和理解。

他们喜欢探索物体之间的结构，如喜欢反复地套来套去，喜欢把东西拆开，重新摆放物体。

孩子只能感知和理解基本的方位，3～4岁的孩子对于空间方位的辨别则稍为困难，他们只能感知简单的空间方位。

孩子认识空间基本方位的顺序常常是先上下，再前后，最后是左右。这种情况主要是由方位本身的复杂程度决定的。上下的方位一般是以"天地"为标准确定的，"天为上，地为下"是永恒不变的。由此确定的人体"头在上，脚在下"也不会改变。上下方位的区别明显，而且不因方向的改变而改变，孩子容易辨别。前后和左右的方位是有方向性的，它们随定向者自身位置的改变而变化，孩子辨别比较困难。尤其是辨别左右要比前后更为困难。

3~4岁孩子辨别空间方位，先是以自身为中心的上下、前后，如自己的身体，头在上面，脚在下面，衣服前面的扣子、后面的蝴蝶结等。之后，孩子可以进一步认识感知以自身为中心的身体以外的上下前后，如我的头上面是屋顶，脚下是地面等。

此外，3~4岁的孩子理解的上下概念也是十分有限的，他们对离自己非常近的和正对着的物体的方位容易辨别，而对离自己太远的，或太偏离或倾斜的物体，孩子就不容易感知和辨别了。

除了空间方位的感知以外，3~4岁的孩子已能很好地感知体验立体知觉，即对物体所占的空间范围、所占位置的前后距离有所感知。

3~4岁的孩子喜欢探究事物的空间关系，如喜欢把东西放在盒子里，把小豆装在瓶子里，再很高兴地把它们倒出来。

3. 4~5岁

这个年龄段的孩子对空间方位的感知，除了能够辨别物体的上下位置之外，已经能够辨别前后，但这些都是以自身为中心的辨别为主，如果出现辨别客体的前后，孩子就会有些为难。

4~5岁孩子空间感知的方位区域有所扩大，他们不仅能辨别近处的上下、前后方位，而且能够辨别离自己较远的或偏离的方位。孩子对空间方位的感知理解是一个循序渐进的过程，通过由易到难逐步渗透和体验才能对空间方位较好地辨别。4~5岁的孩子虽然比前阶段的孩子对空间方位有进一步的体验，但仍然处于发展之中，还没有发展完善。

4. 5~6岁

5~6岁孩子的空间感知力有了很大的发展，不仅能够感知辨别远处物体的上下、前后，而且也能以自身为标准来判断左右。这个阶段的孩子对物体之间的空间关系已有了一定的感知经验，他们已能比较好地感知物体之间相互的空间关系，常见的有邻近关系、分离关系、次序关系与包围关系等。如邻近关系，孩子在制作一个小飞机时，能够通过尝试找出飞机翅膀与飞机机身的邻近关系位置，而3岁左右的孩子则往往把飞机翅膀安到一个不恰当的位置上。如分离关系，孩子在制作飞机时，知道把两个翅膀分别安在机身两边，这时这两个翅膀就是以分离关系存在的。但两三岁的孩子有时则会把两个翅膀安在一起，说明他们还没有真正感知到事物之间的分离关系。次序关系，是指任何物体在空间中的存在都是以一定的顺序出现的，如人的五官从下往上是按一定次序排列的，不能颠倒。

5~6岁孩子对空间感知的一个重要表现是能以自身为中心来感知辨别左右。5~6岁孩子区分前后左右区域的范围有所扩大，可以辨别离自己身体较远的或是偏离一定角度物体的前后左右。

6岁左右的孩子在一定的教学条件下，能够将一定的空间分成两个区域，如左右或前后区域等。如5~6岁孩子在自己布置环境时，把一面墙壁分成两个区域，左手方向一个区域，右手方向一个区域。

◆ 空间感知潜能开发的目标

1. 3岁空间感知潜能开发的目标

引导关注各种形状的物体，运用多种感官感知不同形状的物体。

培养和满足孩子对图形的兴趣和好奇心。

2. 3~4岁空间方位感培养的目标

引导孩子感知和体验物体的简单空间关系和邻近关系。

引导孩子说出以自身为中心的上下方位，包括自己身体上部与下部和自己的上面与下面的空间位置关系。

引导孩子在活动中感知、体验和说出物体所处的上下位置。

3. 4~5岁空间感知潜能开发的目标

在生活与活动中引导孩子感知和体验前后方位。可先感知和体验自身为中心的前后，如自己前面的物体、自己后面的物体等；在本阶段中后期，可引导儿童感知和体验客体（事物、他人等）的前后，如房子的前后、别的朋友的前后、衣服的前后等。

引导孩子从多种空间方位去感知和观察物体上下、前后等。孩子处于不同的位置时，对事物的前后、上下感觉是不一样的。因此，引导孩子感知和观察不同空间方位物体的前后、上下等，有利于丰富孩子的空间感觉经验。如站在立交桥上看汽车的上面与站在地面上看汽车的上面有不同的感觉；站在滑梯上看教室的前面与站在阳台上看教室的前面也是不同的；从照片上看房子的前面与实际看房子的前面是不同的；衣服不穿时的前后感知与把衣服穿在身上后的前后感知是不同的。

引导孩子感知和体验远处物体的上下、前后等方位。

引导孩子在活动中体验并学习按不同方向运动，如向前、向后、向上、向下等。

4.5～6岁空间潜能开发的目标

感知辨别以自身为中心的左右，并在实际生活中随时加以运用。

能够感知和描述周围环境中物体的位置。

能够感知和体验物体运动的方向与物体位置的变化。

辨别各种画面中物体的空间方位。

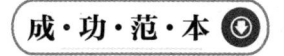

成·功·范·本

著名画家毕加索

纵观20世纪的艺术史，西班牙画家毕加索无疑有着浓墨重彩的一笔。他以《阿维尼翁的少女》一画开创了现代艺术的立体派，以《梅尔尼卡》一画再次震撼了艺术世界乃至舆论世界，他的自绘石版画《和平鸽》一度表达了全世界人民祈望和平的心声，和平鸽的圣洁安详大大地

促进了世界和平运动，以至世界各地的男男女女，不分种族、地域、信仰，他们的上衣翻领上都贴着翩翩欲飞的和平鸽……

对毕加索巨大的艺术成就，人们总喜欢一言蔽之：毕加索是人类艺术史上罕见的天才。

其实，纵观毕加索在青少年时期所受的教育与影响，应该承认毕加索是有绘画天赋的，但如果没有他的父亲，毕加索肯定成不了世人交口称赞的"天才"。

发现儿子的绘画天赋

作为父母，总希望自己能培育出绝顶聪明、才华过人的孩子。在各种神乎其神的传奇或舆论中，天才似乎是只有上帝才能孕育出来的尤物，自出生那天起，这些尤物就注定出类拔萃，在某一特定领域所向无敌，因而，即将为父为母的夫妻总是暗暗祈祷："赐给我们一个天才吧，这样我们也就省得苦口婆心、处心积虑地教育了。"

这种愿望无疑有值得肯定的一面，但如果说天才不需要外部的强化教育，那是不可能的。

毕加索生于1881年10月25日。马拉加——西班牙南部的一座美丽的城市，为毕加索的成长提供了一个良好的自然环境。

毕加索的父亲堂·何塞是这个小镇一名并不出名的画家。堂·何塞酷爱绘画，但绝不仅仅是消遣，而是如痴如醉地迷恋绘画艺术。他性格孤僻，不善言辞，总是闭门不出，在家里勤奋追求他的艺术理想，绘画几乎成了他生活的全部。经济上的依靠——兄长帕布罗·理兹的突然故去以及毕加索的降临，使堂·何塞原本困顿的生活雪上加霜。直到这时，他才懂得作为一个丈夫，一个男子汉必须赚钱养家，日益艰难的生活使他不得不去镇博物馆工作，为博物馆修复古画，闲时仍然可以继续市民绝对难以理解的绘画创作。

在毕加索尚未学会说话时，堂·何塞异常惊喜地发现：儿子已学会用绘画来表达自己的意愿了。儿子常常会画出螺旋状的物体，虽然还在蹒跚学步的毕加索根本无法说明他画的是什么，但堂·何塞一眼就看出这是指"乔罗斯"——西班牙各地热食摊上均有出售的油炸糖馅饼，如此年纪就能画出这么形象的画，这不禁使人啧啧称奇、为之折服。

世界上从来就没有什么天才，堂·何塞对此深信不疑，他多年的艺术追求与现实的生活经验完全可以证明这一点。堂就·何塞在儿子惊人的形象把握与表现能力面前，绝对相信自己的儿子对绘画具有很高的天赋，拿自己童年的艺术生活相比，儿子明显地超越了自己。他认为要使儿子的天赋尽情地发挥出来，就必须积极引导，抓紧培养，因为这个阶段是儿童发展的关键时期。

于是，堂·何塞开始实施自己的培养计划，他认为儿子具有如此高的天赋，只要培养得当，完全是艺术上的可造之才，完全有能力实现当一个伟大画家的梦想，这个梦想在何塞自己看来是根本不可能实现了。

毕加索3岁多时，何塞就经常有意拿铅笔给孩子玩，嘴里不停地教儿子"铅笔"二字的发音，每当儿子嘴里含糊不清地发出"铅笔"的第一个读音时，何塞就兴奋地塞给儿子一支铅笔，而铅笔是儿童绘画的工具。

儿子稍大一点，何塞就给儿子布置了一间小房，房子四壁贴满了何塞特意给儿子画的儿童画。这些画线条简单，构图稚嫩，多是一些寻常之物，但经过了合理的变形，充满了想象力和空间智慧。何塞经常带儿子到小房里细细观摩，配合生动形象的语言，给儿子指指点点。

从儿子4岁时开始，何塞就经常把儿子抱在自己的怀里教儿子剪纸。随着剪刀的一开一合，幼小的毕加索完全被迷住了，明明是一张张平展的纸，在父亲那双巧手的剪裁下，一会儿变戏法似的成了姑妈带来的那只公鸡，一会儿变成邻居家的那头蠢驴……耳濡目染，毕加索本来有所显露的天赋被放大了、强化了，就像偶露峥嵘的冰山，现在受外部环境的影响完全浮出了海面。

5岁左右，毕加索那天生的形象把握力开始发挥，他在父亲手把手的教导下，已能独立地剪出形象逼真的花草、动物，更为可贵的是，他已能根据自然形象的特点独创性地加以组合、变异，剪出谁也未曾见过的奇异之物。小剪刀被小毕加索用得那么娴熟，几乎是随心所欲了。

毕加索常把剪下的形象，得意洋洋地像耍皮影戏似的投影到墙上。他甚至惟妙惟肖地剪出姨妈暗恋的一位年轻男子，并把剪纸投影在墙上，结果家人个个窥破秘密，人人大笑不止，只有姨妈的脸一直红到耳根。

在何塞的刻意引导下，绘画早已成为毕加索展示自己神通、创造自己世界的手段。1890年11月，他创作了《手握大棒的赫克勒斯》，这时他还不到6岁，但画布上大力神的英姿和他手中的大棒等，是那么形象非凡、令人叫绝，这丝毫没有孩子气的画使人们大为惊叹，人们再一次领教了"天才"的神奇。

应该说，是何塞处心积虑地为儿子创造了一个得天独厚的环境，小毕加索整天就生活在这样的艺术世界中，他已经完全被这种利于绘画的艺术气氛所熏染、所陶冶。于是他的天赋得到了健康的发展，在常人看来，这就是天才。

坚信儿子不是"呆子"，是天才

毕加索有着绘画的惊人天赋，但在要求循规蹈矩的学校里，根本就不是社会所认定的那种好学生。

对毕加索来说，上学一开始就是一种磨难，这个好动的孩子，对刻板守旧深恶痛绝。对于需要不断创新的绘画来说，背叛传统，不屈服传统的精神是非常可贵的。

随着每天的上课铃一响，毕加索那难以忍受的煎熬就开始了。一个小时对他来说是那么长无止境，没完没了；老师滔滔不绝地讲课，对毕加索来说无异于噪声。有时，他目光呆滞，对周围似乎毫无反应，他的精神在稀奇古怪的幻想天地里遨游。有时，实在忍受不了，他会随时在课堂上站起来，走到窗前敲敲玻璃，满心希望学校对面的姑夫安东尼把自己解放出来。

就这样，上了两年学，小毕加索根本就学不会最简单的算术题，更谈不上读书了。毕加索的注意力太分散了，他后来回顾道："一加一等于二，二加一等……我脑子里根本就没去想。切莫认为我未努力，我当时也拼命想集中自己的注意力。我常常这样对自己说：现在我要集中注意力了，咱们瞧着就是。二加一等于……一点钟？啊！不对。"

毕加索虽然有着绘画的惊人天赋，但鉴于他在学校的表现，常常被同学讥笑为"呆子"。有时一下课，同学们就走到依旧呆呆发怔的毕加索面前，逗弄他："毕加索，二加一等于几？"而毕加索的老师则认为这孩子根本不具备学习能力，他的智商太低了，于是多次跑到毕加索的父母面前，绘声绘色描绘毕加索的"痴呆症"。毕加索的母亲又羞又恼，感觉无脸见人。

本来镇上的人们对毕加索的天赋大为惊异，但现在他们却一反常态：天才肯定具有极高的智商，因而小毕加索根本就不是天才，单有绘画才能有何用处？他的父亲堂·何塞不就是一个穷困潦倒的小画家吗？他连自己的家都养活不了！在本镇多数人看来，写写画画的人不是性格乖张，就是吊儿郎当之徒。

整个社会似乎已有公论：毕加索是一个傻瓜。面对来自社会的讥嘲与蔑视，何塞绝不随波逐流，这不仅仅源自舐犊之情，还有他对孩子的真正理解与赏识。如果从世俗的眼光来评价一个孩子，那么父母极易为流俗所左右，而缺乏对孩子的独特发现与认识。何塞坚持自己的意见：毕加索读书不行，绘画却极有天赋。事实上，我们在教育孩子时，总是以他人的眼光来认识孩子，以社会的标准来要求孩子。我们总喜欢拿自己的孩子与同龄的孩子相比较，从而得出貌似客观的评价。为了掩饰自己学习上的落后，毕加索总是不停地绘画，企图以此来躲避他所学不会的东西。然而，嘲讽来得更猛烈了，小毕加索脆弱的心灵蒙上了阴影，他变得不爱说话，每天蔫头耷脑。关键时刻，是何塞给儿子注入了一针强心剂，他固执地认为：天生儿子必有用。为了抚慰儿子受伤的心灵，拉近父子之间的感情距离，何塞开始坚持每天送儿子去上学，到了教室里，他把带来的画笔、用作模特的死鸽标本放在课桌上。"既然儿子读书不行，就不要勉强，相反过分强迫儿子去学习文化，最终会把儿子的绘画天赋扼杀掉。"何塞这样想。

有了父亲的支持，毕加索每天都沉浸在绘画的天地里。只有在挥毫作画之际，毕加索才能找到自己的快乐。

这段时期，何塞成了儿子强有力的心理依靠，似乎离开了父亲，毕加索就没有勇气去面对生活，以至每天上学，必须在得到父亲会来接他回家的承诺后，毕加索才会松开父亲那双温暖的手。

不是一个好学生

作为坏学生，在学校关禁闭已成了毕加索的家常便饭。禁闭室里只有板凳和白色的墙壁，这样关禁闭便像过节一样使毕加索乐不可支，因为他可以带上一叠纸，在那儿没完没了地作画，直到父亲在夜幕降临之前接他回家。何塞从来不会因此粗暴地责骂儿子，他知道儿子在坚持不懈地追求自己的艺术梦想，儿子关禁闭时丝毫没有忘记绘画，有什么理由去斥责他呢？

毕加索在父亲的影响下，重新恢复了自信，又开始对整个世界充满了幻想与好奇。一次，何塞带着儿子去看斗牛，结果毕加索迷上了闪亮的斗牛服，不亲手摸到它就绝不停止哭闹。何塞毫无办法，儿子对斗牛服充满了好奇，这说明他强烈地渴望认识并感受这个世界。不得已，费了很大周折，何塞带着儿子来到斗牛士居住的地方。"你是位父亲吗？"何塞问斗牛士。"是的，先生。"对方惊愕地回答。"好吧，那我就相信你能理解，我儿子坚持要摸一摸你的斗牛服。""那就摸吧"斗牛士道。他一动不动地站着，特许充满好奇的小毕加索在那神奇的服装上摸了个够。

对儿子这种近乎难以满足的要求，很多父母会毫不耐烦地断然拒绝，而何塞却尽力而为，这一切仅仅是为了满足儿子的好奇心。缺乏对世界的好奇与探究，是不可能成为画家的，何塞总是从发展儿子天赋与特长的角度，处处替他着想。

1890年12月，马拉加市博物馆宣布关闭，失去了这份工作令何塞绝望之至。听说科鲁尼亚新落成的达加答学院需要绘画老师，何塞经过努力，终于申请到了这份工作。

一些可怜的父母即使节衣缩食也要加大教育投资，但常常不愿花一点时间亲自去教育孩子，他们虔诚地信奉别人而根本不愿相信自己。

而何塞认为，任何人都难以比父亲了解孩子，即所谓"知子莫若父"，只要有可能，必须要把孩子放在身边去接受教育与训练。仅仅担当父亲这一角色是远远不够的，做父亲的同时更应该做孩子的老师。

1892年9月，何塞决定给予儿子接受正规的艺术训练的机会，于是就向美术学校校长提出申请："本城公民何塞·理兹·布拉斯科在此郑重向您请求接纳他的儿子帕布罗·理兹·毕加索作为您悉心指导的学校中的一名学生。"申请获准了，毕加索首次进入父亲的班级学习装饰画。

就这样，何塞继续扮演自己父亲与老师的双重角色。父亲对儿子的绘画了解是全面的。他给儿子提供了严格的专业训练，临摹石膏像、速写人物画，这种全面的学院式教育使毕加索表现出令人惊叹不已的观察力，他的考试成绩不是"优"，就是"特优"。

何塞回家后也不辞辛劳地对儿子进行训练。他切断一只死鸽的双脚，把鸽子以恰当的姿势固定在画板上，引导儿子细心地描绘出鸽子的形态，直到他满意为止。没过多久，何塞就已非常满意了，甚至允许儿子在他的帆布上画出鸽子的脚，鸽子脚是何塞颇为着迷的东西，此外还有人的手。"通过手，你就能看出艺术家的手笔。"他常常这样告诉孩子。

孩子，你能行：**激发孩子的无限潜能**
You can inspire children's infinite potential

何塞想给儿子请一个模特，但高昂的费用令其望而却步，为此何塞为自己无力给儿子提供更好的练习条件深深自责，在孩子这也是他作为父亲最痛心疾首的。现实的贫困无力改变，何塞只好亲自给儿子做模特。何塞长得高大俊美，气度不凡，而要他连续几个小时一动不动站在儿子面前，这是多么困难的一件事，但为了孩子，何塞心甘情愿。他深知，没有经过长期的人体素描训练是无法当一个画家的。后来，每当回忆起这件事，毕加索总是深情地说："每当我画男人时，脑子里就会想到父亲。对我来说，男子汉就是我父亲，我父亲才是男子汉，并且永远如此。"

作为父亲，何塞为儿子倾注了无比的关切和爱心。如果他在经济上是倾其所有，那么在情感上他一度成为儿子的精神支柱，儿子正是从这位高山仰止的父亲身上获得了不断奋斗的力量。作为老师，何塞对儿子进行了严格的艺术训练。那种为学生甘做模特的精神又是除父亲以外的老师做不到的。当看到父亲在台上做出各种动作时，作为儿子与学生的毕加索能不感动吗？能不因为这动人的一幕幕而奋斗不止吗？

快·速·测·评

空间潜能水平发展测试

空间潜能是智力结构的基本要素，也是个体在许多实践领域中从事活动的必要条件之一。建筑、绘画、雕塑、舞蹈、发明创造等方面的成绩，是与良好的空间想象力分不开的。因此，了解孩子的空间潜能，不仅能为父母对孩子的早期指导提供依据，而且对预测和把握孩子今后的成才方向也有重要的参考价值。

下面拟定的15个测试项目可用来判断孩子是否具有空间潜能。每项陈述都附有A、B、C、D四种选择，A为很符合你孩子的情况（5分），B为比较符合（3分），C为有点符合（1分），D为不符合（0分）。

请你仔细阅读每一个陈述，然后根据孩子的实际情形选择答案。

1. 极少有迷失方向的现象。　A.B.C.D

2. 从小就喜欢用积木等材料搭拼各种物体。A.B.C.D

3. 特别善于观察。　A.B.C.D

4. 在绘画、剪纸、雕塑、舞蹈等艺术活动方面有明显的优势。　A.B.C.D

5. 非常善于利用与布置空间。　A.B.C.D

6. 形象思维潜能很发达。　A.B.C.D

7. 对立体图像（几何）很感兴趣。　A.B.C.D

8. 具有很强的好奇心。　A.B.C.D

9. 具有广泛的兴趣。　A.B.C.D

10. 经常提出一些奇怪的问题。　A.B.C.D

11. 对天文、地理等方面的知识很感兴趣。A.B.C.D

12. 特别喜欢幻想。　A.B.C.D

13. 经常对一些建筑设计、物体构造等方面的问题提出批评意见。A.B.C.D

14. 空间知觉发展很好。　A.B.C.D

15. 形象记忆潜能很强。　A.B.C.D

根据所选择的答案计分。

得分与评价：

得分在57～64分，表明具有绝对的空间想象优势；

得分在50～56分，表明具有明显的空间想象优势；

得分在42分以下，表明空间想象力一般或较差。

未·来·预·测

空间想象具有明显或绝对优势的孩子,如经过不懈的努力很可能成为一名建筑设计师、绘画师、雕塑高手、舞蹈家、发明家。